KB027402

**라플라스의 악마,
철학을 묻다**

개정증보판

라플라스의 악마, 철학을 묻다

LAPLACE'S DEMON ASKING PHILOSOPHY

140가지 사고실험으로 읽는
이색사색 철학 입문

최훈 지음

뿌리와
이파리

함께 실험에 참여한 서경에게

개정증보판에 부쳐

초판을 낸 지 6년이 지났다. 인문학 도서 치고 그 나름대로 많은 독자들이 찾아주었다. 열 손가락 깨물어서 아프지 않은 손가락이 없다는 말이 내가 낸 몇 권의 졸저들에도 해당될 텐데, 그래도 철학의 기본서라고 생각해서 그런지 특별히 애정이 더 가는 것은 부인할 수 없다. 그간 독자들의 이러저러한 도움말과 강의 교재로 쓰면서 부족하다고 느낀 점들을 반영하여 이제야 개정증보판을 내게 되었다.

개정증보판에서 가장 큰 변화는 '신은 정말 존재할까?'라는 제목의 장을 새롭게 추가한 것이다. 우리나라는 유일신을 믿는 종교의 전통이 뿌리 깊지 않기 때문에 신의 존재를 둘러싼 논쟁이 치열하지는 않다. 그러나 신이 정말로 존재할까 하는 질문은 누구나 한 번씩은 던져보므로 철학적으로 검토해보는 것은 의미가 있다. 특히 이 논쟁은 철학적인 문제 접근 방식이 잘 드러나므로 철학적인 훈련도 많이 된다. 한 가지 언급할 것은 신의 존재를 증명하는 논증에 문제가 있다고 해도 그것은 어디까지나 신에 대한 믿음을 합리적으로 정당화하는 '자연 신학'에 대한 비판이지 신학 일반 또는 종교에 대한 비판은 아니라는 점이다. 종교에 대한 종교학적, 사회학적 논본은 여기서 관심사가 아니다.

초판에서는 철학적인 문제만 던져놓고 '정답'을 제시하지 않은 것에 대해 철학이 원래 그런 것이라고 변명했다. 개정증보판의 또 다른 차이점은 어느 정도 해결책을 제시하려고 시도했다는 점이다. 그렇다고 해서 그것이 정답일 리는 없다. 문제에 대한 답을 내리려는 한 가지 시도를 보여주는 것이니 독자들도 스스로 답을 내리려고 시도하는 계기가 되기 바란다.

여기저기 손본 곳이 많지만 크게 바뀐 곳은 다음과 같다. '사고실험이란 무엇인가?'라는 제목으로 맨 앞에 있던 장을 프롤로그로 이름을 붙이고 내용을 크게 늘렸다. 사고실험이 하는 여러 가지 일들을 보탰고 철학 논쟁에서 사고실험이 법칙적으로 불가능할 때 어떻게 해야 하는지 논의했다. 이 책은 사고실험 위주로 진행되지만 프롤로그는 그 사고실험 자체에 대한 설명이다. 그러니 프롤로그는 맨 앞에 있기는 하지만 맨 나중에 읽어도 된다. 1장에서는 운명론에 대한 서술과 흄의 자유의지 개념에 대한 평가를 고쳐 썼다. 2장에서는 신체 이론과 영혼 이론의 서술 순서를 바꾸었는데, 초판에서 신체 이론과 심리 이론과 같은 위상에 있었던 영혼 이론의 위상을 끌어내리기 위함이다. 그리고 세련된 심리 이론의 설명을 보충했다. 3장에서는 칸트의 정언명령 설명에서 미흡한 부분을 바로잡았다. 5장은 분배적 정의에 대한 롤스와 노직의 설명을 보충하였다. 6장은 '여는 대화'의 무대를 '2050년'에서 '2030년'으로 수정하였다. 알파고의 등장으로 '여는 대화'와 같은 고민을 할 날이 앞당겨질 것 같다. '다른 사람의 마음 문제'의 서술 방식을 크게 바꾸었다. 이 문제는 인식론적 문제인데 형이상학 주제인 심신 이원론에 대한 반론의 하나로 서술했다. 7장은 게티어의 문제를 간단한 형태의 사고실험으로 바꾸어 제시했다. 8장에서는 흄의 귀납 비판에 대한 답변을 추가했으며,

과학이 귀납에 의존한다는 견해의 문제점으로 관찰의 이론 의존성을 추가했다.

각 장이 끝날 때마다 그 장의 내용을 정리·요약했다. 그리고 읽은 것을 확인하고 더 깊게 생각해보도록 생각 다지기와 생각 키우기 코너를 만들었다. '정리하기'를 통해 각 장의 내용을 정리하고, '생각 다지기'를 통해 각 장의 내용을 확인하게끔 했다. '생각 키우기'는 일종의 'further studies'라 생각하면 될 것이다. 맨 끄트머리에 주요 개념들을 정리해서 한눈에 보게 했다.

철학은 일상의 삶과 유리되어 현실성이 없는 허황한 이론이라고 생각하는 사람들이 많다. 이 책은 그런 생각이 잘못임을 보여주기 위해 사고실험을 이용했던 것인데, 개정증보판 작업을 하면서 일상생활에서 철학적인 사고가 얼마나 깊숙이 쓰이고 있고 또 철학적인 사고를 했을 때 얼마나 유용한지를 더 잘 드러내려고 했다. 알파고가 회자되면서 인공지능이나 로봇이 발전하면 과연 사람처럼 생각할지 질문을 던지는 사람들이 많다. 그런 질문을 던질 때 이미 철학적 사고를 하고 있는 것이고 누구나 철학자가 된다. 다만 철학적 훈련을 쌓지 않고 그런 사고를 한다면 피상적이고 사상누각인 생각에 그치고 만다. 수영을 체계적으로 배우지 않아도 어찌어찌하면 수영을 할 수는 있겠지만 더 이상 발전이 없는 것처럼, 철학적 사고도 누구나 할 수 있지만 철학적 훈련이 없으면 이른바 '개똥 철학' 수준에 머물고 만다. 인공지능이 사람처럼 생각할 수 있느냐는 이 책의 6장에서 다룬 주제다. 이 질문을 철학자들이 어떻게 다루는지 보고 배울 때 좀 더 체계적이고 깊이 있게 철학적 사고를 진척해나갈 수 있는 것이다. 인공지능과 로봇 이야기가 나온 김에 좀 더 말하자면 미래 세계에는 위 질문 외에 여러 철학적 질문에 대답을 해야 한다. 인공지능이 스스로 선택을 하는 것처럼 보이는 행동을 했을 때 과연 자유의지로 그런 행동을 했을까(1장), 나를 복제한 인공지능이 나오게 되면 동일성 문제가 어떻게 되나(2장), 자율 자동차는 노면 전차 사례에서 어떤 선택을 할까(4장), 인공지능에 우리와 같은 권리와 의무를 부여할 수 있는가(5장), 인공지능 칩을 내 뇌 속에 심어서 나의 지식이 늘어났다고 할 때 과연 나는 안다고 말할 수 있는가(7장)와 같은 질문을 던질 수 있을 텐데, 모두 이 책에서 다루거나 던져진 문제들이다. 인공지능을 직접 연구하는 사람이든 인공지능과 관련된 정책을 입안하는 사람이든 철학을 배웠을 때 이 질문에 생산적이고 창의적인 답변을 할 수 있을 것이다. 이러니 철학만큼 일상의 삶에 깊이 개입되어 있는 것이 어디 있겠는가?

이미 있던 책을 개정하는 작업이지만 새로 내는 것 못지않게 손이 많이 가는 작업이었다. 그 과정에서 박윤선 주간께서 애를 많이 쓰셨다. 이 책으로 강의를 들은 학생들의 눈빛과 질문이 책을 고쳐 쓰게 한 직접적인 동기가 되었다. 학생들에게 고마움을 전한다.

2016년 7월
최훈

머리말

일찍이 칸트는 철학을 배울 것이 아니라 철학함을 배우라고 말했다. 이 말은 여전히 유효하다. 플라톤이 무슨 말을 했고 칸트가 어땠다는 철학의 지식은 상식 시험을 볼 때 말고는 아무짝에도 쓸모가 없다. 우리에게 필요한 것은 철학적인 사고방식을 따라가는 것이다. 그래야 내가 또는 사회가 고민하고 있는 문제에 철학적 사고방식을 적용하여 문제 해결에 도움을 받을 수 있기 때문이다. 철학적인 사고는 우리 삶에 분명히 필요하다. 단적인 예로 우리가 살고 있는 사회의 체제를 자본주의로 할지 사회주의로 할지, 그리고 자본주의로 하더라도 분배를 어떻게 할지는 철학적인 사고에 의해 결정될 문제다. 철학적 사고는 아주 근본적이어서 눈에 띄지 않을 뿐이지 삶 곳곳에서 쓰이고 있다.

철학함을 배울 수 있는 가장 좋은 방법은 철학자들이 실제로 문제를 다루는 방법을 배우는 것이다. 그러나 철학자들의 작업은 추상적이고 논증적이라 일반인들이 접근하기가 쉽지 않다. 그런 점에서 사고실험은 철학에 접근할 수 있는 좋은 방법 중의 하나다. 사고실험은 '이렇게 생각해보면 어떨까?' 하고 생각해보는 것이다. 과학자들은 실험실에서 비커와 시약을 기지고 실험을 하지만, 철학자들은 안락의자에 앉아 머리를 굴려가며 이러면 어떨까, 저러면 어떨까 하고 실험을 해본다. 사고실험들은 머리로만 생각하다 보니 논리적으로는 가능하지만 실제로는 전혀 일어날 가능성이 없다는 점에서 비현실적일 때가 많다. 그러나 생각이 갈 수 있는 가장 극단적인 점까지 보여준다는 점에서 우리의 창의성과 논리력을 길러주기도 하고, 무엇보다도 스토리텔링 형식으로 되어 있어서 재미가 있다. 그래서 어떻게 보면 황당해 보이는 SF 소설이나 영화에 즐겨 이용되기도 한다. 이런 것들을 통해서 철학에 접근하면 철학을 좀 더 쉽게 이해할 수 있고 친근감을 느낄 수 있으며 철학적 문제를 자기 문제로 만들 수도 있다.

이 책의 목적은 사고실험을 통해서 철학적 사고방식을 배우는 데 있다. 그 목적을 위해 풍부한 철학적 이슈들을 보여줄 수 있으면서도 널리 알려져 있는 사고실험들을 선택했다. 그리고 사고실험을 통해 철학의 주요 문제들을 섭렵할 수 있는 철학 교과서의 역할을 할 수 있도록 철학의 주요 분야에서 골고루 선택했다. 철학은 보통 크게 형이상학, 인식론, 윤리학으로 구분된다. 1장(자유의지와 결정론), 2장(개인 동일성), 6장(몸과 마음)은 형이상학의 오랜 주제들이다. 3장, 4장, 5장은 윤리학에 속한다. 더 구체적으로 말하면, 3장은 윤리학의 기본적인 이론에 관한 것이고, 4장은 그 이론을 생명 문제에 적용한 것이다. 3장과 4장이 윤리학 중에서도 개인이 갖추어야 할 윤리에 관한 것이라면, 5장은 사회 전체가 갖추어야 할 윤리에 대해 논의한다. 철학에서는 이런 주제를 사회철학 또는 정치철학이라고 부른다. 7장은 인식론을 다룬다. 인식론은 지식의 문제를 다루는데, 현대에는 과학의 지식이 가장 신뢰성이 높다. 그래서 8장에서는 지식 중에서도 과학의 지식을 주제로 삼았는데, 철학에서는 이 영역을 과학철학이라고 부른다. 이 주제들의 배치 순서에는 특별한 의미가 없다. 따라서 관심 있는 주제부터 먼저 읽어도 상관이 없다. 다만 한 주제 내에서는 각 절들이 서로 연결되어 있으므로 '여는 대화' 부터 차근차근 읽어야 한다.

사고실험은 원래 형이상학이나 인식론에서 많이 제기되었다. 그 분야는 일상생활에서 나오는 철학적 문젯거리가 아니어서 일반인들에게는 낯설게 느껴질 것이다. 그러나 그곳이 철학의 하드코어다. 그리고 형이상학과 인식론은 철학자만이 즐기는 유희도 아니다. 형이상학과 인식론은 윤리학, 정치철학, 과학철학의 토대가 되고, 윤리학과 정치철학은 사회과학의 토대가 되며, 과학철학은 자연과학의 토대가 된다. 사회과학은 우리 사회의 여러 정책을 세우는 토대가 되고 자연과학은 각종 과학기술의 토대가 된다. 수학이 없으면 과학기술이 성립할 수 없는 것처럼, 형이상학과 인식론이 없으면 이렇게 학문 자체가 성립할 수가 없다. 그러므로 형이상학과 인식론은 비록 낯설어 보여도 중요하게 다루어야 한다.

사고실험들을 소개하는 책들은 우리말로도 몇 권 번역되었다. 이 책은 사고실험을 통해서 '철학함'을 배운다는 점에서 차별성이 있도록 꾸몄다. 사고실험을 흥미 위주로 단순히 나열하는 것이 아니라 철학사 또는 철학의 논쟁에서 그 사고실험들이 어떤 위치에 있는지 알게 서술하였다. 곧 각 절마다 먼저 서너 개씩의 사고실험들을 제시하고 그다음에 그 사고실험들을 중심으로 철학적 주제를 풀어나가는 방식으로 구성하였다. 그래서 사고실험들이 만들어내는 논쟁에 스스로 참여할 수 있게 하였다. 그것이 진정으로 철학함을 배우는 자세라고 생각하기 때문이다.

사고실험을 단순히 나열하는 체제가 아니다 보니 유명한데도 자리를 찾지 못해 빠진 사고실험들이 몇 가지 있다. 예를 들어 비트겐슈타인의 게임이나 콰인의 가바가이는 언어철학에 관련된 사고실험인데, 언어철학을 한 장으로 꾸미기가 어려워서 아쉽게도 집어넣지 못했다.

사고실험은 철학자의 전유물이 아니다. 과학에서도 널리 쓰이는 도구다. 이 책은 철학의 사고실험에 국한했다. 한편 엄격한 사고실험의 정의에 들어맞지 않는 사고실험도 몇 개 들어갔다. 그리고 철학자들이 제시한 사고실험을 상황에 맞게 약간씩 수정했다. 몇 개는 내가 직접 만든 것도 있다. 다시 한 번 말하지만 철학사의 지식을 외우는 것이 아니라 철학적 사고를 직접 해보는 것이 이 책의 목표다. 그래서 철학사에서 널리 알려진 철학자들의 이름만 언급했다. 그리고 중국어 방 실험처럼 매우 널리 알려진 사고실험과 같은 경우에는 현대 철학자라도 이름을 거론하였다. 유명한 철학자를 제외하고는 누구의 사고실험인지는 책의 맨 끝에 있는 출전에서 확인하도록 했다. 참고문헌이나 출전은 가독성을 위해 뒤로 따로 뺐다. 그리고 우리말 번역본이 있으면 소개했다. 현대 철학은 자연과학처럼 주로 학술논문을 통해 이론이 발표된다. 그래서 우리말로 된 번역이 없는 경우가 많다. 더 공부할 사람들을 위해서 그 경우에도 원문을 밝혔다.

이 책에서 사고실험을 통해 제기된 문제들은 정답이 따로 없는 경우가 대부분이다. 그래서 문제만 제기되고 해답이 없어서 답답하다고 느끼는 독자도 있을 것이다. 그러나 철학의 성격이 원래 그렇다. 그 문제 제기에 따라 스스로 해답을 찾아보는 연습을 하는 계기가 되어야 한다. 그것이 철학함을 배우는 것이니까. 가끔 나의 특정 입장이 강조된

부분도 있긴 하다.

　철학이 어렵다고 불평하는 사람들이 있다. 그러나 그런 사람들은 예컨대 물리학이 어렵다고 불평하지는 않는다. 철학만은 왠지 쉬워야 한다는 생각을 가지고 있는 것 같다. 그러나 철학이 꼭 쉬워야 하는가? 철학은 2500년의 유구한 역사를 지닌, 가장 오래된 학문이다. 그 긴 역사 동안 쌓이고 쌓인 이론을 생각해보면 오히려 어려워야 정상이다. 그러나 철학 자체가 어렵든 쉽든, 그것을 쉽게 전달하는 것은 나처럼 철학을 가르치는 사람의 의무이기도 하다. 그래서 최대한 쉽고 재미있게 책을 쓰려고 노력했다. 사고실험을 매개로 철학함을 가르치는 것도 그 까닭이다. 아무리 노력해도 내 깜냥이 부족한 탓도 있고 방금 말한 철학의 오래된 무게 때문에 여전히 어렵다고 느낄 부분이 있으리라 생각한다. 그런 경우는 아마 철학적 논증의 흐름을 놓친 경우이리라. 다시 한 번 꼼꼼히 따라가며 읽는다면 철학적 사고의 정수를 느낄 것이라 믿는다.

평소에 그 천재성에 항상 감탄해 마지않는 정훈이 씨와 함께 작업하게 되어 영광이다. 이 책의 사고실험에서 악마도 되고 왕자도 되고 조폭도 되는 훈이라는 주인공은, 유치하지만 내 이름과 정훈이 씨 이름에 공통으로 쓰인 글자 '훈'에서 따온 것이다. 강원대학교 동료 교수님들은 책을 쓰는 데 전념하도록 많은 배려를 해주셨다. 이 기회를 빌려 감사드린다. 내용에 대해 여러 지적을 해준 김효은 박사께도 고마운 마음을 전한다. 이 책의 기획안을 선뜻 승낙해준 뿌리와이파리의 정종주 사장님과 내용의 오류까지 잡아준 이재만 씨가 없었으면 이 책이 나오기 힘들었을 것이다. 이 책에 나오는 사고실험을 함께 읽어준 딸 서경은 에세이를 쓸

때 사고실험의 방법을 이용하기도 한다. 이 책이 독자들에게 그런 식으로 조금이나마 도움이 되었으면 한다. 아내와 딸에게 사랑과 고마움을 전한다.

2010년 2월
최훈

프롤로그
사고실험이란 무엇인가?

사고실험thought experiment, Gedankenexperiment은 가상의 상황을 이용하여 어떤 주장을 펼치는 것을 말한다. 사고실험은 대체로 "이러이러하면 어떨까?"라는 질문의 형태로 되어 있다. '이러이러하다'라는 곳에 어떤 가상의 상황이 들어간다. 그래서 이러이러하게 상상해보면 어찌저찌한 결론이 도출되므로 우리는 요러요러한 주장을 받아들일 수밖에 없다고 말한다. 사고실험을 실험이라고 부르는 것은 마치 과학자들이 실제로 하는 실험처럼 어떤 가상의 상황을 설정해놓고 여러 변수들을 이리저리 바꾸어본 다음에 거기서 어떤 일이 일어날지 면밀히 검토해보기 때문이다. 그런데 과학자들은 실험을 할 때 경험적인 방법을 이용한다. 화학자는 비커나 시약을, 생물학자는 쥐를, 사회과학자는 설문조사를 이용한다. 그러나 사고실험은 그런 경험적인 도구는 전혀 없이 순전히 생각만으로 실험을 진행한다. 실험실에서 비커를 관찰하는 과학자의 모습이 아니라 안락의자에 푹 파묻혀 골똘히 생각하는 모습이 사고실험을 하고 있는 철학자를 잘 그려준다.

과학과 역사의 사고실험

그러나 사고실험이 철학자의 전유물은 아니다. 사고실험은 과학에서도 널리 쓰인다. 갈릴레이가 물체의 낙하 속도는 그 물체의 질량에 비례한다는 아리스토텔레스의 이론을 반박하기 위해서 피사의 사탑에서 자유낙하 실험을 했다는 것은 널리 알려져 있다. 그러나 이 실험 이야기는 후대에 꾸며낸 것이라고 한다. 갈릴레이가 그 실험을 진짜 했든 안했든, 갈릴레이가 아리스토텔레스의 이론을 반박하기 위해 실제로 했던 실험은 사고실험이다. 무거운 물체 하나와 가벼운 물체 하나를 끈으로 묶어서 높은 곳에서 떨어뜨려보자. 아리스토텔레스의 이론에서는 어떤 결과가 나올 것이라고 예측할 수 있을까? 한편으로는 가벼운 물체가 무거운 물체가 떨어지는 속도를 늦추기 때문에 두 물체를 하나로 묶은 물체가 떨어지는 속도는 무거운 물체가 떨어지는 속도와 가벼운 물체가 떨어지는 속도의 중간이라고 생각할 수 있다. 다른 한편으로는 무거운 물체와 가벼운 물체가 하나로 묶였으므로 그 물체는 무거운 물체보다 훨씬 더 무겁고, 따라서 무거운 물체보다 더 빨리 떨어진다고 생각할 수 있다. 이렇게 모순된 결과가 나오므로 물체가 떨어지는 속도는 물체의 질량과는 상관이 없다고 갈릴레이는 결론을 내린다. 이 실험은 피사의 사탑이든 어디서든 실제로 해본 것은 아니다. 순전히 갈릴레이의 머릿속에서 진행된 실험이므로 전형적인 사고실험에 해당한다.

꼭 철학자나 과학자가 아니더라도 우리는 일상적인 대화에서 사고실험을 이용하기도 한다. "네가 내 입장이라면 어떻게 하겠니?"라고 묻는 것도 상대방에게 내 입장이 되어보라는 가상의 상황을 이용해서 어떤 주장을 하려는 것이므로 사고실험을 하는 것이다. 아이돌 그룹 소녀

시대 멤버인 태연이 부른 〈만약에〉는 "만약에 내가 간다면 내가 다가간다면 넌 어떻게 생각할까?"로 시작한다. 이런 '만약에'는 우리가 자주 이용하는 사유방법인데, 이것이 다름아닌 사고실험이다. 역사 서술에서도 사고실험이 사용된다. 실제 일어난 역사적 사건이 아니라 다른 일이 일어났으면 어떻게 됐을까 생각해보는 것을 '대체 역사'라고 한다. 임진왜란에서 조선이 일본에 졌다면, 히틀러가 영국을 점령했다면, … 하는 식으로 가상의 상황을 상상해보는 것도 사고실험이다. 우리말로 번역된 『만약에』(세종연구원)라는 책은 세계사의 주요한 사건들이 일어나지 않았다면 세상이 어떻게 됐을까 궁리해보는 가상 시나리오를 담고 있다. 대체 역사는 소설로도 많이 쓰인다. 지금은 시사평론가로 잘 알려진 복거일 씨의 소설 『비명을 찾아서』(문학과지성사)는 안중근 의사가 이토 히로부미 암살에 실패하고 우리나라가 일본으로부터 해방되지 않아 지금도 일본의 식민지라는 가정 아래 쓰인 대체 역사 소설이다. (장동건이 나온 영화 〈2009 로스트 메모리즈〉(2002)가 그 소설과 설정이 비슷하다.)

사회 문제에도 이 사고실험을 적용할 수 있다. 뜨인돌 출판사에서 기획한 '라면 교양 시리즈'는 『군대가 없으면 나라가 망할까?』, 『미국이 세계 최강이 아니라면?』, 『내가 유전자 쇼핑으로 태어난 아이라면?』 하는 식으로 현실과 반대되는 상황을 가정하고 문제를 풀어나간다.

사고실험의 얼개와 하는 일

철학의 사고실험은 대체로 다음과 같은 얼개로 되어 있다.

(1) 가상의 상황

(2) 가상의 상황의 평가

(3) 가상의 상황의 평가로부터 내려지는 결론

데카르트의 전지전능한 악마 사고실험(7장 1절을 보라)을 예로 들어보자. 먼저 전지전능한 악마에 관한 가상의 시나리오가 펼쳐진다. 이것은 일종의 스토리텔링이다. 무미건조한 철학 이론을 그냥 주장하는 것이 아니라 재미있는 이야기로 풀어서 전달한다는 점에서 사고실험은 흥미를 유발할 수 있다. '옛날 옛날에'라고 시작하지는 않지만, 하나의 흥미로운 이야기를 만들어서 제시한다. 이때 가상의 상황은 실제로 주변에서 일어날 수 있는 이야기부터 현실에서는 전혀 일어날 수 없는 공상과학적인 이야기까지 다양한 종류가 가능하다. 물론 전지전능한 악마는 실제로 일어날 수 없는 시나리오다. 그다음에는 이 가상의 상황에 대한 평가가 이어진다. 그런 전지전능한 악마가 있다면 우리가 생각할 때마다 언제나 우리를 속일 것이라는 예측이 바로 그것이다. 이 악마는 전지전능할 뿐만 아니라 악하기 때문에 얼마든지 그럴 수 있다. 마지막으로 이 사고실험을 제시한 철학자는 그것으로부터 어떤 철학적인 결론을 내린다. 이 경우에 데카르트는 언제든지 그렇게 속을 수 있으므로 우리가 안다고 생각하는 지식이 사실은 확실하지 않다고 주장한다.

사고실험은 위와 같은 얼개로 되어 있지만 하는 일은 다 다르다. 사고실험이 하는 일을 몇 가지로 나누어보자. 첫째, 사고실험은 어떤 이론에 모순이나 불합리한 점이 있음을 지적해서 그 이론을 반박하기 위해 쓰인다. 이런 반박 방법은 사고실험 이외의 영역에서도 자주 쓰이는

데, 누군가가 인간은 '생각하는 동물'이라고 정의했을 때 생각하지 못하는 인간도 있다고 비판하는 방식이 그런 보기다. 앞에서 본 갈릴레이의 사고실험이 바로 이런 종류의 사고실험이다. 물체의 낙하 속도는 그 물체의 질량에 비례한다는 아리스토텔레스의 이론을 반박하기 위해서, 그 이론에서 어떤 모순된 결과가 나온다는 것을 보여주었다. 중국어 방 사고실험(6장)이나 게티어의 사고실험(7장)도 반박으로 쓰이는 사고실험의 대표적인 예다.

방금 본 것과 같은 사고실험은 어떤 이론을 반박함으로써 그 이론이 틀렸다는 결론을 내놓고 있다. 사고실험은 그런 부정적인 결론을 제시할 뿐만 아니라 적극적으로 어떤 이론을 입증하기 위해 쓰이기도 하는데, 이것이 사고실험이 하는 두 번째 일이다. 데카르트의 전지전능한 악마 사고실험이 바로 그런 일을 한다. 7장에서 보겠지만 데카르트 자신은 우리가 안다고 생각하는 지식이 사실은 확실하지 않다고 주장하는 회의론자는 아니다. 그러나 데카르트는 전지전능한 악마 사고실험으로부터 회의론을 지지하는 결론이 따라 나온다는 것을 보여주려고 했고, 많은 회의론자들은 거기에 동조한다. 전지전능한 악마 사고실험의 현대적인 버전인 통 속의 뇌 사고실험(7장)이나 롤스의 무지의 장막 사고실험(5장)도 이런 종류의 사고실험에 속한다.

셋째, 특정 결론을 이끌어내려는 목적은 애저녁에 없는 사고실험도 있다. 이런 사고실험들은 그 대신에 가상의 상황을 그리는 스토리텔링으로부터 생각할 거리를 던져준다. 가상의 상황에 대해 이리저리 생각을 해보는 과정에서 자신의 생각에 어떤 철학적인 이론이 전제되어 있음이 드러나게 되고 모호했던 생각들이 분명해지는 효과가 생기는 것이다. 3장에서 살펴볼 기게스의 반지 사고실험은 투명인간이 되어 다른 사람에게 전혀 들킬 염려가 없을 때도 과연 도덕적으로 살아야 하는지 질문을 던진다. 그렇지만 이런 가상의 상황으로부터 특정한 결론을 이끌어내지는 않는다. 이제는 일반인에게도 널리 알려진 고장난 전차 사고실험(3장)도 고장난 전차의 방향을 바꾸어 다섯 명을 죽게 할지 방향을 바꾸지 않아 한 명만 죽게 할지만 묻지, 특정한 대답을 내놓지는 않는다. 비록 이 사고실험들은 가상의 상황으로부터 어떤 결론을 제시하려는 의도는 아니지만 그 사고실험을 들은 사람들은 다들 이 상황으로부터 자기 나름의 결론을 이끌어내므로 위에서 말한 사고실험의 얼개에서 벗어나지 않는다.

사고실험은 쓸모가 있는가?

그런데 이 사고실험을 반대하는 철학자들도 있다. 그들의 반대는 위에서 말한 사고실험의 얼개 세 단계 각각에 대해서 이루어진다. 첫 번째는 그런 가상의 상황을 상상한다는 것이 말이 안 된다는 것이고, 두 번째는 상상 가능하다고 하더라도 그 상황을 그렇게 평가하면 안 된다는 것이고, 세 번째는 그 상황에 대해 그런 평가가 내려진다고 하더라도 그런 결론이 따라나오지는 않는다는 것이다.

첫 번째 반론부터 보자. 철학자들은 사고실험을 만들면서 가상의 상황을 상상할 때 상상 가능성을 굉장히 넓은 의미로 쓴다. 실제로 일어날 수 있는 일을 상상하는 경우부터 실제로 일어날 수 없는 일을 상상하는 경우까지 다양하다. 이 개념들은 중요하므로 좀 자세하게 설명해보

자. 어떤 일이 실제로 일어나든 일어나지 않든 자연법칙에 위배되지 않는다면 그 일은 **법칙적으로 가능**하다고 말한다. 다음과 같은 일들이 법칙적으로 가능할 것이다.

- 훈이에게 노트북이 생겼다.
- 봉이가 대통령이 되었다.
- 송이가 중동의 부호와 결혼했다.
- 서울에서 아침을 먹고 뉴욕에서 점심을 먹고 파리에서 저녁을 먹는다.

우리는 위와 같은 일들을 얼마든지 상상할 수 있다. 그리고 실제로 일어나는 것도 가능하다. 다만 그 가능성은 각각의 경우에 다르다. 가령 봉이가 대통령이 되거나 송이가 중동의 부호와 결혼하는 일은 아주 어렵겠지만, 또는 실현 가능성이 거의 희박하겠지만 절대로 일어나지 말라는 법은 없다. 서울에서 아침을 먹고 뉴욕에서 점심을 먹고 파리에서 저녁을 먹는 일은 현재 항공기술로는 불가능하다. 그러나 그 정도로 빠른 비행기를 만들 수 없다는 물리법칙이 있는 것은 아니므로 미래에는 실현될 수도 있다. 이렇게 자연법칙에 어긋나지 않으면 어떤 일이든지 일어날 수 있는 가능성이 **법칙적 가능성**이다.

그다음으로 법칙적으로는 불가능하더라도 상상력을 발휘하면 생각할 수 있는 일이 있다. 법칙적으로 가능한 것은 당연히 상상할 수 있다. 그런데 가령 다음 일들도 자연법칙에 어긋나지만 상상하는 게 불가능하지는 않다.

- 해가 서쪽에서 뜬다.
- 내가 63빌딩 꼭대기에서 맨몸으로 떨어졌는데 죽지 않는다.
- 모래알에서 싹이 튼다.
- 인천 앞바다가 사이다로 변한다.
- 돼지가 하늘을 난다.

위와 같은 일들은 실제로 일어나기 힘든 일을 표현하기 위해 관형적으로 종종 쓰인다. 우리말에서 절대로 있을 수 없는 희한한 일을 하려고 했을 때 "해가 서쪽에서 뜨겠다."라고 말하고, 영어에서도 절대로 일어날 리가 없다고 말할 때 "돼지가 날거든When pigs fly."이라고 말한다. 그러나 해가 서쪽에서 뜨고 돼지가 하늘을 나는 것을 상상하는 데는 문제가 없다. 인간이야 이런 일이 일어나게 할 수 없지만 장난기가 많은 신이라면 충분히 할 수 있을 것이다. 이렇게 법칙적으로 가능하든 가능하지 않든 상상으로 일어날 수 있는 가능성을 **논리적 가능성**이라고 부른다.

그렇다면 세상에 상상할 수 없는 일이 있는가? 상상하는 데 돈 드는 것도 아니니 무엇이든 상상할 수 있지 않을까? 그러나 아무리 상상하려고 해도 상상할 수 없는 일이 있다. 다음과 같은 보기가 그렇다.

- 송이는 처녀인데 남자다.
- 저기 보이는 섬들은 5개이면서 6개다.
- 아브라함이 이삭의 아버지이고 이삭은 야곱의 아버지인데 아브라함이 야곱이 아버지이다.
- 나는 꿈에서 동그란 세모를 봤다.

첫 번째 문장은 송이가 처녀였다가 남자가 됐다는 뜻이 아니다. 지금 처녀이면서 동시에 남자라는 뜻이다. 송이가 처녀라면 결혼하지 않은 여자일 것이다. 그러므로 남자일 수 없다. 위 보기들은 이런 식으로 세상이 어떻게 변하든 절대로 일어날 수 없다. 전지전능한 신조차도 상상할 수 없다. 일본의 유명 만화인 『드래곤볼』(1984~1995)은 용의 구슬(드래곤볼)을 찾아가는 이야기인데, 구슬을 일곱 개 모아 주문을 외면 용의 모습을 한 신(신룡)이 나타나서 소원을 들어준다. 알라딘의 램프에서 나오는 지니처럼 말이다. 그런데 신룡도 자신의 능력을 벗어난 소원은 들어줄 수 없다. 신룡은 "자 소원을 말해라. 어떤 소원이든 단 한 가지만 들어줄게."라고 말하지만 처녀인 남자를 만들어달라는 소원은 들어줄 수 없을 것이다. 신룡이 아니라 어떤 신이든 마찬가지다. 한 손으로는 동그라미를 그리면서 다른 한 손으로는 세모를 그려보라. 되는가? 아마 안 될 것이다. 그러나 열심히 연습하면 될 수도 있다. 그러나 동그란 세모는 우리는 말할 것도 없고 신이 아니라 신 할아버지라도 상상할 수 없다. 이렇게 전혀 상상할 수 없는 것을 **논리적으로 불가능하다고** 말한다.

지금까지 설명한 개념들 사이의 관계를 그림으로 그리면 다음과 같다.

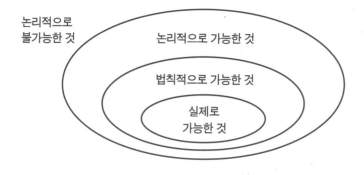

이 그림으로 알 수 있듯이 법칙적으로 가능한 것은 모두 논리적으로도 가능하지만, 논리적으로 가능하다고 해서 모두 법칙적으로 가능한 것은 아니다. 26쪽의 법칙적으로 가능한 것들의 보기는 논리적으로 가능한 것들이기도 하다. 그리고 27쪽의 논리적으로 가능한 것들의 보기는 정확히 말하면 논리적으로만 가능하고 법칙적으로는 가능하지 않은 것들이다.

철학자들이 사고실험을 위해 가상의 상황을 상상할 때는 논리적으로 불가능한 것만 아니라면 어떤 것이든 상상한다. 실제로 사고실험들을 보면 죽고 죽이는 엽기적인 사례에서부터 공상과학 영화에나 나오는 사례까지 다양한 것들이 펼쳐진다. 어떤 이들은 사고실험이 실제로 일어날 수 없는 상황을 상상해서 어떤 결론을 도출하려고 하기 때문에 받아들일 수 없다고 비판한다. 사고실험은 논리적으로 상상 가능한 것은 모두 다룬다고 했지만 그것이 법칙적으로 불가능하다면 어떨까? 현대 미국의 철학자 퍼트넘이 제시한 쌍둥이 지구 사고실험(7장)을 예로 들어보자. 지구와 모든 것이 똑같은 쌍둥이 지구가 있다고 가정해보자. 쌍둥이 지구는 물의 화학 구조가 H_2O가 아니라 XYZ라는 점만 다르고 우리 지구와 똑같다. 지구에 있는 사람이나 쌍둥이 지구의 사람이나 모두 머릿속으로 생각하는 물은 똑같다. 지구인이나 쌍둥이 지구인이나 물은 강을 채우고 있고 목이 마르면 마시는 것이라고, 겉으로 드러난 특성을 보고 말하기 때문이다. 그러나 지구인이 가리키는 물과 쌍둥이 지구인이 가리키는 물은 H_2O와 XYZ로 서로 다르다. 퍼트넘은 이 사고실험으로 어떤 낱말의 의미는 우리가 머릿속에서 생각하는 것에 의해서만이 아니라 머리 밖에 있는 대상에 의해 결정된다는, 이른바 의미론적 외재주의를 주장한다. 그러나 화학자들에 따르면 물의 화학 구조가 H_2O가 아니라 XYZ라는 점에서만 다른 쌍둥이 지구는 법칙적으로 불가능하다. 물의 화학 구조가 XYZ가 되는 순간 쌍둥이 지구는 물뿐만 아니라 모든 것이 지구와 달라질 것이기 때문이다. 우리 인간만 놓고 보더라도 70퍼센트가 물이라는데, 물의 화학 구조가 달라지면 쌍둥이 지구인도 우리와 완전히 다른 종류의 사람이 될 것이다. 문제는 퍼트넘의 이 사고실험이 사고실험을 통해 의미론적 외재주의라는 특정 이론을 적극적으로 지지하는 종류의 사고실험에 속한다는 것이다. 사고실험이 이론을 지지하는 근거가 되는데, 사고실험이 실제로 성립할 수 없다면 사고실험은 자신이 할 일을 제대로 못하는 셈이다. 아무리 상상 가능하다고 하더라도 자연법칙에 어긋난다면 합당한 근거로서 받아들일 수 없다.

법칙적으로 불가능해도 논리적으로 가능하다는 것이 사고실험의 핵심인데, 법칙적으로 불가능한 것을 이런 식으로 배제한다면 사고실험은 쓸모가 없는 것 아닐까? 사고실험은 여러 가지 하는 일이 있다고 했는데, 모든 사고실험이 적극적인 증거 역할을 하는 것은 아니다. 예컨대 기게스의 반지 사고실험은 특정 결론을 이끌어내려는 것이 아니라 다른 사람에게 전혀 들킬 염려가 없는 투명인간이 되었을 때도 과연 도덕적일 필요가 있는지 생각거리를 던진다고 말했다. 과학자들은 투명인간이 법칙적으로 불가능하다고 말한다. 망막에 무엇인가가 맺혀야 볼 수가 있는데 망막마저도 투명하면 아무것도 볼 수 없기 때문이다. 투명인간이 법칙적으로 불가능하다면 기게스의 반지 사고실험은 아무 의미가 없을까? 그렇지 않다. 이 사고실험은 우리가 미처 생각해보지 못한 "꼭 도덕적이어야 하는가?"라는 질문을 생각해보게 하는데, 투명인간은 그런 질문을 던지는 한 가지 계기가 될 뿐이기 때문이다. 꼭 투명인간이 아니어도 부도덕한 짓을 했을 때 다른 사람에게 들키지 않거나 들켜도 비난에 연연해하지 않는 상황을 상상할 수 있다면 이 사고실험의 목적은 충분히 달성될 수 있다.

개인 동일성 논쟁에서 단골로 등장하는 공간이동 전송기(2장을 보라.)도 법칙적 가능성이 논란이 되는 사고실험이다. 사람이 공간이동 전송기 속으로 들어가면 그 사람의 몸은 고통 없이 원자 단위로 분해되고, 그 원자들의 정보는 기록장치에 저장된다. 그리고 이 저장된 정보는 그 사람이 이동하고 싶어 하는 장소에 있는 공간이동 전송기로 보내진다. 이 기계는 보내진 정보를 바탕으로 그 사람의 몸을 만들어낸다. 그런데 인간의 뇌는 굉장히 복잡하기 때문에 실제로 만드는 것은 불가능하다는 주장이 있다. 아무리 복잡해도 컴퓨터가 그 복잡성을 해석하고 구현할 수 있을 정도로 발달하면 되지 않겠느냐고 반론할 수 있지만, 이 복잡성은 그런 차원이 아니라 인간의 능력으로는 아예 예측할 수 없는 불확정성이기 때문에 어떤 기계로도 구현할 수 없다는 주장이다. 만약 이 주장이 옳다면 공간이동 전송기는 법칙적으로 불가능하다. 그리고 공간이동은 개인 동일성에 관한 특정 이론에서 중요한 역할을 하기 때문에 법칙적으로 불가능하다면 합당한 사고실험으로 간주할 수 없다. 그래서 윌크스Kathleen V. Wilkes 같은 철학자는 자연법칙에 어긋나는 사고실험을 사용하는 것에 반대하여 『사고실험 없는 개인 동일성』이라는 제목의 책을 쓰기도 했다. 그러나 우리는 공간이동 전송기가 법칙적으로 가능한지 불가능한지에 대해 딱 잘라 말할 수 없으므로 혹시 가능할 때를 대비하여(?) 사고실험을 계속 진행하는 것이다. 역시 인간 동일성을 다루는 이론 중 영혼 이론이 있다. 인간의 동일성은 영혼으로 확인할 수 있다는 이론인데, 이것을 지지하는 빙의憑依를 다룬 영화나 드라마는 숱하게 많다. 그러나 영혼이나 빙의는 과학 법칙으로 전혀 옹호되지 않는 것이므로, 공간 이동 전송기 사고실험이 지지하는 이론과 달리 영혼 이론은 보류가 아니라 아예 폐기된다.

법칙적으로 불가능하다는 이유만으로 사고실험 자체를 부정하는 것은 옳지 못하다. 사고실험이 이론을 지지하는 중요한 역할을 하고 그 사고실험이 법칙적으로 가능하지 않아 이론을 지지하는 역할을 하지 못할 때, 그 사고실험을 부당하다고 비판하면 될 뿐이다. 그리고 사고실험을 제시하는 철학자들 스스로 특정 사고실험이 법칙적으로 불가능한지, 논리적으로 불가능한지 실제로 고민을 한다. 굳이 철학자가 아니더라도 우리는 일상에서 '내가 빌 게이츠의 자식으로 태어났다면'과 같은 사고실험을 한다. 아마 돈 많은 부자로 살고 싶어서 그럴 것이다. 그러나 빌 게이츠의 자식으로 태어난다고 해서 내가 부자가 될 수는 없다. 빌 게이츠가 자식에게 유산을 남겨주지 않겠다고 선언해서가 아니라, 빌 게이츠의 자식으로 태어나면 나는 더 이상 내가 아니기 때문이다. 부모에게서 태어나더라도 1년 먼저 태어나거나 1년 나중에 태어나면 서로 다른 정자와 난자가 만나 다른 사람이 태어날 텐데, 빌 게이츠의 자식으로 태어나면 당연히 나와 다른 사람이 될 것이다. 그러니 내가 빌 게이츠의 자식으로 태어나는 것은 법칙적으로 불가능할 뿐만 아니라 논리적으로도 불가능하다. 이런 식의 생각은 4장에서 살펴볼 **사고실험 047**에도 반영되어 있다. 우스갯소리지만, 그럼 내가 부자가 될 방법은 뭐가 있을까? 우리 부모가 빌 게이츠처럼 부자가 되면 된다. 그것은 논리적으로는 물론이고 법칙적으로도 불가능하지 않으니까.

그럼에도 이런 사고실험들이 뭔가 억지스러워 보이는 것은 사실이다. 철학자들은 왜 실제로는 일어날 수 없거나 일어날 수 있다고 하더라도 가능성이 아주 낮은 일들을 상상하여 주장을 펼치는 것일까? 그것은 자신들이 주장하는 개념이나 이론이 보편적으로 적용되길 원하기 때문이다. 과학자들이 내세우는 법칙은 특별한 경우에만 적용되는 것이 아니라 언제 어디서나 적용되는 보편적인 것이다. 물이 100℃에서 끓는다고 할 때 한국에서만 성립하고 유럽에서는 성립하지 않는 것이 아니라 같은 조건이라면 언제 어디서나 성립해야 법칙이 된다. 철학의 개념도 언제 어디서나 적용 가능해야 한다. 그러나 철학의 개념들은 현실에 기반을 둔 것이 아니라 사고에 의해 생긴 것이기 때문에 우리가 어떻게 생각하더라도, 곧 논리적으로 가능한 어떤 상황에서도 적용할 수 있어야 한다. 그러므로 철학자들은 어떤 개념이나 이론이 논리적으로 가능한 어떤 상황에서도 적용할 수 있는지 테스트해보는 것이다. 이는 마치 휴대전화 개발자가 휴대전화가 제대로 작동하는지 보기 위해서 적도지방이나 극지방 같은 극한상황에서 테스트해보는 것과 비슷하다. 곧 사고실험은 사고의 극한 테스트다.

사고실험은 어떤 주장에 대한 증거로 이용되기도 하지만 어떤 주장을 반박하기 위한 증거, 곧 반례로 이용되는 경우도 많다고 했다. 사고실험이 반례로 기능하여 어떤 이론을 반박했다면, 그 이론은 사고실험이라는 극한 테스트를 통과하지 못한 것이다. 어떤 휴대전화가 적도나 극지방 같은 곳에서는 제대로 작동하지 않지만 나머지 장소에서는 잘 작동한다고 한다면 그리 나쁜 휴대전화라고 할 수 없다. 그 휴대전화를 그런 극한상황에서 쓸 일은 거의 없기 때문이다. 그러나 이론 또는 법칙은 그렇지 않다. 정상적인 경우든지 비정상적인 경우든지 언제 어디서나 적용 가능해야 진짜 이론 또는 법칙이 되기 때문이다.

사고실험에 대한 두 번째 종류의 반론은 가상의 상황의 평가에 대한 것이다. 가상의 시나리오를 제시하면 그것에 대한 평가는 직관에 의해서 이루어진다. 내 직관에 따르면 이러이러하다는 식이다. 그러나 직관은 사람마다 다를 수 있다. 그러면 그 사고실험에 대한 올바른 평가를 내릴 수 없고, 그것에 바탕을 둔 결론도 받아들일 수 없다는 것이 이 반론의 요지다. 주로 인식론의 사고실험을 평가할 때 그런 비판이 제기된다. 7장에서 소개되는 게티어의 사고실험은 인식론의 역사를 새롭게 펼친 사고실험이다. 사고실험 하나가 철학의 역사에서 얼마나 중요한 역할을 하는지 잘 보여주는 사례라고 할 수 있을 것이다. (게티어는 연구 업적이 너무 없어서 동료 교수들이 순전히 행정적인 이유로 아무 생각이나 논문으로 써서 제출하라고 했다고 한다. 그래서 그는 세 쪽짜리 논문을 썼는데 이것이 철학사에서 한 획을 긋게 되었다. 그러나 그는 그 이후로는 또 아무 업적도 내놓지 않았다.)

　게티어의 사고실험은 전통적인 지식의 조건을 만족하고 있는데도 지식이 아니게 되는 반례의 기능을 한다. 따라서 그 사고실험이 제시한 상황이 지식이 아니라는 데에 사람들이 동의해야 이 사고실험이 성공한다. 그러나 사람들에게 그 상황을 보여주고 이것이 지식인지 아닌지 물어보면 사람들에 따라 대답이 다르게 나온다. 만약 그 상황이 여전히 지식이라고 한다면 전통적인 지식의 정의에는 아무 문제가 없게 되고 게티어의 사고실험은 성공하지 못하게 된다. 그러나 이런 비판은 일반인의 직관에 신뢰를 보낼 수 있어야 의미가 있다. 철학도 전문적인 영역이기 때문에 배경적인 지식을 갖추지 못한 일반인의 직관에 의존하여 사고실험을 비판하는 것은 옳지 못하다. 실험설계를 정확하게 하고 배경지식을 공유한다면 그 실험에 대한 직관이 다를 수 없을 것이다. 물론 철학자의 직관도 틀릴 수 있다. 그러면 그 직관에 대해 비판하면 그만이다. 사고실험 자체가 문제가 있는 것은 아니다.

세 번째 반론은 가상의 상황의 평가로부터 내려지는 결론에 대해 동의하지 못하는 것이다. 6장에 나올 설의 중국어 방 논증도 매우 유명한 사고실험이다. (설도 이 논증을 처음 내놓을 때 그렇게 큰 반향을 일으킬지 몰랐다고 한다.) 설은 이 사고실험으로 컴퓨터는 생각할 수 없다는 결론을 도출한다. 그런데 이 사고실험에 대해 엄청나게 많은 비판들이 쏟아져나왔다. 그 비판들은 대부분 중국어 방은 컴퓨터를 정확히 묘사한 것이 아니기 때문에 컴퓨터는 생각할 수 있다고 반박한다. 중국어 방이 그런 식으로 작동하리라는 것에 대해서는 동의하지만, 거기에 기대어 컴퓨터가 생각할 수 있느냐에 대한 결론을 내리는 데에는 동의할 수 없다는 것이다.

지금까지 사고실험에 대한 여러 비판을 살펴보았다. 이 중 첫 번째 비판은 사고실험 전체에 대한 비판이고 두 번째와 세 번째 비판은 각 사고실험에 대한 비판이다. 그리고 첫 번째 비판도 사고실험마다 하는 일이 다르기 때문에 각 사고실험마다 다르게 평가해야 한다고 대답했다. 결국 각 사고실험에 대해서는 얼마든지 비판이 가능하고 그 비판으로 인해 철학의 논쟁은 더욱 활발해진다. 그리고 한 사고실험을 비판하기 위해 다른 사고실험이 동원되기도 한다. 그런 사례는 이 책에서도 많이 볼 수 있다. 그렇다고 해서 사고실험 자체가 철학의 방법론으로서 문제가 있는 것은 아니다. 좋은 사고실험도 있고 나쁜 사고실험도 있다. 어떤 철학자는 사고실험을 나침반에 비유한다. 나침반은 방향을 알려고 할 때 유용하게 쓰이는 도구다. 그러나 자석이 근처에 있을 때나 극지방에서는 믿을 수 없다. 사고실험도 마찬가지다. 사고실험 중에 잘못된 것들도 있지만 철학의 논쟁에 이바지한 것들도 분명히 많다. 그렇다고 해서 사고실험이라는 것 자체를 잘못된 것으로 버리게 되면 우리는 유용한 도구 하나를 빼놓고 철학이라는 숲에서 길을 찾아 나서는 꼴이 될 것이다.

▶ 정리하기

사고실험은 가상의 상황을 이용하여 어떤 주장을 펼치는 것인데, 일상생활이나 과학에서도 즐겨 쓰이는 방법이다. 어떤 일이 자연법칙에 위배되지 않는다면 법칙적으로 가능하다고 말하고, 머릿속으로 상상할 수 있으면 논리적으로 가능하다고 말한다. 사고실험은 법칙적으로는 가능하든 불가능하든 논리적으로 가능한 것이라면 어떤 것이든 다룬다.

철학의 사고실험은 가상의 상황과, 그것에 대한 평가와, 그 평가로부터 내려지는 결론으로 구성되어 있다. 이 각각에 대해 문제점을 지적하면서 사고실험을 반대하는 철학자들도 있다. 그러나 문제가 있는 사고실험이 있으면 그 사고실험만 비판하면 되지 사고실험 전체를 버리자고 하면 철학에서 유용한 도구 하나를 버리는 꼴이 된다.

▶▶ 생각 다지기

1. 사고실험이란 무엇이고 어떤 얼개로 되어 있는가? 예를 들어서 설명해보라.

2. 논리적 가능성과 법칙적 가능성은 어떻게 다른가? 예를 들어서 설명해보라.

3. 논리적으로는 가능하지만 법칙적으로는 불가능한 것은 현실에서 일어나기 어렵다. 그런데도 철학자들이 그것을 사고실험으로 즐겨 사용하는 이유는 무엇인가?

▶▶▶ 생각 키우기

1. 이 책을 다 읽은 다음에 논리적으로는 가능하지만 법칙적으로는 불가능한 사고실험을 찾아서 그것이 자신의 역할을 제대로 하고 있는지 검토해보자.

2. 이 책을 다 읽은 다음에 철학자들의 직관이 자신의 직관과 다른 사고실험을 찾아서 어느 직관이 더 믿을 만한지 검토해보자.

1장

미래는 결정되어 있을까?

여는
대화

훈이   송이

(훈이와 송이는 중국집에 왔다.)

배고프다. 빨리 시키자.

그래, 뭐 먹을래?

중국집에서는 역시 짜장면이지. 난 짜장!

내 그럴 줄 알았어. 넌 중국집에 오면 항상 짜장면을 시키잖아.

맞아. 난 이 세상에서 제일 맛있는 음식이 짜장면이라고 생각해. 그러니 어떻게 이 맛있는 짜장면을 선택하지 않을 수 있겠어?

네가 짜장면을 선택했다고? 넌 네가 짜장면을 자유롭게 선택했다고 생각하지만, 사실은 그렇지 않아. 넌 짜장면을 선택하도록 정해져 있었어. 짜장면을 선택할 수밖에 없었지.

무슨 소리야? 내가 짜장면을 좋아하는 건 누구나 알고 있지만, 내가 짜장면을 선택할 수밖에 없었다고? 나도 오늘은 짬뽕을 먹어볼까 생각했어. 그렇지만 역시 짜장면이 좋겠다고 해서 짜장면을 선택한 것뿐이야.

그것 봐. 넌 역시 짜장면을 선택했잖아.

그렇긴 하지. 그치만 오늘은 짬뽕과 짜장면 사이에서 심각하게 고민하다가 짜장면을 고른 거야. 내가 짜장면을 먹을지 짬뽕을 먹을지 네가 어떻게 아냐?

물론 난 알 수가 없지. 그치만 이 세상일에 대해 모든 것을 알고 있는 전지전능한 신이 있다면 알 수 있을 거야. 네가 오늘 이 중국집에서 짜장면을 먹으리라는 걸.

🐥 야, 신이 그렇게 할 일이 없냐. 내가 오늘 짜장면 먹는다는 것까지 알게.

👧 말하자면 그렇다는 거지. 세상 모든 것에 대해서 아니까 그 정도쯤이야 뭐.

🐥 음… (한참 생각하다가) 흐흐, 신이 모든 것을 다 안다는 말은 틀렸어. 난 오늘 짬뽕을 먹을 거야. 그럼 오늘 내가 짜장면을 먹을 것이라고 알고 있는 신은 속은 거지롱.

👧 순진하기는. 신이 그렇게 호락호락한 사람인 줄 아니?

🐥 신은 사람이 아니네요.

👧 말꼬리 잡지 말고. 모든 것을 아는 신이라면 네가 오늘 짬뽕을 먹고 싶은 마음이 있었는데 짜장면을 선택했다가 다시 짬뽕으로 마음을 바꾼 것까지 알 거야.

🐥 이그. 그럼 나만 자유롭게 선택하지 않은 것은 아니잖아. 그건 너도 마찬가지고, 이 세상 사람들이 하는 행동이 다 그렇지 뭐.

👧 빙고! 이제야 내 말을 알아들었네.

🐥 그럼 우리 인간은 뭐가 되는 거야. 자유롭게 선택도 못하고 이 세상이 만들어질 때 정해진 대로 행동하는 것뿐이네. 그럼 로봇하고 다른 점이 뭐가 있냐? 내가 프로그램된 대로 움직이는 로봇이냐?

👧 뭐, 그래도 어쩔 수 없지 뭐.

(훈이가 송이의 손목을 찰싹 때린다.)

👧 아야! 아파! 왜 때리니?

🐥 글쎄, 이유가 어딨니? 이 세상이 만들어질 때 오늘 내가 네 손목을 때리도록 정해져 있는 거지. 이유는 네가 말한 신한테 물어봐.

① 라플라스의 악마

결정론과 운명론

 악마인 훈이는 모든 것을 알고 있다. 엄청난 지식을 쌓은 석학이나 세상일 중 모르는 게 없는 만물박사 정도를 말하는 것이 아니다. 그는 세상을 이루는 원자 하나하나까지 모두 꿰뚫고 있다. 사람의 몸뚱어리뿐만 아니라 뇌의 구조도 그에게는 더 이상 신비롭지 않다. 이뿐만 아니라 그는 자연을 움직이는 법칙도 모두 알고 있다. 그는 미래가 어떻게 될지 알 수 있을까? 물론이다. 그는 세상의 과거와 현재 상태에 대해 모든 것을 알고 있으며 세상을 지배하는 법칙도 모두 알고 있으므로 미래가 어떻게 될지 정확하게 계산해낼 수 있다. 이번 주 로또 당첨번호가 무엇인지도, 10년 후의 날씨도, 다음 대통령 선거에서 누가 얼마만큼의 지지도로 당선될지도 모두 확실하게 알 수 있다.

악마인 훈이는 이 세상이 처음 만들어질 때 앞으로 어떤 일이 일어날지 모두 알고 있었다. 그는 그것을 여러 권의 책에 기록하여 동굴 속에 숨겨놓았다. 등산을 하던 봉이는 어느 날 그 책을 우연히 발견했다. 그 책에는 지금까지 살아온 사람들과 앞으로 살아갈 사람들에 대한 모든 기록이 담겨 있었는데, 봉이는 그중 자신에 대한 기록인 〈봉이편〉을 읽어보았다. 그는 그 책이 자신의 역사를 완벽하게 기록해놓은 것을 보고 깜짝 놀랐다. 더구나 바로 그날 그 책을 발견하여 〈봉이편〉을 읽고 놀란다는 것까지 적혀 있었다.

우리는 세상에 대해서 점점 더 많이 알아가고 있다. 가끔 틀리긴 하지만 내일의 날씨를 예측할 수 있고, 혜성의 움직임에 대해서도 알고 있고, 어떻게 해야 미사일로 목표물을 맞힐 수 있을지도 안다. 과학의 발전 덕분이다. 물론 아직 모르는 것도 엄청나게 많다. 세계 7대니 8대니 하는 불가사의도 왜 그런 일이 일어났는지 확실히 모르며, 원인을 밝혀내지 못한 질병도 여전히 많다. 사람의 경우도 신체의 신비는 많이 밝혀졌지만 마음은 여전히 예측할 수 없다. 물에 떨어트린 물감이 어떤 모양으로 번질지도 모른다. 그러나 확실히 아는 것이 하나 있다. 그것은 세상일에는 모두 원인이 있다는 사실이다. 비록 그 원인을 모르는 것이 여전히 많지만 그래도 원인 없이 일어나는 일은 없다는 것은 다들 알고 있다. 도깨비불의 원인을 옛날에는 도깨비로 생각했지만 이제는 인燐의 작용이라는 것을 안다. 도깨비든 인이든 어쨌든 원인이 있어서 무엇인가가 번쩍인다.

세상 모든 일에는 원인이 존재한다는 이런 입장을 **결정론**이라고 부른다. 흰 공으로 빨간색 1번 공을 맞히고 1번 공은 다시 2번 공을 맞히는 당구 경기를 생각해보자. 2번 공이 움직이는 것은 1번 공에 맞았기 때문이다. 그리고 1번 공은 흰 공에 맞았기 때문에 움직여서 2번 공을 맞혔다. 또 흰 공은 '독거미'라는 별명의 당구 선수가 큐대로 맞혔기 때문에 움직였다. 이런 식으로 당구공의 움직임은 그 원인을 계속 찾아갈 수 있다. 결정론은 이 세상을 거대한 당구대처럼 생각한다. 세상 모든 일은 그렇게 된 원인이 있고, 그 원인은 다시 또 원인이 있어서 생겼다. 그런 식으로 끝없이 원인을 거슬러 올라갈 수 있다.

결정론은 상식에 의해서도 지지되지만 근세 이후 서양의 과학이 발전하면서 더욱더 힘을 얻게 되었다. 과학이 발전함에 따라 그동안 원인을 알 수 없었던 많은 일들의 원인이 밝혀졌고, 여기에 더해 그 일들을 정확한 수학식으로 엄밀하게 표현할 수 있게 되었다. 달리 말해서 원인이 무엇인지 안다면 그 결과도 정확하게 예측할 수 있게 된 것이다. 그리하여 이제 우리는 달나라에도 갈 수 있고 여러 질병을 예방할 수도 있다.

인간도 이 세상의 일부다. 그러므로 인간이라고 해서 결정론의 영역에서 벗어나는 것은 아니다. 독거미라는 당구 선수가 흰 공을 맞힌 것도 원인을 찾을 수 있다. 그녀는 이 흰 공으로 1번 공을 이러이러하게 움직이고 싶다고 결심했기 때문에 흰 공을 맞혔다. 그리고 그 결심은 1번 공을 이러이러하게 움직이고 싶다는 욕구가 있었기 때문에 생겼다. 그 욕구는 또 1번 공이 이러이러하게 움직이면 2번 공을 포켓에 넣을 수 있다는 믿음이 있었기 때문에 생겼다. 그 믿음은 또 어찌어찌해서 생겼다. 인간 심리도 이런 식으로 그 원인을 계속 추적해갈 수 있고, 그런 의미에서 결정되어 있다. 물론 우리가 하는 행동 중에 아무런 원인이 없어 보이는 것도 있다. 나는 아무 생각 없이 팔을 들어 올릴 수 있다. '그냥' 말이다. 그러나 그 경우에도 나의 잠재의식에 그 원인이 내재해 있다고 봐야 한다. 확실히 무엇인지는 모르지만 말이다.

사고실험 001은 프랑스의 수학자이며 물리학자인 라플라스Pierre-Simon Laplace(1749~1827)가 내놓은 것이다. 그래서 사람들은 우리의 훈이를 **라플라스의 악마**라고 부른다. 결정론이 옳다면, 세상의 현재 상태와 자연을 지배하는 법칙을 모두 알고 있는 악마는 내가 내일 아침에 바지를 입을 때 오른발을 먼저 집어넣을지 왼발을 먼저 집어넣을지도 맞힐수 있고, 10년 후 오늘 점심을 먹을 때 첫 번째 숟가락에 밥알을 몇 개뜰 것인지도 맞힐 수 있다. 톰 크루즈가 주인공으로 나오는 영화 〈마이너리티 리포트〉(2002)에는 정말로 그런 라플라스의 악마가 등장한다. 범죄를 저지를 사람과 범죄가 일어날 시간과 장소까지 정확하게 예측하는 예지자들이 그들이다. 톰 크루즈는 그 범죄가 일어나기 직전에 범죄자(정확하게는 범죄 예정자)를 체포하는 수사관이다.

물론 결정론이 옳다고 하더라도 그런 예측이 쉬운 일은 아니다. 당구 경기만 해도 알아야 할 것이 한두 가지가 아니다. 공을 맞히는 힘과 방향을 정확하게 알아야 하고, 당구공과 당구대의 마찰 정도도 알아야한다. 공기의 미세한 영향이 있을지도 모른다. 우리가 사는 세상은 당구 경기와 비교했을 때 얼마나 더 복잡한가? 날씨의 경우는 베이징에 있는 나비의 날갯짓이 뉴욕에 허리케인을 일으킬 수 있다고 할 정도로 고려해야 할 변수가 어마어마하게 많다. 인간의 심리는 그것보다 더 복잡하고 겉으로 관찰 불가능한 것도 많고 결정적으로 이렇게 할 거라고 예측을 하면 변덕을 부린다. 이런 것을 모두 알고 계산할 수 있을까? 그러니까 악마다. 악마는 그런 것들을 다 알 것이라고 가정해보는 것이다. 결정론이 주장하는 것은 어디까지나 그런 앎이 가능하다는 전제에서 미래 일을 예측할 수 있다는 것이다.

만약 그런 예측이 가능하다면 이 우주가 처음 생길 때 우주에서 일어날 모든 일을 기록하는 것이 가능할 것이다. 더글러스 애덤스의 『은하수를 여행하는 히치하이커를 위한 안내서』라는 책을 보면 '모든 관점 보텍스'라는 기계가 나온다. 결정론을 토대로 만들어진 이 기계 안에 들어가면 무한한 창조물 전체를 가상현실로 한순간에 체험할 수 있다. 물론 이 기계는 '나'라는 존재가 얼마나 보잘것없는지 느끼게 해주는 고문 기계이긴 하지만, 이 세상에 일어나는 모든 일을 기록하는 것이 가능하다는 것을 보여준다. **사고실험 002**에 나오는 책이 바로 그런 것이다. 그 책에는 봉이의 행동이 시간대별로 기록되어 있다. 몇 년 몇 월 며칠 12시 정각에 봉이가 그 책을 보고 놀란다고 쓰여 있다. 놀란 봉이가 그 책을 덮었는데 그 책에는 12시 10분에 그 책을 덮는다고 쓰여 있다! (사람마다 사건마다 모두 기록을 하려면 엄청난 분량의 책이 될 것이므로, 이런 책보다는 '모든 관점 보텍스' 같은 기계가 좀 더 그럴듯하다. 어차피 상상하는 것이니까 상관은 없지만.) 만약 이런 책이 있다면 〈마이너리티 리포트〉의 예지자처럼 어떤 범죄 사건이 일어날지도 모두 알려줄 것이다. 그러나 톰 크루즈가 그 책을 보고 그 사건이 일어나지 않게 사전에 범죄자를 체포한다면 그 책의 기록은 틀리게 되지 않을까? 그러나 그 책에는 범죄가 일어나기 전에 톰 크루즈가 범죄를 미리 막는다고 적혀 있을 것이다!

길거리에서 허수아비 모양의 커다란 풍선이 춤추는 것을 본 적이

있을 것이다. 주로 새로 문을 연 가게를 홍보하기 위해 세워놓은 것인데 풍선 입구에서 나오는 공기 때문에 풍선은 제멋대로 춤을 춘다. 광고업계에서는 그 풍선을 스카이 댄서라고 부른다. 이 스카이 댄서는 자기 맘대로 춤을 추는 것 같다. 그러나 만약 우리가 그 공기를 구성하는 입자의 개수와 위치와 힘까지 정확하게 안다면 그 풍선이 어떻게 춤을 출지 예측할 수 있지 않을까? 결정론이 옳다면 악마에게는 그 정도는 일도 아니다.

결정론의 주장을 듣고 '이거 운명이나 팔자와 비슷한 것이구나.'라고 생각하는 사람들이 있을 것 같다. '논論'이라는 말을 붙이기에는 좀 거창하지만 운명론은 우리가 어떻게 하든 세상일은 어떻게 될지 미리 다 결정되어 있다는 주장이다. 우리나라의 '팔자八字'라는 것도 비슷한 개념이고, 어차피 일어날 일은 일어난다는 뜻의 에스파냐어인 '케 세라 세라qué será, será'에도 운명론의 주장이 잘 함축되어 있다. 그리스 신화의 오이디푸스는 운명을 가장 잘 보여주는 이야기다. 오이디푸스는 장차 아버지를 죽이고 어머니와 결혼할 것이라는 신탁을 받고 태어난다. 그는 이 운명에서 벗어나기 위해서 다른 나라로 떠난다. 가는 도중 다툼 끝에 어떤 남자를 죽이게 되고, 그 나라에서 공을 세워 왕비와 결혼하게 된다. 그런데 알고 보니 그 죽인 남자가 자신의 아버지였고 결혼한 왕비는 자신의 어머니였다는 기막힌 이야기다. 운명론은 이렇게 운명에서 벗어나기 위해 아무리 발버둥쳐도 운명은 실현되고 만다고 주장한다.

얼핏 보면 결정론은 운명론과 비슷한 주장인 것 같고, 실제로 그 둘을 같은 것으로 생각하는 사람들도 많다. 그러나 결정론과 운명론은 결정적인 차이점이 있다. 우선 결정론이 옳은 이론임은 과학과 상식에 의해 입증이 되지만 운명론은 그렇지 못하다. 운명론자들은 아무 근거 없이 모든 것이 운명의 소산이라고 그냥 내뱉거나 기껏해야 신비스러운 전설을 근거로 내세울 뿐이다. 또 다른 차이점은 결정론과 운명론 중 어느 쪽을 믿느냐에 따라 우리의 행동이 달라진다는 점이다. 운명론을 지지하는 사람들은 내가 어떻게 하든 미래는 똑같기 때문에 아무 일도 안 한다고 말하면서 자신의 게으름을 정당화한다. 시험에 붙을 운명이라면 공부를 하든 안 하든 붙을 것이므로 공부를 할 필요가 없고, 시험에 떨어질 운명이라면 공부를 하든 안 하든 떨어질 것이므로 공부를 할 필요가 없다고 말이다. 그러나 공부를 하느냐 안 하느냐가 시험에 어떤 식으로든 영향을 준다는 것을 우리는 경험으로 알고 있다. 그래서 결정론을 지지하는 사람들은, 결정론은 세상의 모든 일에 원인이 있다는 주장일 뿐이므로 현재 상태가 달라지면 미래도 달라진다고 생각하여, 다른 결과를 만들기 위해 다르게 행동한다. 비록 다르게 행동하는 것이 그 이전의 원인에 의해 미리 결정되어 있을지도 모르지만 내가 어떻게 행동하느냐에 따라 결과가 다르게 나온다고 생각하는 것이다.

비록 지금은 현재 상태를 완벽하게 기술할 수 없지만 원칙적으로 그럴 수 있다면 미래를 예측할 수 있을 것 같다. 곧 결정론은 옳은 주장인 것 같다. 그러나 결정론이 옳음을 입증해준 과학에서 오히려 결정론이 틀렸음을 보여주는 결과가 나왔다. 바로 양자역학이다. 이 이론에 따르면 입자들의 현재 상태를 완벽하게 알아도 미래 상태를 확실하게 예측할 수 없다고 한다. 라플라스의 악마가 아니라 그 악마의 할아버지라고 해도 안 된다. 그 입자들이 이러이러한 위치에 있을 것 같다고 확률적으로만 추측할 수 있다. 위에서 말한 스카이 댄서를 예로 들어보자면,

스카이 댄서가 입자들에 의해 움직이고 우리가 그 입자들의 현재 상태에 대해 완전히 알고 있다고 가정하더라도 스카이 댄서의 오른손이 1초 뒤에 어떻게 움직일지는 확률적으로만 알 수 있다. 가령 오른손이 90도만큼 올라가 있을 가능성이 90퍼센트, 45도만큼만 올라갈 가능성은 9퍼센트, 전혀 올라가 있지 않을 가능성은 1퍼센트라는 식으로 말이다. 1초 뒤에 오른손이 올라가 있을 가능성이 아주 높긴 하지만 100퍼센트 확실한 것은 아니다. 20세기 초반부터 발전하기 시작한 양자역학은 이제는 과학계에서 널리 받아들여지고 있다. 그렇다면 결정론은 틀린 주장이고, 이 세상은 비결정적으로 이루어져 있는지도 모른다.

그러나 결정론자들은 양자역학은 눈에 보이지 않는 입자 차원의 이론일 뿐이라고 해석한다. 그들은 우리 눈에 보이는 세상은 여전히 결정론적으로 움직인다고 생각한다. 그리고 설령 모든 세상이 양자역학적으로 돌아간다 하더라도 확률적으로 예측할 수 있다는 것은 제멋대로 움직이는 것과는 전혀 다르다고 볼 수도 있다. 확률적인 예측도 넓게 봐서는 결정론적인 것으로 봐야 한다는 것이다.

결정론이 옳은지 그른지는 세상이 어떻게 생겼고 움직이는지에 대한 물음이다. 철학자들은 사실 그 물음보다 다른 물음을 더 중요하게 생각한다. 곧 결정론이 옳다고 한다면 자유의지를 어떻게 설명할 수 있을까?

②

"형님, 죄송합니다"
결정론과 자유의지의 충돌

**사고
실험
003**
훈이에게는 당나귀가 한 마리 있었다. 어느 날 이 당나귀는 몹시 배가 고팠고 또 목도 말랐다. 배가 고파서 고통스러운 정도와 목이 말라서 고통스러운 정도는 똑같았다. 고맙게도 훈이는 당나귀에게 여물과 물을 가져다주었다. 그런데 그 당나귀는 배고픔과 목마름 중 어느 쪽을 먼저 해소해야 할지 고민하게 되었다.

**사고
실험
004**
훈이는 삼거리파 조폭 똘마니다. 삼거리파 조폭은 사거리파 조폭과 싸움이 붙어 훈이와 훈이의 두목은 사거리파에게 납치되었다. 사거리파 두목은 훈이의 머리에 권총을 겨누고서 훈이에게 회칼로 삼거리파 두목의 목을 베라고 한다. 훈이는 "형님, 죄송합니다."라고 외치면서 목을 벨 수밖에 없었다.

송이는 그토록 원하던 빨간 구두를 신게 되었다. 그런데 빨간 구두를 신자 발이 저절로 움직여 춤을 추는 것이 아닌가. 송이의 의지와는 상관없이 송이의 구두 신은 발은 제멋대로 춤을 추었다.

우리에게는 자유의지가 있다. 아니, 그렇다고 생각한다. 나는 지금 마우스를 클릭했다. 누가 시켜서 클릭한 것이 아니라 내가 그러고 싶어서 그랬다. 나는 중국집에서 짜장면을 시켰다. 짜장면을 먹을 것이냐 짬뽕을 먹을 것이냐는 이 세상에서 가장 어려운 선택이지만, 나는 어쨌든 짜장면을 선택했다. 모두 내가 자유롭게 선택한 행동들이다. 우리에게 자유의지가 있다는 것은 의심할 수 없는 사실인 것 같다. 우리에게 자유의지가 없다면 서커스단에서 사육당하는 동물이나 태엽을 감으면 움직이는 장난감과 뭐가 다르겠는가?

사고실험 003은 우리 인간만이 자유의지가 있다는 것을 보여준다. 이 이야기 속의 당나귀는 14세기의 프랑스 철학자인 뷔리당Jean Buridan의 이름을 따서 '뷔리당의 당나귀'라고 부른다. 뷔리당의 당나귀는 배고픈 정도와 목마른 정도가 똑같다. 그래서 여물과 물이 주어지자 어느 쪽을 먼저 먹어야(또는 마셔야) 할지 고민하다가 결국 결정을 내리지 못하고 배가 고파서(또는 목이 말라서) 죽고 말았다고 한다. 이 이야기는 뷔리당의 당나귀의 양쪽으로 똑같은 거리에 똑같은 양의 똑같은 여물이 있어서 당나귀가 어느 쪽을 먼저 먹어야 할지 고민하다가 죽었다는 식으로 전해지기도 한다.

당나귀는 말에 비해 볼품없이 생겨서인지 어리석다고 무시당하는 경향이 있지만, 실제로는 이렇게 어리석은 당나귀는 없다. 배고픈 것과 목마른 것 중 어느 한쪽이 조금이라도 강하든가 어느 쪽을 먼저 먹든(또는 마시든) 상관없다고 생각하든가 아무 생각 없이 어느 한쪽으로 가든가 하기 때문이다. 그러나 뷔리당이 이 사고실험으로 말하려고 하는 바는 인간을 제외한 자연에는 자유의지가 없다는 것이다. 우리 인간은 이런 상황에서 자유의지를 발휘하여 어느 쪽인가를 선택한다. 그러나 자연에서는 정말로 똑같은 힘이 반대방향으로 작용한다면 어느 쪽도 실행할 수 없을 것이다. 컴퓨터에게 정반대의 일을 동시에 명령한다고 해보자. 가령 이 문서를 출력하라는 명령과 저 문서를 출력하라는 명령을 동시에 똑같이 내렸다고 해보자. (이 말은 어디까지나 두 명령을 동시에 똑같이 내리는 것이 가능하다는 가정에서 성립한다.) 그러면 컴퓨터는 어느 쪽도 선택하지 못하고 다운되고 말 것이다. 이런 일을 막기 위해 컴퓨터에 무작위로 선택하게 하는 명령을 내릴 것이다. 뷔리당이 생각하기에는 당나귀와 같은 동물도 선택할 수 있는 자유의지가 없다. 오직 인간에게만 자유의지가 있는 것이다.

인간에게 자유의지가 있다는 것은 분명해 보인다. 그런데 결정론도 맞는 이론인 것 같다. 세상 모든 일에는 원인이 있다는 것도 의심할 수 없어 보인다. 당구 선수 독거미가 2번 공을 포켓에 넣은 사건을 다시 생각해보자. 그녀는 당연히 자유의지로 공을 그렇게 쳤을 것이다. 한편 그 사건이 생기게 된 원인을 다음과 같이 거슬러 올라가볼 수 있다. (a→b는 a가 원인이 되어 b가 일어난다는 뜻임.)

2번 공이 포켓에 들어감(e)

1번 공이 2번 공을 맞힘(c1)

흰 공이 1번 공을 맞힘(c2)

독거미가 흰 공을 맞힘(c3)

독거미는 흰 공으로 1번 공을 이러이러하게 움직이고 싶다고 결심함(c4)

독거미는 흰 공으로 1번 공을 이러이러하게 움직이고 싶다고 바람(c5)

↑

독거미는 1번 공이 이러이러하게 움직이면 2번 공을 포켓에 넣을 수 있다고 믿음(c6)

이런 식으로 거슬러 올라가면 원인은 어디까지 가겠는가? 독거미가 당구 경기장에 들어오기 전까지, 그녀의 어린 시절까지, 또 그녀가 태어나기 훨씬 전까지, 더 나아가서 이 세상이 생길 때까지 가지 않겠는가? 독거미는 그녀가 태어나기 훨씬 전의 어떤 일 때문에 2번 공을 포켓에 넣었다!

e라는 사건은 c1 때문에 일어났다. 다시 말하면 c1이 일어나면 e는 일어날 수밖에 없다. (e가 일어나기 위해서는 c1만 필요한 것은 아니지만 여기서는 편의상 그렇게 생각하자.) 또 c2가 일어나면 c1은 일어날 수밖에 없다. 그런 식으로 보자면 그녀가 태어나기 전의 어떤 일이 일어나면 e는 반드시

일어난다. 그런데 태어나기 전의 일은 독거미가 전혀 통제할 수 없는 일이다. 통제할 수 없는 일이 원인이 되어 당구공을 이렇게 쳤다면, 그녀는 자유의지로 친 것이 아니다. 그렇게 칠 수밖에 없었던 것이다.

사고실험 004의 훈이를 보자. 영화 〈타짜〉(2006)를 본 사람은 이 사고실험이 〈타짜〉의 마지막 장면과 비슷하다는 것을 눈치챌 것이다. 정마담(김혜수 분)의 오른팔인 사람이 아귀(김윤석 분)의 똘마니의 머리에 총을 대고 아귀의 손목을 내리치라고 명령한다. 그 똘마니는 "형님, 죄송합니다."라고 하면서 내리친다. 이 똘마니를, 그러니까 **사고실험 004**의 훈이를 비난할 수 있을까? 그가 아귀의 손목을 내리친 것은 그의 자유의지에 의한 행동이 아니라는 것을 누구나 안다. 그는 자신의 머리에 겨누어진 총 때문에 그렇게 행동했고, 총을 겨눈 행동은 그가 어떻게 할 수 있는 일이 아니기 때문이다. 그의 행동은 불가피했다. 그러므로 이 상황에서 그를 비난할 사람은 없을 것 같고, 피도 눈물도 없는 아귀도 자기 똘마니를 탓하지는 않았을 것이다. 독거미가 2번 공을 포켓에 넣은 것은 자유의지로 한 행동 같지만 사실은 그녀가 어떻게 할 수 없는 일이 원인이 되어 생긴 것이다. 그녀가 태어나기 전의 일이 원인이 되어 그런 결과가 나왔다. 그렇다면 훈이나 아귀의 똘마니와 마찬가지로 그녀는 자유의지로 그렇게 한 것이 아니다. 그러니 그들이 비난받을 일이 없는 것처럼 그녀가 잘했다고 칭찬받을 일도 없지 않겠는가?

영화 〈스파이더맨 3〉(2007)의 주제는 '선택'이다. 스파이더맨(토비 맥과이어 분)인 피터 파커는 대단히 철학적인 말을 한다. "자기와의 싸움에서 우리는 선택의 기로에 선다. 옳은 것을 선택하는 것은 우리 몫이다." 피터의 말은 옳다. 다만 우리에게 자유의지가 있다는 전제에서만. 그러나 샌드맨(토머스 헤이든 처치 분)은 자신이 범죄를 저지를 수밖에 없었던 상황, 곧 딸이 아프고 돈이 필요했음을 강조한다. 자신이 그렇게 하도록 결정되어 있었다고 주장하는 것이다. 그는 정말로 선택을 할 수 없었을 까? 다시 말해서 그에게는 정말로 자유의지가 없었을까?

이렇게 결정론이 옳다면 자유의지는 없다는 결론이 따라 나온다. 반대로 자유의지가 있다면 결정론은 틀린 이론이 될 것이다. 자유의지 에 의해 선택했다는 것은 무엇인가에 의해 결정되었다는 뜻이 아니기 때문이다. 결국 결정론과 자유의지는 양립할 수 없을 것 같다. 그렇지만 우리에게 자유의지가 있다는 사실은 너무나 명백해 보인다. 자유의지 가 없다면 우리는 꼭두각시나 로봇과 다를 바 없다고 느낄 것이기 때문 이다. 어떻게 해야 할까? 자유의지와 결정론 둘 중 하나만 옳은 것 같다. 어떤 것을 버려야 할까? 차마 자유의지를 버릴 수는 없으므로, 자유의지 를 살리기 위해서는 결정론이 틀렸다고 말하는 방법밖에 없어 보인다.

결정론이 틀렸다고 말하는 것은 세상일에는 원인이 없다는 주장일 것이다. 이런 주장을 **비결정론**이라고 하는데, 자유의지를 살리기 위해 서는 세상 모든 일까지는 아니고 적어도 사람의 행동에는 원인이 없다 고만 주장해도 충분하다. 다른 세상일은 모르겠지만, 적어도 사람의 선 택이나 결심 같은 행동은 무엇인가에 의해서 결정된 것이 아니라고 해 야 그 사람은 자유의지로 그런 행동을 한 것이 된다. 그러나 비결정론 은 정말로 자유의지를 살릴 수 있을까? 비결정론의 주장대로 내가 짜장 면을 시킨 행동에 원인이 없다고 해보자. 그럼 나는 왜 짜장면을 시켰 을까? 그야말로 아무 이유 없이 시켰다고밖에 말할 수 없다. 아무 이유 없이 하는 이런 행동이 자유로운 행동이라고 말할 수 있을까? **사고실험**

005는 안데르센의 동화 『빨간 구두』의 이야기다. 송이는 그 동화의 카렌에 해당한다. 카렌의 발은 제멋대로 움직인다. 그러면 카렌은 자유로운가? 그럴 것 같지 않다. 제멋대로 하는 것과 자유로운 것은 분명히 다르다. 자기 마음대로 행동하는 사람은 그래도 '자기의 마음'이라는 원인이라도 있지만, 그런 원인마저도 없는 비결정적인 행동은 전혀 자유롭다고 말할 수 없을 것이다. 비결정론이라고 해서 자유의지를 살려주는 것은 아니다.

우리는 이제 딜레마에 빠졌다. 결정론이 옳아도 자유의지는 없고 결정론이 틀려도, 곧 비결정론이 옳아도 자유의지는 없다. 이제 어떻게 해야 할까? 우리는 자유의지 없이 살아야 하는 걸까?

철학자들 중에는 눈 딱 감고 자유의지 그딴 것은 없다고 주장하는 이들도 많다. 결정론은 과학의 지지를 받는 이론인데 그런 결정론과 충돌하는 자유의지는 버려야 한다고 말이다. 인간의 역사에는 우리가 당연하다고 생각했지만 알고 보니 거짓으로 드러난 것이 굉장히 많다. 태양이 지구 주위를 돈다는 생각은 의심받지 않았고 그것을 부정한 사람은 처벌받기도 했지만, 이제 그 주장이 틀렸다는 것은 삼척동자도 안다. (3장에서 공리주의자도 비상식적이라는 비판에 대해 비슷한 답변을 한다.) 자유의지도 그런 것이다. 자유의지가 없다고 생각하면 처음에는 이상하겠지만 조금 지나면 익숙해질 것이다.

그러나 자유의지가 없다면 어떻게 사람들에게 벌을 주고 칭찬을 할 수 있을까? 남의 물건을 훔친 사람에게 벌을 주는 것은 그가 자유의지로 훔쳤다고 믿기 때문인데, 자유의지가 없다면 **사고실험 004**의 훈이의 경우처럼 벌을 내릴 수 없지 않은가? **사고실험 005**의 송이도 춤을 멈추지 못한 것은 자기 탓이 아니므로 비난받지 않아야 한다. (그러나 동화에서 카렌은 춤을 멈추기 위해 엽기적으로 발목이 잘린다. 신지 말라고 한 빨간 구두를 신었기 때문에 그런 벌을 당한 것이라고 해석할 수 있다.) 〈스파이더맨 3〉에서 피터의 신문사 동료인 에디 브록(토퍼 그레이스 분)은 자신의 의사와 무관하게 외계에서 온 수수께끼의 유기체인 심비오트에 감염되어 악당 베놈이 된다. 그가 악당인 것은 맞지만 그의 자유의지에 의한 것이 아니므로 그를 비난하는 관객은 없을 것이다. 〈마이너리티 리포트〉의 범죄자들을 다시 생각해보자. 그들이 범죄를 저지르리라는 것은 이 세상이 만들어질 때 이미 결정되어 있었다. 그렇다면 그들이 범죄를 저지르고 싶어서 저지른 것이 아닌데도 처벌할 수 있을까?

영화가 아니라 현실에서 그렇게 빠져나가려는 사례가 있었다. 20세기 초, 미국의 시카고에서 러브Richard Loeb와 레오폴드Nathan Leopold, Jr.라는 두 젊은이가 한 소년을 납치해서 죽였다. 그런데 당시 아주 유명한 변호사였던 대로Clarence Darrow는 그들이 자유의지로 소년을 죽인 것이 아니라는 취지의 변호를 했다. 그들이 소년을 죽인 원인을 거슬러 올라가면 그들이 태어나기 전까지 가게 되는데, 자신들이 통제할 수 없는 그런 일 때문에 벌을 받아서는 안 된다는 것이었다. 이 변호 때문인지 그들은 사형을 피하고 종신형을 선고받았다.

이 이야기는 그 후 영화로도 만들어졌고 결정론을 논의할 때 자주 거론된다. 결정론이 옳고 자유의지가 없다면 정말 큰일이다. 옆에 있는 사람을 한 대 때리고서 너를 때린 것은 내가 태어나기 전의 일 때문이므로 나도 어쩔 수 없다고 하면 세상이 어떻게 되겠는가? 러브와 레오폴드 사건의 재판관은 이렇게 말할지도 모른다. "그래도 본 재판관은 피고

인들에게 사형을 선고합니다. 왜냐하면 내가 태어나기 전에 그렇게 판결하도록 이미 정해져 있기 때문입니다." 아! 너무 혼란스럽지 않은가? 결정론과 자유의지를 화해시킬 방법이 정말로 없을까?

③

행복한 인질
결정론과 자유의지의 화해

사고실험 006

훈이는 조폭들에게 마취된 채 납치되었다. 마취에서 깨어나 보니 어느 방에 갇혀 있었다. 그런데 그 방에 평소에 흠모하던 아이돌 송이가 있는 것이 아닌가? 훈이는 방에 갇혀 있지만 나갈 마음이 없다. 송이와 함께 있는데 이보다 더 즐거운 일이 어디 있을까?

사고실험 007

훈이는 재벌 총수의 아들이다. 학교를 자주 빼먹던 그는 어느 날 학교에 갔다. 그런데 그날 학교에 가지 않았으면 재벌 총수의 조폭, 아니 경호원들이 그를 붙잡아 강제로 학교에 데려갈 작정이었다. 아마 학교에 가지 않고 송이와 놀려고 할까 봐 그랬나 보다. 다행히 그날따라 무슨 바람이 불었는지 훈이 스스로 학교에 갔으므로 그런 일은 일어나지 않았다.

사고 실험 008 훈이는 신경외과 의사다. 그는 다른 질병으로 입원한 봉이를 수술하면서 봉이의 뇌에 마이크로 칩을 심었다. 그리고 무선으로 신호를 보내 봉이를 자신이 원하는 대로 조종했다. 봉이는 이 사실을 모른다.

사고 실험 009 훈이는 신경외과 의사다. 그는 다른 질병으로 입원한 봉이를 수술한 후 봉이에게 당신의 뇌에 마이크로 칩을 심었다고 말했다. 그리고 무선으로 신호를 보내 당신을 자신이 원하는 대로 조종한다고 말했다. 꼭두각시와 다름없이 되었다고 생각한 봉이는 인생을 무책임하고 게으르게 막살았다.

정신병 때문에 범죄를 저지른 사람은 감옥에 보내는 대신에 병원(정확하게는 치료감호소)에서 치료받게 한다. 자유의지로 범죄를 저지른 것이 아니기 때문에 처벌할 수 없다고 생각하는 것이다. 영화배우 방은진이 감독으로 데뷔하여 만든 영화 〈오로라 공주〉(2005)를 보면, 주인공 정순정(엄정화 분)의 딸을 죽인 살인범은 정신질환 때문에 범죄를 저질렀다는 이유로 감옥에 가는 대신 정신병원에서 편안하게 치료를 받는다. 이 사실은 정순정과 그녀의 복수극에 공감하는 관객을 더욱 분노케 한다. 만약 우리에게 자유의지가 없다면 우리는 정신병 환자와 똑같은 것 아닐까? 남을 때리거나 심지어 죽여놓고도 정신병 치료만 받으면 되는 것 아닐까?

결정론이나 자유의지 모두 버리기 힘들기 때문에 철학자들은 꾸준히 그 둘을 함께 받아들이려고 시도해왔다. 가장 대표적인 시도는 '의식의 전환'을 해보는 것으로 스코틀랜드의 철학자 흄David Hume(1711~1776)이 내놓은 것이다. 결정론과 자유의지가 양립 불가능하다고 생각하게 된 계기는 행동에 원인이 있으면 그 행동에는 자유의지가 없을 것이라고 생각하기 때문이다. 다시 말해서 원인이 없는 경우에만 자유의지가 있다고 생각하는 것이다. 그러나 원인이 있다고 해서 꼭 자유의지가 없을까? 원인이 있으면서도 자유의지가 있을 수는 없을까?

자유의지를 다른 식으로 생각하면 된다. 내가 중국집에서 짜장면을 시켰다고 해보자. 나는 짜장면을 안 시킬 수도 있었지만 짜장면을 시켰다. 그러므로 내가 짜장면을 시킨 것은 자유의지에 의한 것이다. 마찬가지로 독거미는 흰 공을 저러저러하게 맞힐 수도 있었지만 이러이러하게 맞혔다. 그러므로 그녀는 자유의지에 의해 흰 공을 이러이러하게 맞힌 것이다. 반면에 **사고실험 004**의 훈이는 두목의 목을 베지 않을 수 없었다. 그러므로 그에게는 자유의지가 있다고 말할 수 없다. 이렇게 어떤 행동을 했을 때 '그렇게 하지 않을 수 있었지만 그 행동을 했을' 경우에 자유의지가 있다고 생각한다면, 행동에 원인이 있다고 해도, 곧 결정론이 옳아도 자유의지는 보존된다. 그렇게 하지 않을 수도 있었다. 그럴 때 나에게 자유의지가 있다.

그렇게 자유의지로 행동을 했을 경우에도 행동의 원인이 없는 것이 아니다. 내가 원해서 짜장면을 시켰고, 독거미가 원해서 흰 공을 이러이러하게 쳤다. 그러므로 자유의지가 있으면서 동시에 결정론도 성립한다. 다만 이 경우에는 그 원인이 행위하는 당사자에게서 나온 것이다. 다시 말해서 외부에서 생긴 원인이 아니다. 그러나 자유의지가 없는

사고실험 004의 훈이의 행동은 외부, 곧 권총에 그 원인이 있다. 그러므로 그렇게 하지 않을 수도 있었지만 그렇게 행동했을 때 자유의지가 있다고 말하는 것은 그 행동의 원인이 내부에 있다고 말하는 것이나 마찬가지다. 행동의 원인이 내부에 있다는 것은 그 행동이 나의 믿음과 욕구 때문에 생겼지, 외부의 강제 때문에 생기지 않았다는 것이다. 바로 이 강제가 문제다. 강제당하는 행동에 자유의지가 없는 것은 당연하다. 그동안 자유의지의 반대말을 원인이라고 생각해서 자유의지와 결정론이 양립 불가능하다고 생각해왔다. 그러나 자유의지의 반대말이 **원인**이 아니라 **강제**라고 본다면 자유의지와 결정론은 얼마든지 함께 성립할 수 있다.

그런데 일이 그리 호락호락하지 않다. **사고실험 006**의 훈이를 보자. 그는 납치되었지만 그 방에서 나갈 마음이 없다. 평소에 흠모해 마지않던 송이와, 그것도 밀폐된 방에 함께 있는데 왜 나가고 싶겠는가? 그는 자유의지로 그 방에 남기로 결심했다. 이번에는 흄이 새롭게 정의한 자유의지에 따라 훈이에게 자유의지가 있는지 생각해보자. 훈이는 그렇게 하지 않을 수 있었을까? 아니다. 그는 방에 남지 않고 나가고 싶어도 그럴 수 없다. 이 정의에 따르면 그는 자유의지로 방에 남아 있기로 결정한 것이 아니다. 이 사고실험은 박찬욱 감독의 영화 〈올드보이〉(2003)를 떠올리게 한다. 오대수(최민식 분)는 모르는 사람에게 납치되어 골방에 갇혀 15년 동안 군만두만 먹고 산다. 사람이 15년 동안 군만두만 먹고 살 수 있는지 모르겠지만, 어쨌든 다행히도 오대수가 군만두라면 환장을 해서 15년 동안 기꺼이 군만두를 먹었다고 해보자. 그는 자유의지로 군만두를 먹었을까? 그는 그렇다고 생각하겠지만, 먹기 싫으면 안 먹었을 수 있었던 것은 아니므로 자유의지로 먹은 것이 아니게 된다.

위 사고실험의 경우 훈이는 송이와 함께 있다는 기쁨에 푹 빠져서 갇혔다는 사실을 잊고 있었으므로 실은 자유의지가 없는 것 아니냐고 생각하는 사람이 있을지 모르겠다. 좋다. 그러면 그다음 사고실험을 보자. **사고실험 007**의 훈이는 학교에 갔다. 누가 봐도 훈이는 자유의지로 학교에 간 것이다. 그런데 훈이는 학교에 가지 않을 수도 있었지만 학교에 간 것일까? 훈이가 학교에 가고 싶지 않았다면 가지 않을 수 있었을까? 물론 아니다. 당장 경호원들이 그를 붙잡아 학교에 강제로 데려갔을 것이다. 그러므로 흄의 자유의지 정의에 따르면 훈이는 자유의지로 학교에 간 것이 아니다. 훈이는 경호원의 계획을 전혀 모른 채 학교에 갔을 뿐이다. 그런 계획이 없었을 경우와 다른 점이 전혀 없다. 그런데 그런 계획이 없었으면 자유의지가 있었을 그의 행동이 그 계획으로 인해 자유의지가 없게 된다. 이것은 문제가 있는 것 아닐까? 경호원의 계획이 없다면 자유의지가 있게 되고 계획이 있다면 자유의지가 없게 되는데, 그 두 상황에서 훈이는 똑같이 행동하고 경호원의 계획이 있는지 없는지도 모르기 때문이다.

결정론과 자유의지를 화해시킬 것이라고 생각된 흄의 정의는 자유의지에 의한 선택을 설명하지 못하는 것처럼 보인다. 그러나 다르게 생각하면, **사고실험 006**의 훈이가 자유의지에 의해 남아 있고 **사고실험 007**의 훈이가 자유의지로 학교에 갔다는 우리의 직관이 틀렸는지도 모른다. 두 훈이가 자유의지로 그렇게 했다고 생각한 것은 그의 의욕이나 선호에 주목했기 때문인데, 그것보다 사람 자체에 주목하면 자유의지가 없다고 보는 게 옳기 때문이다. 훈이는 분명히 갇혀 있고 감시당하고 있

지 않은가?

결정론과 자유의지를 화해시키려는 또 다른 시도로는 우리의 욕구의 차원을 구분하는 방법이 있다. 내가 지금 담배를 피우고 싶다고 하자. 이렇게 어떤 대상이나 사태에 대한 욕구를 1차 욕구라고 한다. 그런데 이 1차 욕구에 대해서 또다시 욕구를 가질 수 있다. 예컨대 나는 담배를 피우고 싶다는 욕구를 안 가지고 싶다는 욕구를 가질 수 있다. 이런 욕구를 2차 욕구라고 한다. 어떤 행동이 2차 욕구에 의해 이루어졌을 때 그 행동에는 자유의지가 있다고 말한다. 반면에 2차 욕구가 전혀 없거나 2차 욕구에 의해 행동하지 않았을 때는 자유의지가 없는 것이다.

로봇에게는 1차 욕구가 있는지조차 분명하지 않다. 동물의 경우에는, 적어도 하등동물은 대상에 대한 1차 욕구만 가지고 있지 그 욕구에 대해 다시 한 번 욕구한다고 보기 어렵다. 따라서 그런 동물에게는 자유의지가 없다. 사람의 경우도 무언가에 중독된 사람은 동물이나 마찬가지다. 줄담배를 피우는 사람을 보자. 당연히 그는 1차 욕구에 의해 담배를 피웠다. 그에게는 2차 욕구도 있다. "아, 담배를 피우고 싶다는 생각이 들지 않을 수는 없을까?" 그러나 이 2차 욕구는 더 이상 작동하지 않는다. 그는 여전히 담배를 피우면서 이렇게 외친다. "나 좀 살려줘요!" 담배에 중독된 사람은 2차 욕구에 의해 행동하지 않으므로 자유의지에 의해 담배를 피우는 것이 아니다.

반면에 담배에 중독되었지만 괴로워하지 않고 즐거워하는 사람도 있을 것이다. "왜 담배 끊으려고 스트레스 받아? 난 신나게 담배 피우다 죽을래."라고 생각하는 사람이다. 위에서 살펴본 흄의 해결책에 따르면 이 사람은 자유의지가 없다. 이미 중독되어서 담배를 피우지 않고 싶어도 그럴 수 없기 때문이다. 그러나 이 사람은 자유의지에 의해 담배를 피운다고 보는 것이 상식 아닌가? 이 사람에게 자유의지가 있다는 것은 욕구의 차원을 구별하는 방법으로 설명할 수 있다. 그는 담배를 피우고 싶다는 1차 욕구를 계속해서 가지고 싶다고 욕구하기 때문이다.

이런 점에서 욕구의 차원을 구별하는 해결책은 결정론과 자유의지를 문제 없이 화해시킬 것 같다. 그러나 이 경우에도 역시 문제가 생긴다. **사고실험 008**의 봉이는 담배를 전혀 피우지 않는 사람인데 사악한 의사인 훈이로부터 조종을 당해 담배를 피우고 싶다는 1차 욕구를 가지게 되었다고 해보자. 이런 가상의 상황이 아니라 최면을 당해 그런 욕구를 가지게 되었다고 생각해도 된다. 이럴 때 봉이가 정말로 담배를 피우고 싶다는 욕구를 가지게 되었다고 생각하는 사람은 없을 것이다. 봉이는 그 마음까지 꼭두각시처럼 조종을 당하고 있다. 조정이나 최면에 의해 1차 욕구를 만들 수 있다면 2차 욕구도 만들어낼 수 있지 않을까? 담배를 더 이상 피우고 싶지 않다는 2차 욕구가 조정이나 최면에 의해 생긴 사람은 자유의지가 있는 사람일까 없는 사람일까? 우리 상식으로는 그 사람에게는 자유의지가 없다. 그러나 방금 살펴본 해결책에 따르면 이 사람은 2차 욕구에 의해 행동하고 있으므로 자유의지가 있다. 결국 이 해결책은 완전하지 않다.

우리는 분명히 자유의지를 가지고 있는 것 같다. 그리고 과학의 발달로 결정론도 받아들여야 할 것 같다. 그런데 자유의지와 결정론은 동시에 성립할 수 없는 것처럼 보였다. 철학자들이 자꾸 이 둘이 양립 가능하게 시도하는 까닭은 앞서도 말했듯이 자유의지가 없으면 우리가 줄로 조종되는 꼭두각시와 다름없다고 생각하기 때문이다. 그러나 설령 결정론과 자유의지가 양립 가능하지 않아, 우리의 행동이 사실은 자유의지에 의한 것이 아니라고 해서 사람들이 다르게 행동할까? **사고실험 009**의 봉이처럼 "나, 삐뚤어질 거야!"라고 인생을 막산다면 결국 자신에게 손해다. 그렇게 인생을 살다가 범죄까지 저지른 후 재판을 받게 되면 훈이에게 책임을 떠넘길 것이다. 그때 훈이가 "저는 장난으로 그렇게 말했는데요. 그 말을 진짜 믿었어요?"라고 말하면 얼마나 허탈하겠는가? 그래서 대부분의 사람들은 설령 자유의지가 없다고 하더라도 자유의지가 있는 것처럼 산다. 자유의지가 없어도 있는 것처럼 생각하고 사는 것이다. 그래서 앞서 말했듯이 결정론은 운명론과 비슷해 보이지만 다르다.

▶ 정리하기

결정론은 이 세상을 거대한 당구대처럼 생각한다. 세상 모든 일은 그렇게 된 원인이 있고, 그 원인은 다시 또 원인이 있어서 생겼고, 그런 식으로 끝없이 원인을 거슬러 올라갈 수 있으며, 인간의 행동도 결정론으로 설명할 수 있다고 주장한다. 결정론은 미래는 현재에 의해 결정된다는 주장이지, 우리가 어떻게 하든지 상관 없이 미래는 결정되어 있다고 주장하는 운명론과는 다르다.

자유의지는 인간을 다른 동물이나 기계와 구분해주는 것이므로 인간에게 없어서는 안 되는 것이다. 그리고 과학의 지지를 받는 결정론도 옳은 이론이다. 그러나 결정론이 옳다면 나의 행동의 원인이 내가 통제할 수 없는 곳에까지 거슬러 올라가므로 나에게 자유의지는 없게 된다. 또 자유의지에 의해 선택했다는 것은 무엇인가에 의해 결정되었다는 뜻이 아니므로, 자유의지가 있다면 결정론은 틀린 이론이 된다. 결국 결정론과 자유의지는 양립 불가능한 것처럼 보인다.

우리 상식과 달리 자유의지는 없는 것이라고 주장하는 철학자도 있다. 그러나 자유의지가 없으면 처벌이나 칭찬을 할 수 없다는 심각한 문제가 생긴다. 결정론을 버리고 비결정론을 받아들여도 해결책이 안 된다. 아무 이유 없이 한다는 비결정론도 자유의지를 구제할 수 없기 때문이다.

흄은 자유의지의 반대말을 원인이 아니라 강제로 해석하여 결정론과 자유의지가 양립 가능하게 만들었다. 그러나 상식적으로는 자유의지가 있는 사람이 그의 자유의지 개념에 따르면 없다고 해석되는 결과가 생긴다. 1차 욕구와 2차 욕구의 구분에 의해 양립 불가능성 문제를 해결하려는 시도도 있지만 이 시도도 역시 문제가 생긴다. 자유의지가 있으나 없으나 우리의 행동은 다름이 없으므로 결정론과 자유의지의 양립 가능성 문제를 심각하게 고민하지 말자는 해결책도 있다.

▶▶ 생각 다지기

1. 라플라스의 악마 사고실험은 무엇을 말하려고 하는가?

2. 결정론은 어떤 이론이며 그 이론이 옳다고 생각되는 근거는 무엇인가?

3. 결정론과 운명론은 어떻게 다른가?

4. 양자역학은 결정론에 대한 반론이 되는가?

5. 자유의지가 없으면 어떤 문제가 생기는가?

6. 왜 자유의지와 결정론은 양립 불가능한 것처럼 보이는가?

7. 흄은 어떻게 해서 자유의지와 결정론을 양립 가능하게 하였고, 흄의 그런 시도에는 어떤 문제점이 있는가?

8. 자유의지와 결정론을 양립 가능하게 하는 다른 시도는 어떤 것이 있고, 거기에는 어떤 문제점이 있는가?

▶▶▶ 생각 키우기

1. 결정론이 옳고 자유의지가 없다는 것이 사실로 드러났을 때 우리의 삶은 어떻게 달라질지 고민해보자. 그리고 그때 칭찬과 처벌을 정당화할 수 있는 방법이 있는지도 생각해보자.

2. 지금의 나는 집안 환경과 교육 환경에 의해 상당 부분 결정되었다고 한다면, 나의 행동은 자유롭다고 말할 수 있을까?

3. 미래에 인간의 행동과 구분할 수 없는 로봇이 등장한다고 하자. 그 로봇은 인간처럼 스스로 결정해서 행동을 하는 것처럼 보인다. 그 로봇은 진정으로 자유의지로 행동한다고 말할 수 있을까? 또 자유의지가 없다고 한다면 무슨 문제가 있을까?

4. 결정론과 자유의지를 양립 가능하게 하려는 흄의 시도나, 1차 욕구와 2차 욕구의 구분에 의해 양립 가능성 문제를 해결하려는 시도를 반론으로부터 살릴 수 있는 방법이 있는지 생각해보자.

2장

나는 왜 나일까?

여는
대화

훈이   송이

(훈이와 송이는 인터넷을 검색하고 있다.)

🧑‍🦰 오예! 훈이야, 이것 봐. 네가 좋아하는 가수 한나도 성형수술했대.

😊 어디 어디? 정말이네.

🧑‍🦰 성형 전 사진도 떴어. 이것 봐.

😊 이거 뭐야. 완전 딴사람이네.

🧑‍🦰 요즘은 성형기술이 굉장히 발전해서 이 정도로 싹 바뀐 사람도 많아.

😊 그래도 이건 심한데. 완전 실망했어. 이 사람은 한나가 아냐.

🧑‍🦰 아무리 그렇다고 해도 한나는 한나지. 한나가 아닌 다른 사람이 한나가 된 것은 아니
잖아.

😊 아냐. 이렇게 전혀 못 알아볼 정도로 바뀌었다면 다른 사람이라고 봐야 해. 데뷔 전
한나와 데뷔 후 한나는 이름만 같지 전혀 다른 사람이야. 아니지, 원래 이름도 한나
가 아니니까 정말로 다른 사람이네.

🧑‍🦰 연예인 이름이야 다들 예명을 쓰니까 그것 때문에 다른 사람일 것까지는 없지. 얼굴
이 다르다고 다른 사람이라고 해야 하나? 그렇게 따지면 너도 네 돌 사진과 전혀 다
르더라. 그럼 돌 때의 너와 지금의 너도 완전히 다른 사람이라고 말해야 하잖아.

😊 그거랑은 다르지. 나는 돌 때부터 지금까지 얼굴이 서서히 바뀌었지만 한나는 갑자
기 완전히 바뀐 거잖아.

👩 그게 뭐가 다른데. 바뀐 것은 똑같지.

🧑 그러니까 누군가 나를 지켜보고 있다면 매일 조금씩 얼굴이 바뀌었기 때문에 내가 언제부터 다른 사람이 됐다고 말할 수 없을 거야. 그치만 한나는 성형수술한 그날부터 완전히 다른 사람이 된 거야. 수술실에서 나오는 순간 전혀 못 알아볼 테니까.

👩 그럼 수술을 날마다 조금씩 하면 어때? 매일 보면 바뀌었는지 모르는데 오랜만에 보면 확 바뀌어 있다면? 턱을 조금씩 깎는 연예인도 있어.

🧑 그래도 어릴 때의 내가 지금의 나로 바뀐 것처럼 서서히 바뀐 것은 아니야.

👩 네 말대로 하면 애벌레가 번데기가 되었다가 나비로 변하는 것을 보고 완전히 다른 사람, 아니 다른 존재가 된다고 말해야 해. 이 번데기가 저 나비가 됐을 때 그 둘이 같은 존재라고 말할 수 없는 거지.

🧑 번데기와 나비는 완전히 다르지. 어떻게 같을 수 있어?

👩 물론 번데기와 나비는 다르지. 내 말은 지금의 네가 돌 때의 너와 다른 사람이 아닌 것처럼 이 나비와 저 번데기도 다르지 않다는 거야.

🧑 번데기가 나비로 완전히 바뀌면 다른 존재가 되었다고 봐야 하지 않을까? 네가 한나 친구라고 해봐. 한나가 그렇게 얼굴을 바꾸고 오면 알아볼 수 있겠어? 그리고 옛날처럼 친하게 지낼 수 있겠어?

👩 물론 처음에는 못 알아보겠지. 그리고 좀 낯설겠지. 그치만 조금 이야기해보면 수술하기 전의 한나가 가지고 있던 기억이나 성격 같은 것은 그대로일 테니까 같은 사람이라고 확신할 수 있어.

🧑 아마 얼굴이 그렇게 변했으면 성격도 변할 거야. 그러면 너한테 알은체도 안 할 걸?

👩 얘가 지금 뭔 소리를 하고 있어? 한나가 진짜 내 친구냐?

①

테세우스의 배
동일성의 토대

 **사고
실험
010**
훈이는 선박을 수리하는 조선소에서 일하고 있다. 어느 날 '테
세우스'라는 이름의 배가 수리를 받으러 왔다. 이 배는 나무로
만 만들어졌다. 그날 테세우스의 배는 낡은 널빤지 하나를 새 널빤지로 바꾸
었다. 며칠 후 테세우스의 배는 또 널빤지 하나를 새 널빤지로 바꾸었다. 테
세우스의 배는 잊을 만하면 조선소에 와서 널빤지를 바꾸고 갔다. 훈이는 테
세우스의 배에서 교체한 널빤지들을 버리지 않고 번호를 붙여 창고에 차곡
차곡 모아두었다. 몇 년이 지나 드디어 테세우스의 배에 있던 원래의 널빤지
는 하나도 남김없이 새 널빤지로 바뀌었다. 훈이는 그동안 모아두었던 널빤
지로 테세우스의 배와 똑같은 배를 조립했다. 어느 날 테세우스의 배가 또
조선소에 왔다. 그런데 그 조선소에는 훈이가 조립한 테세우스의 배가 이미
정박해 있었다. 똑같이 생긴 두 척의 배가 나란히 정박하게 된 것이다.

훈이는 인터넷 경매 사이트에서 미국 초대 대통령인 조지 워싱턴의 도끼를 구입했다. 워싱턴이 어린 시절 벚나무를 자를 때 쓰던 바로 그 도끼라고 했다. 그런데 도끼가 배달 온 후 도끼에 달려 있는 라벨을 보니 아주 조그마한 글씨로 이렇게 쓰여 있었다. "이 도끼는 조지 워싱턴이 사용한 도끼임을 보증합니다. 다만 워싱턴이 사용한 이후 자루는 네 번, 날은 세 번 바뀌었습니다."

살인 혐의로 재판을 받는 훈이는 법정에서 다음과 같이 진술했다. "제가 7년 전 그날 거기에 갔었고 살인을 했던 기억은 나지만 살인범은 저와 완전히 다른 사람입니다. CCTV에 찍힌 사람이 정말 저하고 비슷하게 생기긴 했네요. 그치만 저 친구는 수염을 기르고 있는데 저는 지금 수염이 없잖아요? 나이도 분명히 다르고요. 지문이 저와 같다고요? 그치만 저 친구 몸을 구성하는 세포와 지금 내 몸의 세포는 완전히 달라요. 생각도 완전히 바뀌었어요. 저는 그 후 종교에 귀의해서 거듭났거든요. 이 살인은 다른 사람이 저지른 것이니까 저를 처벌하면 안 됩니다."

테세우스는 플루타르코스의 『영웅전』에도 나오는 그리스 신화의 영웅이다. 테세우스가 크레타 섬의 미궁에서 길을 잃지 않기 위해 입구에 실을 매달아놓았다거나, 괴물을 물리친 다음에 무사하다는 표시로 배에 흰 돛을 달기로 했는데 깜빡 잊고 검은 돛을 달았다는 이야기를 들어본 적이 있을 것이다. 그런데 아테네 시민들이 테세우스의 배를 천 년 이상 동인 보존했다고 한다. 나무로 된 배가 그렇게 오랫동안 남아 있을 수 있었던 것은 **사고실험 010**에서처럼 계속 수리를 했기 때문이다. **사고실험 010**에서 똑같이 생긴 두 척의 배 중 어느 쪽이 진짜 테세우스의 배일까? 시쳇말로 어느 쪽이 오리지널이고 어느 쪽이 짝퉁인가?

사실 이 문제는 크게 어렵지 않을 수도 있다. 그 배의 선주에게는 수리를 끝낸 배가 진짜 테세우스의 배일 테고, 골동품상에게는 헌 널빤지로 조립한 배가 진짜 테세우스의 배일 터이다. 어느 쪽이 진짜인지는 관심사에 따라 달라진다. 선주와 골동품상은 관심이 다르므로 그들에게 두 배는 똑같은 배가 아니다. 한편 배를 한 번에 모조리 수리한 것이 아니라 널빤지를 한 장씩 교체했기 때문에, 만약 수리한 배가 원래 배와 다르다면 어느 시점에서부터 달라지기 시작했느냐가 문제가 된다. 가령 골동품상은 널빤지가 세 장만 교체된 배는 오리지널이 아니라고 생각할까? 다섯 장 교체된 배는 어떨까? 열 장 교체된 배는 어떨까? 어느 시점부터 오리지널과 짝퉁이 나뉘는지 분명하지 않다.

사고실험 011은 테세우스의 배 이야기에 비하면 다소 우스개 같다. 아마 사람들 대부분은 그런 도끼를 산 훈이를 어리석다고 생각할 것이다. 그러나 워싱턴이 쓰던 바로 그 도끼에서 자루만 한 번 바꿨다면 다른 도끼라고 부를 수 있을까? 날만 한 번 바꿨다면 또 어떨까? 50년 동안 똑같은 대걸레로 청소했다는 청소부가 있다면 믿을 수 있을까? 그 청소부는 다만 가끔 마포 걸레를 바꾸고, 그보다는 드물게 나무 자루와 철제 프레임을 바꿨다고 한다. 지금 그가 사용하는 대걸레는 50년 전에 사용했던 대걸레와 같은 대걸레일까?

철학자들은 이런 문제를 **동일성 문제**라고 부른다. 조금씩 변화하는 테세우스의 배를 원래의 배와 동일한, 곧 같은 배라고 볼 수 있느냐는 문제다. 문제는 사람도 테세우스의 배처럼 서서히 변한다는 데 있다. 우리 몸을 구성하는 세포들은 끊임없이 변한다. 피부는 끊임없이 벗겨지고, 4주마다 완전히 새 피부로 바뀐다고 한다. 완전 방수의 천연 가죽옷을 한 달에 한 번 갈아입는 셈이다. 또 뼈의 조직은 끊임없이 죽고 다른 조직으로 바뀌는데, 몸 전체의 모든 뼈가 새로 바뀌는 데는 7년이 걸린다고 한다. 그렇다면 **사고실험 010**과 **사고실험 011**의 관점에서는 7년 전의 나와 지금의 나는 완전히 다르다. 그렇지만 상식적으로 7년 전의 내가 내가 아닌 것은 아니다. 내가 변하는데도 불구하고 그때의 나와 같은 사람이라고 말할 수 있는 근거는 무엇일까? 이것이 **개인 동일성** 문제다. 인간에 적용된 동일성 문제라서 '인간 동일성' 또는 '자아 동일성' 문제라고도 한다.

　사고실험 012의 훈이의 진술은 억지스러운 것 같다. 그러나 막상 7년 전의 훈이와 지금의 훈이를 동일한 훈이라고 말할 수 있는 이유가 무엇이냐고 물어오면 뭐라고 대답해야 할까? 7년 전의 훈이가 아니라 돌 무렵의 훈이와 지금의 훈이를 비교하면 개인 동일성 문제는 더 어려워진다. 훈이의 돌 사진이라는 것을 모르는 사람이 사진을 보고 훈이라는 것을 맞힐 수 있을까? 얼굴이 닮았을 수 있지만 우리는 지금 비슷한가를 묻는 것이 아니라 같은 사람인가를 묻고 있다. 돌쟁이가 생각을 하는지 모르겠지만 한다고 하더라도 지금의 훈이의 생각과 당연히 같지 않다. 물론 세포조직도 완전히 다르다. 그런데 왜 우리는 그 훈이가 지금의 훈이와 같은 사람이라고 말할까?

　개인 동일성이 됐든 배의 동일성이 됐든 동일성 문제를 다루기 위해서는 먼저 '같다' 또는 '다르다'라는 말을 분명히 해둘 필요가 있다. 우리는 "저 시계는 내 시계와 같은 시계다."라고 말할 때의 '같다'와 "스파이더맨은 피터 파커와 같은 사람이다."라고 말할 때의 '같다'가 서로 다른 뜻임을 알고 있다. 앞의 동일성은 같은 종류라거나 특징이 비슷하다는 뜻이고, 뒤의 동일성은 완전히 똑같은 개체임을 의미한다. 철학자들은 앞의 동일성을 질적 동일성이라고 부르고 뒤의 동일성은 수적 동일성이라고 부른다. 두 개체가 비슷하다는 것은 질적으로 비슷한 점이 많다는 것이고, 두 개체가 완전히 똑같다는 것은 수적으로 하나라는 것이다. 그러면 개인 동일성 문제에서 문제가 되는 동일성은 바로 수적 동일성이다. 영화 〈스파이더맨〉의 피터가 사실은 스파이더맨과 같은 사람이고, 초저녁에 서쪽 하늘에서 보이는 별(개밥바라기)이 새벽녘에 동쪽 하늘에서 보이는 밝은 별(샛별)과 같은 별이라는 것도 다 수적 동일성이다.

돌 무렵의 훈이나 7년 전의 훈이가 지금의 훈이와 '같은' 사람이 아니라고 해도 완전히 틀린 말은 아니다. 그러나 그것은 질적 동일성이 같지 않다는 뜻일 뿐이고 수적 동일성은 여전히 성립한다. 이 사람이 범인인지 아닌지 판단할 때, 또 신분증을 검사할 때 필요한 동일성은 수적 동일성이다. 따라서 **사고실험 012**에서 훈이가 "이 살인은 다른 사람이 저지른" 것이므로 자신을 처벌해서는 안 된다고 주장한 것은 질적 동일성이 다르므로 수적 동일성도 다르다고 주장하는 셈이므로 올바른 논증이 아니다. 질적 동일성이 달라도 수적 동일성은 같을 수 있고, 질적 동일성이 같아도 수적 동일성은 다를 수 있다.

그러나 철학자들에게는 여전히 문제가 남는다. 왜 수적 동일성이 성립하는가? 돌 무렵의 훈이 또는 7년 전의 훈이가 지금의 훈이와 질적으로는 동일하지 않지만 수적으로는 동일하다는 것을 우리는 이제 알고 있다. 그러나 왜 그런가? 무엇을 근거로 그렇게 말할 수 있는가?

왕자와 갖바치
신체 이론과 영혼 이론

사고실험 013

훈이는 신라의 왕자다. 그는 길에서 우연히 본 적이 있는 천한 갖바치들은 어떻게 사는지 항상 궁금했다. 반면에 갖바치인 봉이는 왕자가 되는 것이 꿈이었다. 어느 날 이들의 바람이 이루어졌다. 훈이와 봉이의 몸이 바뀐 것이다. 왕자는 얼굴과 몸은 훈이지만 봉이의 기억과 성격을 가지고 있고, 갖바치는 얼굴과 몸은 봉이지만 훈이의 기억과 성격을 가지고 있다.

사고실험 014

지지리 궁상인 훈이는 재벌의 아들이 되는 것이 꿈이다. 어느 날 훈이 앞에 도사가 나타나서 그 꿈을 실현시켜주겠다고 말했다. 그러나 그전의 기억은 완전히 없앤다는 조건을 달았다.

나를 나이게끔 하는 것은 무엇일까? 돌 때의 나와 현재의 나를, 7년 전의 나와 지금의 나를 같은 사람으로 만드는 것은 무엇일까? 우리가 나이를 먹고 생각이 변하더라도 변하지 않는 무엇인가를 찾으면 그것이 나의 수적 동일성을 보장해줄 것 같다. 그런 것으로 가장 먼저 생각나는 것은 지문이다. 지문은 사람마다 다르다고 알려져 있고, 이 점을 이용해서 실제로 범죄 수사에 쓰이고 있다. 나는 왜 나인가 고민했던 사람들은 뭔가 대단한 철학적인 대답이 나올지 알았는데 고작 지문이 나를 나로 만들어주는 것이라고 한다면 실망할지도 모른다. 철학적인 대답이라고 해서 대단한 건 아니므로 지문이 각 개인의 수적 동일성을 보장해주는 것일 수도 있다. 문제는 지문이 그 역할을 제대로 해주느냐는 것이다. 좀 섬뜩한 이야기지만 손가락 끝이 잘린 사람이라면 지문이 없을 것이다. 그 사람도 애초에는 지문이 있었을 테지만 손가락이 없이 태어난 사람은 처음부터 지문이 없었다. 그렇다고 해서 그 사람을 동일성이 없는 사람으로 취급할 수는 없지 않은가? 더 심각한 문제는 지문이 나를 식별할 수 있게 해준다고 해도 지문은 아무 의미가 없는 물결 무늬에 불과하므로 지문에는 왜 나인지를 말해줄 무엇인가가 없다. 다시 말해서 내 지문의 무늬가 꼭 이것이 아니라 저것이어도 상관없으므로 이 무늬와 내가 연결되는 것은 아주 임의적이라는 것이다.

그런 점에서 DNA가 인간의 동일성을 더 잘 말해주는 것 같다. DNA에는 나의 성별이나 유전 관계 등 유전 정보가 들어 있으므로 임의적이지 않기 때문이다. 그래서 DNA는 현대의 범죄 수사에는 지문보다 더 신뢰성 있게 쓰이고 있고 가족 관계를 확인할 때도 쓰인다. 그러나 DNA의 결정적 문제는 DNA가 같은 사람이 둘 이상 존재한다는 사실이다. 일란성 쌍둥이라고 해도 지문은 다른데 DNA는 같다. 또 복제 인간도 DNA가 같다. 그러니 DNA는 인간의 수적 동일성을 보장해주지 못한다.

사고실험 013은 영국 철학자 로크John Locke(1632~1704)가 한 이야기다. (물론 로크는 신라 왕자가 아니라 그냥 왕자라고 했다.) 로크가 원조인 이런 종류의 이야기는 영화, 드라마, 만화에서 자주 소재로 이용된다. 영화만 보더라도 81세 할아버지와 18세 손자가 바뀌는 〈18 어게인〉(1988), 아버지와 아들이 바뀌는 〈마법의 이중주〉(1988), 결혼식 중에 신부와 노인이 바뀌는 〈키스의 전주곡〉(1992), 남학생과 여학생이 바뀌는 우리나라 영화 〈체인지〉(1997), 교통사고에서 살아남은 엄마와 죽은 딸이 바뀌는 일본 영화 〈비밀〉(1999), 남자 좀도둑과 여고생이 뒤바뀌는 〈핫 칙〉(2002), 재혼을 앞둔 엄마와 가수 지망생 고등학생 딸이 바뀌는 〈프리키 프라이데이〉(2003) 등 쌔고 쌨다. 우리나라 TV 드라마로는 유부남과 바람피우는 처녀와 그 유부남의 부인이 서로 바뀌는 〈돌아와요 순애씨〉(2006)와 처녀 귀신이 요리사 지망생의 몸에 들어왔다 나갔다 하는 〈오 나의 귀신님〉(2015)이 있다.

그런데 대부분의 영화들에는 사람이 왜 바뀌는지에 대한 합리적인 설명이 없다. 그냥 키스를 하거나 벼락을 맞았더니 사람이 바뀌었다는 식이다. 이런 영화의 제작진이나 관객들은 대체로 사람들의 영혼이 맞바뀌어서 생긴 현상으로 해석한다. 영혼이 옮겨가는 것을 어려운 말로 '빙의憑依'라고 한다. 개인 동일성을 이렇게 영혼으로 설명하려는 철학자들도 있다. 돌 때의 훈이와 지금의 훈이가 동일한 훈이인 이유는 영혼이 동일하기 때문이라는 식으로 말이다. 정말로 영혼이라는 게 있다면 **사고실험 013**은 쉽게 설명된다. 위 영화들에서처럼 왕자와 갖바치의 영혼이

바뀌었다고 생각하면 되기 때문이다. 왕자와 갖바치처럼 바뀌는 경우가 아니더라도 우리 몸은 시나브로 변해간다. 생각도 항상 똑같은 것이 아니다. 그럼에도 불구하고 10년 전의 나도 나고 10년 후의 나도 나인 것이 분명한 이유는 영혼이 같기 때문이라고 주장하는 이론이 **영혼 이론**이다.

영혼 이론은 손쉬운 설명 방법이긴 하지만 지문이나 DNA를 내세우는 이론보다 더 치명적인 약점이 있다. 영혼이라는 게 있기나 한지 의문이고, 있다고 하더라도 확인할 방법이 없기 때문이다. 조금 이따 살펴볼 신체 이론은 사람의 겉모습을 보고 동일성을 판단하고 심리 이론은 생각을 보고 동일성을 판단한다. 영혼 이론은 영혼을 보고 동일성을 판단할 텐데, 초자연적인 영혼은 신체와 달리 우리가 보지도 듣지도 만지지도 못하는 것이다. 겉모습이 같으면 영혼이 같은가? 그것은 신체 이론과 다를 바 없다. 생각이 같으면 영혼이 같을까? 아까 말했듯이 우리의 생각은 자주 바뀌는데 생각이 달라도 영혼은 같아야 한다. 영혼이라는 게 도대체 어디에 있는가? 빙의라는 것도 검증 안 된 비과학적인 현상일 뿐이다. **사고실험 014**를 보자. 훈이는 도사의 제안을 받아들일까? 그럴 것 같지 않다. 훈이가 도사의 제안을 받아들여 재벌의 아들이 되었다고 해보자. 영혼 이론은 이 경우도 훈이의 영혼이 재벌 아들의 영혼으로 바뀌었다고 설명할 것이다. 그러나 재벌 아들은 자신이 훈이였던 기억이 전혀 없다. 따라서 지지리 궁상이었던 시절을 벗어나서 기쁘다고 생각할 '나'가 없어지고 만다. 그에게 너의 영혼은 원래 훈이였지만 재벌 아들로 바뀐 것이라고 어떻게 납득시킬 수 있는가? 지금의 나도 사실은 1500년 전 백제의 공주였는데 영혼이 바뀐 것이라고 말하는 것과 뭐가 다르겠는가? 영혼을 믿으니 귀신을 믿겠다.

　신체 이론은 사람의 외모를 보고 동일성을 판단하는 이론이다. 나는 지금 내 앞에 있는 훈이가 내가 알고 있는 훈이와 동일한 사람이라는 것을 그의 겉모습을 보고 안다. 얼굴도 똑같이 생겼고 체구도 같으므로 바로 그 훈이라고 판단을 내린다. 이렇게 개인 동일성 문제에 대한 가장 상식적인 대답은 사람의 몸, 곧 신체가 동일성 판단의 근거가 된다는 것이다. 일상생활에서 신분 확인의 방법으로 이용하는 것이 외모다. 신분증은 사진이 붙어 있어야 제 역할을 한다. 영화 〈뷰티 인사이드〉(2015)는 매일 자고 일어나면 다른 사람으로 바뀌는 남자의 연애 이야기다. 얼굴뿐만 아니라 나이도 성별도 인종도 바뀌는데 100명이 넘는 사람이 주인공으로 출연한다. 동일성이 유지 안 되는 이 사람의 사회생활이 얼마나 불편할지는 영화를 안 봐도 짐작할 수 있을 것이다.

　그러나 신체 이론에 문제가 많다는 것은 단박에 알 수 있다. 돌 때의 훈이와 지금의 훈이는 분명히 같은 사람이지만 외모에서 같은 데라곤 찾아보기 힘들다. 꼭 돌 무렵과 비교할 필요도 없다. 인터넷에서 연예인들의 성형수술 전과 후 사진을 비교해보라. 누구인지 짐작하기 힘들 정도로 외모가 판이하다. 그래서 신체 이론은 약간 세련되게 변형할 필요가 있다.

　한때 TV에서 방송됐던 '떡 먹은 용만이'라는 게임을 생각해보자. 똑같이 생긴 세 명의 용만이가 있는데 그중 한 명이 떡을 먹는다. 그러고 나서 세 명이 정신이 어지러울 정도로 서로 자리를 바꾼다. 그중에 누가 떡 먹은 용만이인지 알아맞히는 게임이다. (아바위도 속임수가 있다는 점을 빼면 이것과 같은 종류의 게임이다.) 떡 먹은 용만이를 맞히기 위해서는 뚫어지게 바라보고 있어야 한다. 그래서 맨 처음에 떡 먹은 용만이와 시간과 공간에서 연속되어 있는 (물론 아주 빠르게 연속되어 있긴 하지만) 용만이가 우리가 찾는 바로 그 용만이다. 시간과 공간에서 단절이 있는 다른 두 명은 우리가 찾는 용만이가 아니다. 바로 이 **시간과 공간의 연속성**을 신체에 덧붙인 세련된 신체 이론에서는 개인 동일성이 보장된다. 지금의 훈이는 돌 때의 훈이와 신체에서 같은 데가 없긴 하지만 돌 때부터 지금까지 시간과 공간에서 쭉 연속되어 있으므로 동일한 개인이고, 연예인 아무개도 비록 얼굴에 칼을 대긴 했지만 수술 도중에 시공간의 단절이 있었던 것은 아니므로 동일한 개인이 되는 것이다.

그런데 세련되게 고친 신체 이론은 바로 **사고실험 013**과 같은 경우를 설명하지 못한다. 왕자의 몸은 여전히 왕자의 몸이다. 시간과 공간에서 전혀 단절이 일어나지 않았다. 곧 신체 이론에 따르면 그 둘이 바뀌었어도 왕자의 몸을 가지고 있는 사람은 여전히 왕자다. 그러나 대부분의 사람들은 그렇게 생각하지 않는다. 몸은 왕자이지만 그는 '세상에나! 내가 정말로 왕자가 되었네.'라고 생각하는 갓바치이기 때문이다. 그 왕자를 해치려는 세력이 왕자와 갓바치가 바뀐 것을 모르고 왕자를 암살하려 한다고 해보자. 왕자, 아니 왕자의 몸을 가진 갓바치는 "저는 왕자가 아니에요!"라고 외치겠지만 자객은 그 말을 믿지 않고 그를 암살하고 말 것이다. 그러면 무늬만 왕자인 이 갓바치는 얼마나 억울하겠는가? 나중에 전후 사정을 알게 된 그 세력은 '진짜' 왕자를 다시 찾아나설 것이다.

그러나 **사고실험 013**은 신체 이론이 틀렸음을 보여주는 증거가 될 수 없다. 프롤로그에서 반론의 역할을 하는 사고실험은 아무리 상상 가능하다고 하더라도 자연법칙에 어긋난다면 합당한 근거로 받아들일 수 없다고 말했다. 검증할 수 없다는 이유로 영혼 이론을 받아들일 수 없었는데, 영혼이 바뀌는 것으로밖에 이해할 수 없는 **사고실험 013**도 반례의 기능을 할 수 없기 때문이다.

③

뇌 바꾸기
심리 이론

**사고
실험
015** 훈이와 송이는 각자의 집에서 잠을 자고 있다. 과학이 고도로 발달한 외계인들은 이들의 집에 눈치채지 못하게 침입하여 훈이와 송이를 마취하고 각자의 뇌를 꺼낸다. 그리고 꺼낸 뇌를 서로 맞바꾸어 훈이와 송이에게 이식한다. 이 과정에서 훈이와 송이의 신체에 끼치는 손상은 전혀 없고 그들은 수술하고 있다는 것도 알아채지 못한다.

**사고
실험
016** 외계인들은 이번에도 잠자고 있는 훈이와 송이의 집에 침입했다. 이번에는 그들의 뇌를 이식하는 대신에 뇌에 저장된 정보를 그대로 기록하는 장치를 통해 훈이와 송이의 뇌에 저장된 정보를 기록한다. 훈이와 송이의 뇌를 맞바꾸는 대신 이 기록된 정보를 맞바꾸는 것이다.

사고실험 017

훈이는 사악한 과학자에게 납치당했다. 그 과학자는 훈이를 고문하려고 하는데 고문하기 전에 훈이의 뇌와 송이의 뇌를 맞바꾸는 이식수술을 하겠다고 말한다. 그리고 훈이에게 훈이의 뇌와 송이의 몸을 한 사람과 송이의 뇌와 훈이의 몸을 한 사람 중 어느 쪽이 고문당하면 좋겠는지 선택의 기회를 준다.

사고실험 018

군인인 훈이는 대위 시절 월남전에서 적지를 빼앗는 공을 세웠다. 적지를 공격할 때 불현듯 초등학교 시절에 과일을 훔쳐서 선생님께 매 맞은 기억이 났다. 훈이는 이제 장군이 되었다. 그는 월남전에서 적지를 공격한 기억은 생생하게 나지만 초등학교 시절 매 맞은 기억은 전혀 나지 않는다.

사고실험 019

훈이는 어느 날 불의의 사고를 당해 기억을 하지 못하는 병에 걸렸다. 그 사고 이전까지의 기억에는 문제가 없지만, 새로 경험하는 기억은 하루만 기억하고 하루가 지나면 잊어버리는 것이다.

사고실험 013이 자연법칙에 어긋나므로 반례의 기능을 할 수 없다면, **사고실험 015**는 어떨까? 현재의 과학으로는 실현 불가능하지만 과학이 고도로 발달한다면 상상 불가능한 일이 아니다. **사고실험 015**는 **사고실험 013**과 그 결과는 같지만 과정이 좀 더 그럴듯하다. 여느 날처럼 잠자리에서 일어난 훈이는 화장실 거울에 비친 자기 얼굴을 보고 소스라치게 놀랄 것이다. 여자의 얼굴과 몸을 가지고 있기 때문이다. 그렇지만 그는 여전히 자신을 훈이라고 생각하고 있다. 송이의 부모는 남자처럼 행동하는 송이를 보고 송이가 변했다고 생각하겠지만, 전후 사정을 안다면 송이가 사실은 훈이가 맞는다고 생각할 것이다. 훈이는 송이의 신체를 가지고 있지만 여전히 훈이의 동일성을 유지하고 있다. 신체만으로는 개인의 동일성을 설명하기 어렵다.

사고실험 015가 신체 이론에 대한 반례로 기능할 수 있었던 것은 각자의 신체는 그대로 두고 뇌를 맞바꾸었기 때문이다. 뇌를 이식함에 따라 신체는 그대로지만 개인이 지니고 있던 기억과 성격이 바뀌게 되었다. 신체 중 없더라도 훈이의 동일성을 유지하는 데 지장이 없는 부분이 어디인지 생각해보자. 발가락이 하나 없다면? 그래도 훈이는 여전히 훈이다. 발이 하나 없다면? 그래도 훈이는 여전히 훈이다. 발이 둘 다 없어도 훈이는 여전히 훈이다. (티타늄 다리를 가진 애덤 킹을 생각해보라.) 사지가 다 없다면? 그래도 여전히 훈이는 훈이다. (사마천의 『사기』에서 여태후에게 잔혹하게 복수당하는 척부인을 생각해보라.) 목 아래의 몸뚱어리가 다 없다면? 현재 의학기술로는 심장이 없으면 피를 순환시킬 수 없으므로 훈이는 더 이상 살 수 없겠지만 의학이 발달하면 살 수 있지 않을까? 조각 작품에 머리만 있더라도 그것이 누구인지 알아볼 수 있다. 그러므로 머리는 동일성을 확보하기 위한 최소한의 부분인 것 같다. 곧 머리만 있는 훈이도 여전히 훈이다.

그런데 머리는 꼭 있어야 할까? 두개골은 뇌를 보호하기 위해 존재한다. 두개골 없이도 뇌가 생존 가능하다면 어떨까? 7장의 **사고실험 101**에 나오는 통 속의 뇌처럼 배양액이 담긴 통 속에 뇌가 둥둥 떠 있고 센서를 통해 감각을 한다면 훈이는 여전히 훈이이지 않겠는가? 여기서 이렇게 엽기적인 이야기를 하는 까닭은 신체 가운데 훈이를 훈이이 게끔 만들어주는 것, 다시 말해서 개인의 동일성을 보증해주는 부분이 바로 뇌라는 것을 말하기 위해서다. 그렇다면 **사고실험 015**는 훈이와 송이의 신체를 그대로 두고 뇌만 맞바꾼 사례가 아니라 신체 중에 가장 중요한 부위를 맞바꾼 사례라고 보아야 한다. 그 경우 신체 이론에 대한 반례이기는커녕 강력한 옹호 증거가 된다. 신체 중에 가장 중요한 부위인 뇌가 어디에 있느냐에 따라 그 사람이 누구인지 결정되기 때문이다.

사고실험 017도 뇌가 있는 곳이 곧 내가 있는 곳임을 말해준다. 고문을 하면서 군이 뇌 이식수술을 하겠다는 과학자는 사악하기도 하지만 특이하기도 하다. 어쨌든 그런 상황에서 훈이는 어떤 선택을 할까? 훈이가 특별히 이타적이지 않다면 송이의 뇌와 훈이의 몸을 한 사람이 고문을 당했으면 하고 바라지 않을까? 비록 자기 몸에 고문이 가해지지만 자기는 고문당하는 고통을 느끼지 못하니까. 이렇게 우리는 나의 뇌가 곧 나라고 생각한다.

그런데 다시 엄밀하게 생각해보면 개인 동일성을 보장하는 것은 주름투성이 회색 덩어리인 뇌가 아니라 그 뇌에 들어 있는 정보다. 뇌에 담겨 있는 기억, 버릇, 느낌 등이 그 뇌의 주인에게 동일성을 부여하는 것이다. 따라서 **사고실험 016**에서처럼 그 정보만 쏙 빼내서 맞바꾼다면 신체 이론은 정말로 유지될 수 없을 것이다. 그리고 개인의 동일성을 보장해주는 근거는 신체가 아니라 기억, 버릇, 느낌 따위의 심리적인 특성이라는 **심리 이론**이 옳은 이론이 되는 것 같다.

실제로 우리는 어떤 사람이 성장을 하거나 성형수술을 해서 외모가 달라지더라도 기억이나 버릇을 통해 그 사람임을 확인한다. 나의 기억들은 나에게만 있고 그것이 나에게 동일성을 준다. 첫 키스의 기억은 누구에게나 있겠지만 나의 첫 키스의 기억은 나에게만 있다. 영화 〈미녀는 괴로워〉(2006)에서 한나(김아중 분)는 성형수술을 해서 세상 사람들이 전혀 알아볼 수 없게 변한다. 한상준(주진모 분)도 한참 동안 알아차리지 못하다가 그녀만의 독특한 행동을 보고 한나라는 것을 알게 된다. 몸이 바뀌는 영화들도 대부분 기억이나 버릇을 통해 누구인지 확인한다. 영화 〈로보캅〉(1987)에서 경찰 머피(피터 웰러 분)가 무참히 살해되자 과학자들은 그의 뇌를 제외한 모든 신체를 기계로 대체한다. 그리고 그의 기억도 말끔히 지운다. 우리는 이 로보캅을 머피라고 말하지 않는다. 그러다가 머피는 옛 기억을 상기한다. 영화의 마지막에 "넌 누구냐?"라는 질문에 로보캅이 "머피"라고 대답하는 장면은 인상적이다. 신체도 아니고 영혼도 아니고 심리 상태야말로 나를 나이게끔 만들어주는 것 같다.

물론 이 심리 이론도 세련되게 다듬을 필요는 있다. **사고실험 018**을 보라. 심리 이론에 충실한다면 장군이 된 훈이는 대위 때의 훈이와 같은 사람이고, 대위 때의 훈이는 초등학교 때의 훈이와 같은 사람이지만, 장군인 훈이는 초등학교 때의 훈이와는 다른 사람이 되고 만다. A=B이고 B=C이면 당연히 A=C인데 이게 어찌된 일인가? 심리 이론도 뭔가 문제가 있는 것 아닐까? 신체 이론에서도 시간과 공간의 연속성을 덧붙여야 그럴듯한 이론이 됐던 것처럼 심리 이론도 **기억의 연속성**을 강조해야 한다. 곧 현재의 훈이는 작년의 기억 모두는 아니지만 상당 부분을 연속적으로 가지고 있고, 작년의 훈이는 재작년의 기억 모두는 아니지만 상당 부분을 연속적으로 가지고 있다는 식으로 설명한다면, 현재의 훈이는 어릴 때의 기억을 온전히 가지고 있지 못하지만 그 중간고리들이 그

때의 훈이와 현재의 훈이를 연결시켜주는 것이다. 요즘은 볏짚으로 새끼줄을 꼬아본 사람이 많지 않을 것이다. 100미터짜리 새끼줄이 있다고 해서 100미터짜리 볏짚이 있는 것은 아니다. 기껏해야 1미터도 안 되는 볏짚들이 겹쳐지면서 긴 새끼줄이 꼬아지는 것이다. 이와 마찬가지로 기억도 각 시기의 기억들이 연속적으로 겹쳐지면서 한 사람의 인생의 기억을 완성해가는 것이다.

세련되게 고친 심리 이론에도 여전히 비판이 가능하다. 우리는 자면서는 기억을 하지 않는다. 자는 동안에는 기억의 연쇄가 일어나지 않는데 그렇다고 해서 자고 일어나면 영화 〈뷰티 인사이드〉의 남자 주인공처럼 다른 사람이 되는 걸까? 그러나 우리는 깨어 있는 동안에도 항상 기억을 하면서 사는 것은 아니다. 중간중간 기억의 단절이 있지만 금방 회복하므로 자는 동안의 기억의 단절도 큰 문제가 되지 않는다.

사고실험 019의 훈이는 단기 기억을 장기 기억으로 바꾸지 못하는 이른바 선행성 기억상실증을 앓고 있다. 영화로도 만들어진 일본 소설 『박사가 사랑한 수식』의 주인공인 수학 박사는 80분 동안만 기억하고, 영화 〈메멘토〉(2000)의 주인공의 기억은 고작 10분 동안만 지속된다. 둘 모두 병을 앓기 전까지의 일을 기억하는 데는 아무 문제가 없는데 말이다. 이런 병이 낯설지 모르겠는데 술을 많이 마셔 '필름이 끊긴다.'고 말하는 경우가 일종의 선행성 기억상실이라고 볼 수 있다. 그러면 『박사가 사랑한 수식』의 수학 박사는 80분마다 다른 사람이 되고, 〈메멘토〉의 주인공 셀비(가이 피어스 분)는 10분마다 다른 사람이 되는 걸까? 심리 이론이라고 할 때는 꼭 기억만이 개인의 동일성을 보장하는 것은 아니다. 한 개인의 행동, 성격, 말버릇, 태도까지 모두 종합하여 어떤 사람을 동일한 사람으로 판단하는 것이다. 수학 박사나 셀비는 비록 특정 시점 이후의 기억은 연속되게 갖지 못하지만 행동이나 성격 따위를 여전히 똑같이 가지고 있으며 병을 앓기 이전의 기억도 똑같이 가지고 있으므로 같은 사람이라고 해도 문제가 없다. 기억을 잃는 사람만 있는 것이 아니라 **사고실험 012**의 훈이처럼 성격이 완전히 바뀌는 사람도 있다. 우리는 그런 사람을 보고 '사람이 바뀌었다.'고 말하지만 그것은 어디까지나 비유적인 표현이지 정말로 사람이 바뀌는 것은 아니다. 성격 이외에 기억은 여전히 연속적으로 가지고 있기 때문이다. 마찬가지로 심리 이론에서 기억만 잃었다고 해서 다른 사람으로 볼 필요는 없다.

쥬얼리는 2001년 데뷔해서 2015년에 공식적으로 해체한 걸그룹이다. 쥬얼리는 해체하기 전까지 최장수 걸그룹이기도 했지만 멤버들의 교체가 변화무쌍한 걸그룹으로 유명하기도 하다. 어떤 멤버들이 들락날락했는지 그림으로 그려보면 이렇다.

	2001~2002	2002~2006	2008~2010	2011~2014	2014~해체
정유진	■	■			
전은미	■				
이지현	■	■	■		
조민아		■			
박정아	■	■	■		
서인영		■	■		
김은정			■	■	
하주연			■	■	
김예원				■	■
박세미				■	■

4인조 걸그룹인 쥬얼리는 해체 무렵을 빼고는 항상 4명이 함께 활동했지만 데뷔 당시와 해체 직전의 멤버는 전혀 다르다. 전성기인 2005년과 2008년의 멤버도 두 명만 겹칠 뿐이고 원년 멤버는 2011년에 이미 없어져 버렸다. 그래도 우리는 쥬얼리를 쥬얼리라고 부른다. 중간에 멤버들이 몇 명씩 겹치면서 연속되고 있기 때문이다. 혹시 소속사가 새로운 멤버들을 영입하여 '쥬얼리'라는 이름으로 활동을 시킨다고 해도 팬들은 그 쥬얼리에서 과거의 쥬얼리를 연상할 것이다. 소속사의 기획력이나 음악적인 성향이 연결 고리가 된다고 보기 때문이다. 세련된 심리 이론도 마찬가지다. 기억이 중간중간 끊기더라도, 성격이 완전히 바뀌더라도, 띄엄띄엄 있는 기억이나 성격이나 버릇 따위가 같은 사람으로 연결시켜주는 것이다. 100미터짜리 새끼줄의 중간에 설령 지푸라기 한 가닥만으로 연결되어 있더라도 끊어지지 않으면 같은 새끼줄인 것이다.

공간이동과 뇌의 분리
동일성의 난제들

사고 실험 020

과학이 고도로 발달한 외계인들은 공간이동 전송기를 만들었다. 이 기계 안에 들어간 훈이의 몸은 고통 없이 원자 단위로 분해되고, 그 원자들의 정보는 기록 장치에 저장된다. 이 저장된 정보는 훈이가 이동하고 싶어 하는 장소에 있는 공간이동 전송기로 보내진다. 이 기계는 받은 정보를 바탕으로 훈이의 몸을 만들어낸다.

사고 실험 021

지구의 공간이동 전송기 안에 들어간 훈이는 자신을 화성으로 보내도록 기계를 조작했다. 그러나 어떤 알 수 없는 이유로 지구의 공간이동 전송기에 훈이가 그대로 남았는데도 화성의 공간이동 전송기에서 훈이가 또 만들어졌다.

**사고
실험
022**
지구의 공간이동 전송기 안에 들어간 훈이는 자신을 화성으로 보내도록 기계를 조작했다. 그러나 어떤 알 수 없는 이유로 지구의 공간이동 전송기에 훈이가 그대로 남았는데도 화성의 공간이동 전송기에서 훈이가 또 만들어졌다. 그런데 지구의 공간이동 전송기에 남아 있던 훈이는 그 기계가 폭발하여 죽고 말았다.

**사고
실험
023**
훈이와 봉이와 건이는 일란성 세쌍둥이다. 그들이 함께 자동차를 타고 가던 중 사고가 났다. 훈이는 중상을 입었지만 봉이와 건이는 죽고 말았다. 의사들은 훈이를 살리기 위해 훈이의 뇌의 좌반구와 우반구를 각각 봉이와 건이에게 이식했다. 훈이를 살릴 가능성을 높이기 위해 그렇게 이식수술을 했다.

사고실험 020은 우리가 한 번쯤 상상해봤을 공간이동 사례다. 공간이동은 미국 TV 드라마 시리즈였던 〈스타트렉〉을 통해 유명해졌고, 일본 만화『드래곤볼』의 캐릭터들도 툭하면 공간이동을 한다. 영화〈플라이〉(1986)의 주인공은 공간이동 전송기에 파리가 들어오는 통에 파리의 원자와 함께 전송되어 파리 인간이 되기도 한다. 〈찰리와 초콜릿 공장〉(2005)에서는 초콜릿을 TV 속으로 공간이동시켜 TV를 보던 사람이 꺼내서 먹을 수 있게 하는 장면이 나온다. SF 영화가 아닌데 공간이동이 나오는 영화로는 크리스토퍼 놀런 감독의 〈프레스티지〉(2006)가 있다. 공간이동을 하는 마술사 이야기인데, 공간이동을 어떻게 하는지는 스포일러이므로 영화를 직접 보라.

이렇게 공간이동은 충분히 상상 가능하다. 그렇게 되면 신나지 않겠는가? 공간이동이 가능하기 위해서는 훈이의 몸이 분해되어야 하는데, 그러면 훈이가 죽는 것 아니냐고 걱정하는 사람도 있을 것이다. 그러나 분해된 원자를 다시 모아 원래 훈이가 되고 그 훈이는 원래 훈이와 신체에서나 심리 상태에서나 차이가 없다면, 그것을 훈이의 죽음으로 볼 이유는 없을 것 같다. 모기에게 물린 자국도 그대로 있고 가려운 느낌도 그대로 있으니 신체 이론으로 보나 심리 이론으로 보나 공간이동 전후의 훈이는 동일한 개인이기 때문이다.

이제 **사고실험 021**을 보자. 원래 훈이는 그대로 두고 그의 원자 정보만을 저장해서 전송한 다음 재조립하면 이런 일이 가능할 것이다. 컴퓨터 문서편집기로 비유해보자면 **사고실험 020**은 잘라내기(Ctrl+X)를 한 다음 붙이기(Ctrl+V)를 한 것인 데 비해 **사고실험 021**은 복사(Ctrl+C)를 한 다음에 붙이기를 한 것이다. 그래서 원본도 남아 있고 복사본도 남아 있게 되었다. 문제는 전송 후의 훈이가 원래 훈이와 신체로 보나 심리 상태로 보나 동일하다는 데 있다. 그러나 동시에 존재하는 서로 다른 두 사람이 질적으로야 동일할 수 있을지 몰라도 수적으로 동일할 수는 없다. 지금 내 눈앞에 있는 두 시계가 질적으로 같다고 말할 수는 있지만 수적으로 같다고는 말할 수 없으니까.

이런 상황이 되면 참 난감해 보인다. '이거 『옹고집전』이랑 비슷한 이야기네.'라고 생각하는 사람이 많을 것이다. '영화 〈여섯 번째 날〉(2000)도 비슷해.'라고도 생각할 것이다. 맞는 말이다. 지금은 정치인이 된 아널드 슈워제네거가 연기한 애덤 깁슨은 어느 날 퇴근해 보니 자신과 똑같이 생긴 사람이 자신의 집에 있는 것을 발견한다. 그런데 오히려 자신이 여섯 번째 날 실수로 복제된 인간이라고 체포당한다. 알고 보니 자신이 복제인간이다. 신체는 DNA 샘플을 복제하여 만들었고, 기억은 시력측정기라고 속여 빼낸 것이었다. 『옹고집전』에서는 '진짜' 옹고집이 억울할 것이라고 동정하는 사람이 많을 것이다. 그리고 〈여섯 번째 날〉에서도 원래의 애덤이 복제된 애덤보다 더 진짜라고 생각하는 사람이 많을 것이다. 실제 영화도 이런 직관에 충실하게 결말을 맺는다. 원래의 애덤은 여전히 가족과 함께 단란한 삶을 살아가고, 복제된 애덤은 떠나간다는 식으로. 그러나 이런 직관을 가지고 있는 사람(영화 감독도 마찬가지)은 이미 신체 이론을 전제하고 있는 셈이다. 원래 애덤을 편드는 데에는 원래 애덤은 스스로와 시간과 공간의 연속성을 유지하고 있지만 복제된 애덤은 그러지 못하다는 생각이 깔려 있다. 신체 이론은 **사고실험 021**의 문제점을 그렇게 넘어간다고 치자. 그러나 심리 이론에서는 원래 애덤이나 복제된 애덤이나, 그대로 남은 훈이나 전송된 훈이나 동일한 개인이다. 어떻게 해야 할까?

심리 이론이 **사고실험 021**과 같은 어려움을 넘어갈 수 있는 방법은 똑같은 두 명이 생기는 경우에 동일성을 부정하는 것이다. 다시 말해서 훈이와 심리적으로 동일한 훈이가 생겼다면 그 훈이는 원래 훈이와 동일하다는 것을 부정하는 것이다. 화성에 전송된 훈이는 그 시점부터 어차피 지구에 남아 있는 훈이와 다른 경험을 할 것이므로 동일하다는 것을 부정해도 되지 않겠는가? 전송되는 시점 이전까지의 기억은 똑같은 이상한 관계지만 말이다.

그러나 이런 해결책은 뭔가 옹색해 보인다. **사고실험 020**과 **사고실험 021**을 비교해보라. 두 실험에서 전송된 훈이에게는 아무런 차이점이 없는데도 한 번은 동일한 훈이로 인정받고 다른 한 번은 인정받지 못한다. **사고실험 021**에서 전송된 훈이는 미치고 팔짝 뛸 노릇이다. 내가 왜 훈이가 아니란 말인가? 지금까지 수십 번 화성에 오면서 나는 계속 나였는데, 왜 이번에는 아니란 말인가? **사고실험 021**을 약간 변형한 **사고실험 022**를 보자. 이 경우는 그 결과가 **사고실험 020**과 똑같다. 그럼 화성으로 전송된 훈이만 남아 있으므로 이때는 그가 진짜 훈이라고 해야 할까? **사고실험 021**에서 화성으로 전송된 훈이와 **사고실험 022**에서 화성으로 전송된 훈이는 아무런 차이점이 없는데도 한 번은 동일한 훈이로 인정받지 못하고 다른 한 번은 인정받는다. 뭔가 이상하지 않은가?

아메바는 분열을 하여 한 마리가 두 마리가 된다. 사람도 그럴 수 있을까? 뇌 분리를 생각해보자. 사람의 뇌는 좌반구와 우반구로 나뉜다. 일반적으로 좌반구는 분석 영역과 언어 영역을, 우반구는 지각 영역과 음악 영역을 수행한다고 알려져 있다. 두 반구는 뇌량이라고 알려진 수백만 개의 신경섬유계를 통해 서로 연합되어 있어서 다른 쪽 반구에서 일어나는 일에 대한 정보를 받을 수 있다. 그런데 1960년대에 간질로 고통받던 환자들은 두 반구를 연결하는 뇌량을 절단하는 방법 말고는 다른 치료법이 없었다. 그래서 두뇌의 분리가 이루어졌는데, 그 후에 이 환자들은 약간 이상한 행동을 보였다. 환자의 왼쪽에 물체를 두고 이름이 뭐냐고 물었더니 환자는 모른다고 대답했다. 그러나 그 사용법은 알고 있었다. 왼쪽 눈으로 들어온 정보를 우반구에서 처리하므로 우반구에서 받아들인 이미지로 사용법은 알고 있지만, 언어 영역을 담당하는 좌반구와 연결되어 있지 않기 때문에 그 이미지를 언어로 표현하지 못하는 것이다. 그렇다면 두 반구를 각각 다른 사람의 몸에 이식한다면 어떤 결과가 나타날 것인가?

사고실험 023이 그런 실험이다. 수술 후 훈이는 어떻게 되었을까? 네 가지 가능성이 있다. 첫 번째는 훈이는 어느 누구로도 살아남지 못한 다는 것이다. 그러나 굳이 그렇게 생각해야 할 이유는 별로 없다. 앞서 다른 사고실험들에서 두뇌 이식수술을 해도 살아남는 경우를 많이 봤 고 뇌의 절반만 남는다고 해도 살 수 있기 때문이다. 두 번째는 건이에 게 이식된 훈이가 살아남고 봉이에게 이식된 훈이는 죽는 것이고, 세 번 째는 거꾸로 건이에게 이식된 훈이는 죽고 봉이에게 이식된 훈이만 살 아남는 것이다. 그러나 뇌의 두 반구 중 어느 한쪽이 다른 쪽보다 더 동 일성을 보장하는 것은 아니다. 그러므로 건이 또는 봉이 중 한 명으로만 살아남을 가능성은 없다. 마지막 가능성은 봉이와 건이 둘 다로 살아남 는 것이다. 그러나 한 사람이 두 사람과 동일해질 수는 없다. 우리는 이 것이 말이 안 된다는 것을 **사고실험 021**에서 이미 확인했다.

그런데 달리 생각해보면 뇌량을 절단하는 수술을 받은 환자는 몸 은 하나지만 의식은 둘인 사람이라고 말할 수 있다. 의식의 영역이 둘로 분리되어 있고 서로 영향을 주고받지 않기 때문이다. 그렇다면 **사고실험 023**의 수술에 대한 마지막 가능성처럼 훈이가 봉이와 건이 두 명으로 살아남는 것도 가능하지 않을까? 뇌가 분리된 환자가 한 몸에서 두 의 식을 가지고 사는 것이나 두 몸에서 두 의식을 가지고 사는 것이나 아무 런 차이도 없기 때문이다. 만약 이런 일이 가능하다면 우리는 동일성의 개념을 바꾸어야 할 것이다. 지금까지 동일성 개념은 일대일 관계였는 데 일대이 관계에서도 성립한다고 말이다. 사실 **사고실험 023**에서 수술 후의 봉이와 건이는 비록 훈이와 동일하다고 하더라도 어차피 각자의 삶을 살아갈 것이므로 수술 이후의 삶에서는 동일성이 큰 문제가 되지 않을 수도 있다. 그러나 애초의 훈이가 가지고 있던 재산은 누가 가져야 하는가? 직장은 누가 다녀야 하는가? 결혼을 했다면 부인과는 누가 함께 살아야 하는가? 혹시 과거에 범죄를 저질렀다면 처벌은 누가 받아야 하는가? **사고실험** 021에서 지구의 훈이와 화성의 훈이에게도 똑같은 문제가 생긴다. 공간이동과 분리가 현실화된다면 개인 동일성 문제는 법적인 권리와 책임을 새롭게 정립하게 만들 것이다.

▶ 정리하기

어떤 대상이 조금씩 변화할 때 원래의 대상과 동일한 것이라고 볼 수 있느냐는 문제가 동일성 문제이다. 이 문제를 인간에게 적용한 것이 개인 동일성 문제이다. 곧 나는 몸이나 생각이 끊임없이 변하는데도 불구하고 과거의 나와 지금의 내가 같은 사람이라고 말할 수 있는 근거는 무엇이냐는 문제가 개인 동일성 문제이다. 동일성 개념은 질적 동일성과 수적 동일성으로 구분되는데 개인 동일성 문제에서 문제되는 동일성 개념은 수적 동일성이다.

개인 동일성에 관한 이론으로는 영혼 이론, 신체 이론, 심리 이론이 있다. 영혼 이론은 영혼이 개인 동일성 판단의 근거가 된다고 주장하나, 영혼이 있는지 알 수 없고 있더라도 확인할 방법이 없다는 치명적인 약점이 있다. 신체 이론은 사람의 외모를 보고 사람의 동일성을 판단한다는 이론인데, 외모가 조금씩 또는 급격하게 변해도 동일성이 유지되는 것은 시간과 공간의 연속성으로 설명한다. 심리 이론은 기억, 버릇, 느낌 따위의 심리적인 특성으로 사람의 동일성을 판단한다고 주장하는데, 역시 생각의 변화를 기억의 연속성으로 설명한다.

공간이동 전송기와 뇌의 분리는 기존의 개인 동일성 이론들로 해결이 안 되는 문제들을 던진다. 그것들이 현실화되면 개인 동일성 문제는 법적인 권리와 책임을 새롭게 정립하게 만들 것이다.

▶▶ 생각 다지기

1. 테세우스의 배는 동일성과 관련해서 어떤 문제를 던지는가?

2. 개인 동일성 문제란 무엇인가?

3. 질적 동일성과 수적 동일성은 어떻게 다른가? 그리고 개인 동일성 문제에서 문제되는 동일성 개념은 어떤 것인가?

4. 영혼 이론은 어떤 주장이고 어떤 문제점이 있는가?

5. 신체 이론은 어떤 주장이고 어떤 문제점이 있는가?

6. 심리 이론은 어떤 주장이고 어떤 문제점이 있는가?

7. 공간이동 전송기가 제기하는 개인 동일성 문제는 어떤 것이 있는가?

▶▶▶ 생각 키우기

1. '테세우스 배' 경우처럼 자동차의 부품을 하나씩 바꾸었을 때도 원래의 자동차와 같은 자동차라고 말할 수 있는지 생각해보자. 만약 같은 자동차라고 말할 수 없다면 어떤 시점에서 다른 자동차가 되는가?

2. 진실성이 없거나 자발적인 의지가 없을 때 '영혼이 없다'는 말이 속되게 쓰인다. 이 말은 영혼 이론을 지지해줄 수 있을까?

3. 우리 몸을 구성하는 세포들은 7년이면 완전히 새롭게 바뀐다고 했다. 그러면 7년 전의 세포를 원자 단위까지 복제하여 저장해두었다가 재조립하여 생긴 '나'는 지금의 '나'와 같은 개인일까?

4. 심리 이론에 따르면, 불의의 사고로 기억과 생각을 완전히 잃어버린 식물인간은 사고 이전과 같은 개인일까?

5. 사고실험 016처럼 뇌에 저장된 정보를 기록하는 장치가 가능해진다고 할 때, 그것을 다른 신체의 뇌나 로봇의 저장장치에 저장하면 개인 동일성이 유지되는지 생각해보자. 그리고 그런 저장을 허용해야 하는지 토론해보자. 그리고 개인 동일성이 유지된다면 스스로도 그런 방법을 통해 계속 살고 싶은지 고민해보자.

6. 사고실험 023과 같은 상황은 한 몸에 두 사람이 살아남은 것일까? 만약 그렇다면 법적인 문제는 어떻게 될지 토론해보자. 그리고 자신에게 불의의 사고가 생겼을 때 뇌의 반구만 다른 사람의 반구와 합하는 이식수술을 허락할지도 생각해보자.

3장

어떻게 행동해야 도덕적일까?

여는
대화

훈이   송이

(훈이와 송이는 부부다. 그들은 아들 봉이와 함께 뷔페 식당에서 식사를 마친 후 계산하고
식당을 나왔다.)

당신 왜 봉이를 유아라고 그랬어? 봉이도 이제 초등학교에 입학했는데?

유아하고 초등학생하고 요금이 만오천 원이나 차이 나.

그렇다고 거짓말을 한 거야?

거짓말? 뭐, 거짓말이긴 하지. 그치만 당신은 이 식당에서 왜 유아와 초등학생의 요
금이 차이 나는지 알아?

그야 유아가 초등학생보다 적게 먹으니까 그렇겠지.

맞아. 초등학교 1학년인 봉이가 얼마나 먹겠어? 그러니까 유아 요금으로 내도 돼.

그러면 뷔페 식당에서 요금을 왜 유아 따로 초등학생 따로 정해놓겠어? 먹는 양대로
내라고 하지.

우리는 이 식당에 손해를 끼친 게 없어. 이 식당은 잘되기 때문에 우리가 요금을 조
금 덜 냈다고 해서 손해 볼 일도 없을 뿐더러, 아까도 말했지만 봉이는 아주 조금 먹
었기 때문에 음식이 줄지도 않았단 말야.

이 식당도 그렇게 생각할까?

물론 여기서 알면 요금을 제대로 내라고 하겠지. 하지만 내가 말하는 것은 내 행동이
도덕적으로 옳다고 생각한다는 거야.

😀 약속을 어기는데도?

😠 무슨 약속?

😀 초등학생은 초등학생 요금을 내겠다는 약속이지.

😠 나는 그렇게 약속한 적 없는데.

😀 무슨 소리야? 저 식당에 들어가는 순간 요금을 제대로 내겠다고 암묵적으로 약속한 셈이지.

😠 그런가? 내가 그런 약속을 했다고 치지 뭐. 그렇지만 당신은 언제나 약속을 지켜야 한다고 생각해? 나는 더 많은 사람에게 이득이 된다면 약속을 어겨도 된다고 생각해. 자, 봐봐. 우리가 약속을 지키지 않음으로써 생기는 이익은 만오천 원이야. 그렇지만 저 식당이 본 손해는 없어. 봉이는 조금밖에 안 먹었고, 식당은 그만큼의 요금은 받았으니까.

😀 아니지. 식당은 만오천 원을 더 받을 수 있었는데 못 받았으니까 만오천 원만큼 손해지.

😠 그런가? (곰곰이 생각한다.) 아냐. 저 정도 되는 식당에서 만오천 원은 껌값이야. 그렇지만 우리에게 만오천 원은 큰돈이야. 그러니까 저 식당이 손해 본 것과 우리가 이익 본 것을 플러스 마이너스 해보면 사회 전체적으로 볼 때 이익이야.

😀 나는 규칙이나 약속은 지켜야 한다고 생각해. 지키지 않을 규칙이나 약속을 뭐하러 만들겠어? 만일 우리가, 아니 당신이 필요에 따라 약속을 안 지킨다는 것을 안다면 다른 사람들이 당신과 약속하려고 하겠어? 저 식당도 당신이 요금을 제대로 내지 않으리라는 것을 안다면 못 들어오게 했을걸?

😠 물론 그렇겠지. 그치만 나한테 이익이 돌아오니까 그렇게 행동한 것이 아니야. 사회 전체적으로 봐서 이익이 되니까 그렇게 한 거지. 내가 저 식당 사장이라고 해도 나는 그런 행동을 용인할 거야. 그러니까 우리가 한 행동은 잘못이 아니야.

😀 우리가 한 행동이 아니라 자기가 한 행동이지.

①

기게스의 반지
도덕의 토대

 사고 실험 024 훈이는 양치기다. 그는 어느 날 양을 치러 나갔다가 산속에서 처음 보는 동굴을 발견했다. 그 안에는 사람과 비슷하게 생긴 괴물의 사체가 있었는데 그 손가락에 반지가 끼워져 있었다. 훈이는 그 반지를 빼서 자기 손가락에 끼고 나왔다. 어느 날 다른 양치기들과 노닥거리던 훈이는 우연히 반지의 거미발(보석이 안 빠지게 물고 있는 부분)을 돌렸다. 그랬더니 다른 양치기들이 훈이가 안 보인다고 말한다. 거미발을 다시 한 번 돌렸더니 훈이에게 어디 다녀왔느냐고 묻는다. 훈이는 이 반지가 자신을 투명인간으로 만들어준다는 것을 알았다. 훈이는 투명인간으로 변해 온갖 나쁜 짓을 일삼으며 돌아다녔다. 탐나는 물건은 다 훔치고, 마음에 안 드는 사람은 죄다 혼내주고, 예쁜 여자는 추행하면서 신나게 살았다.

크리스트교 집안에서 태어난 훈이는 독실한 신자다. 훈이는 무엇이 옳은지 그른지 판단할 때 그것이 하느님 말씀인지 아닌지에 의존한다. 그는 살인하지 말라는 도덕 원리를 따르는데, 그 이유는 하느님이 성경에서 그렇게 가르치기 때문이다. 그런데 훈이에게는 출생의 비밀이 있다. 그는 태어날 때 병원에서 비슷한 시간에 태어난 봉이와 실수로 바뀌었던 것이다. 봉이는 신흥 종교인 만통교 집안에서 자라났고 독실한 신자다. 그는 무엇이 옳은지 그른지 판단할 때 그것이 만통교의 신인 만사형통님의 말씀인지 아닌지에 의존한다. 그도 훈이처럼 살인하지 말라는 도덕 원리를 따르는데, 그 이유는 만사형통님이 만통교의 경전인 만통경에서 그렇게 가르치기 때문이다.

크리스트교 집안에서 태어난 훈이는 독실한 신자다. 어느 날 훈이는 성경이 다른 종교의 신자들을 살해하라고 말한다는 것을 알았다. 그리고 우연한 기회에 봉이를 만났다. 봉이가 다른 종교의 신자임을 알게 된 훈이는 성경의 말씀대로 그를 살해해야 할지를 두고 고민에 빠졌다. 살해하자니 자신이 일반인으로서 가지고 있는 상식과 어긋나고, 살해하지 않자니 하느님의 말씀을 거슬러야 하기 때문이다.

도덕이 땅에 떨어졌다고 개탄하는 사람들이 있다. 주로 자식이 부모를 폭행하거나 성이 문란해질 때 그렇게 말한다. 누군가를 때리면 법적 처벌을 받지만, 자식이 부모를 때리면 도덕 또는 윤리에 어긋나는 짓을 했다는 비난까지 받는다. 그래서 그런 경우에는 '패륜'(윤리를 거스른다는 뜻)

이라고까지 부른다. 문란한 성생활은 법을 어기는 행위는 아니다. 미혼의 남녀가 성관계를 가졌다고 처벌받지는 않는다. 그런데 그런 행동들을 보고 '성도덕'이 타락했다고 개탄하는 사람들도 있다. 우리는 이렇게 도덕적이라거나 윤리적이라는 말을 많이 듣는다. 누구를 때리는 경우처럼 도덕적으로 옳은지 그른지 대부분의 사람들이 동의하는 경우도 있다. 그러나 똑같이 때리는 경우인데 선생님이 학생을 때리는 체벌은 옳다고 말하는 사람도 있고 옳지 않다고 말하는 사람도 있다. 이 경우처럼 어떤 행동이 도덕적으로 옳은지 그른지 판단하기 어려운 경우는 많다. 여기서는 어떤 행동이 도덕적으로 옳고 어떤 행동이 도덕적으로 그른지 우리가 안다고 치고, 좀 더 근본적인 것을 질문해보자. 왜 우리는 도덕적이어야 하는가? 왜 도덕적으로 그른 행동을 하면 안 되는가? 왜 우리는 착하게 살아야 하는가?

　도덕적이지 못하면 비난이나 처벌을 받기 때문이라고 대답할 수 있다. 누군가에게 이유 없이 고통을 주면 그 사람으로부터 항의를 받거나 주위의 다른 사람으로부터 질타를 받고 더 나아가서 처벌을 받기도 할 것이다. 옛날에는 자식이 부모를 때리면 멍석말이를 당하기도 했다. **사고실험 024**를 생각해보자. 이 이야기는 플라톤의 「국가」에 나오는 기게스의 이야기다. 기게스는 지금의 터키 자리에 있던 고대 국가 리디아의 왕이다. 전설에 따르면 양치기였던 그는 이 반지 덕분에 당시의 왕비를 유혹하고 왕을 죽여 스스로 왕위에 올랐다고 한다. 엄청난 부자로 유명한 크로이소스 왕이 그의 후손이다. 만약 우리에게 기게스의 반지가 있어서 남에게 들키지 않고 마음대로 돌아다닐 수 있다고 해보자. 그때도 우리는 도덕적으로만 행동할까? 뭐 평소에 꿈꾸던 대로 세계 평화와 정의를 위해 악당들을 무찌르겠다는 사람도 있을 것이다. 그러나 평소에 싫었던 사람을 마음대로 때려주고 여탕에도 들어가 보고 갖고 싶은 것을 마음대로 훔치고 결국에는 기게스처럼 나라까지 훔치겠다는 마음이 들지 않을까? 정말 멋지고 신나는 인생을 살 수 있지 않을까 하고 생각할 사람이 분명히 있을 것이다.

꼭 기게스의 반지가 아니더라도 투명인간 이야기는 우리 주변에 흔하다. 우리 전래동화이며 신문수 씨의 만화로 유명한 〈도깨비 감투〉, 공상과학 소설 『투명인간』과 영화 〈할로우 맨〉(2000)이 그것들이다. 그러나 〈도깨비 감투〉에서는 가끔 감투가 벗겨져 곤욕을 치른다. 그리고 『투명인간』이나 〈할로우맨〉의 주인공들은 그 존재가 알려져 있기 때문에 주위에서 이상한 일이 일어나면 언제든지 의심받을 수 있다. 그런 상황에서는 아무리 우리가 투명인간이 된다고 하더라도 언젠가 들키지 않을까 걱정이 되어 마음 놓고 나쁜 짓을 못할 것이다. 그러나 기게스의 반지 이야기처럼 그 존재를 아는 사람도 없고 들킬 염려도 전혀 없다고 해보자. 그때도 도덕적으로 행동해야 할 이유가 있을까? 소설 『반지의 제왕』에 나오는 '절대반지'의 소유자는 반드시 타락하지만 기게스는 떵떵거리며 잘산다. 지금 처벌받지 않더라도 후손이 처벌받는다고 말하는 사람도 있다. 그러나 기게스의 후손은 대대손손 잘살았다. 물론 하늘이 무너져도 도덕을 지켜야 한다는 사람이 분명히 있을 것이다. 그렇다면 이렇게 물어보자. **사고실험 024**의 훈이처럼 되면 나쁜 짓을 하겠다는 사람이 분명히 많을 것이다. 어떻게 그 사람들에게 도덕적으로 살아야 한다고 설득할 수 있을까? 다른 사람들의 비난이나 처벌 때문에 도덕적이어야 한다면, 비난이나 처벌받을 일이 전혀 없는데도 도덕적이어야 할 이유가 있을까? 도대체 왜 우리는 도덕적이어야 하는가?

신독愼獨이라는 말이 있다. 우리 조상들의 생활관으로 혼자 있을 때도 조심하고 자세를 흩뜨리지 않는다는 뜻이다. 아무도 없지만 마치 누가 보고 있는 것처럼 행동하라는 것이다. 그런데 누가 보는 것처럼? 동양에서는 "하늘이 무섭지 않느냐?"라고 할 때의 하늘이, 서양에서는 신이 그 누구에 해당할 것이다. 그러면 이 하늘 또는 신이 왜 도덕적이어야 하느냐는 질문에 답이 될 수 있을 것 같다. 곧 기게스가 나쁜 짓을 해도 아무도 처벌하는 사람이 없지만 결국에는 신의 처벌을 받으므로 도덕적으로 행동해야 한다는 것이다. 전지전능하신 신은 제아무리 투명인간이라고 해도 일거수일투족을 내려다보고 있으므로 언젠가는 벌을 내릴 것이다. 그러나 기게스의 후손이나 우리 주변을 보면 꼭 그런 것 같지는 않다.

신이 지켜본다는 입장에서는 우리가 도덕적으로 옳은 행동을 해야 하는 이유는 신이 그렇게 하라고 명령했기 때문이라고 생각할 것이다. 신이 벌을 내리는지 안 내리는지는 부차적인 문제이다. 그런 이론을 신의 명령 이론, 줄여서 **신명론**이라고 부른다. 이 이론에서는 예컨대 살인하지 말아야 하는 이유는 신이 그렇게 시켰기 때문이다. 우리가 거짓말을 해서는 안 되는 것도 신이 그렇게 명령했기 때문이다. 이 이론이 갖는 문제점을 지적하기는 어렵지 않다. 당장 신을 믿지 않는 사람에게는, 또 갑자기 신을 믿지 않게 된다면 그 명령은 말짱 황이다. 신을 믿지 않는 사람에게 신이 시켰기 때문에 도덕적이어야 한다고 어떻게 설득할 수 있겠는가? 또 한때 신을 믿었다가 더 이상 신을 믿지 않는 사람은 도덕적이어야 할 이유가 없어졌단 말인가? **사고실험 025**의 훈이와 봉이를 보자. 훈이가 크리스트교 집안에서, 봉이가 만통교 집안에서 자란 것은 순전히 우연이다. 그런데 똑같이 살인하지 말라는 도덕 원리를 따르지만 한 명은 하느님이 그렇게 명령했기 때문이라고 생각하고 다른 한 명은 만사형통님이 그렇게 명령했기 때문이라고 생각한다. 그리고 그 신이 명령했다는 점 말고는 둘 중 어떤 명령이 더 신빙성이 있다는 근거는 전혀 없다. 따라서 신의 명령은 도덕적이어야 할 이유로 그리 합리적이지 못하다.

여기서 좀 더 나아가 **사고실험 026**을 보자. 다른 종교의 신자들을 살해하라는 명령은 성경의 신명기 13장에 나온다. 크리스트교 신자인 훈이라 해도 종교가 다르다고 다른 사람을 살해하라는 명령은 혼란스러울 수밖에 없다. 우리는 훈이에게 이렇게 물을 수 있다. 다른 사람을 살해하지 말아야 한다는 것은 신이 명령했기 때문에 도덕적으로 옳을까 아니면 그 주장이 도덕적으로 옳기 때문에 신이 명령했을까? 크리스트교 신자인 훈이는 전자라고 대답할 것이다. 그렇다면 다른 종교의 신자들을 살해하라는 명령도 신의 명령이므로 도덕적으로 옳은 주장이 된다. 인류의 역사에서는 신의 이름으로 각종 학살과 고문이 자행된 것이 사실이지만 현대사회에서 제정신으로 그것을 옹호하고 다른 사람을 설득하기는 어렵다. 그래서 대부분의 종교는 이런 식으로 빠져나갈 것이다. "선한 신은 절대로 그런 나쁜 일을 시킬 리 없다. 과거의 그런 행동들은 신의 말씀을 잘못 해석한 것이다." 그러나 이 대답에는 학살이나 고문 같은 행위는 나쁜 행위라는 전제가 이미 깔려 있다. 학살이나 고문은 신이 시키든 안 시키든 어쨌든 나쁜 행위라는 것이다.

이 딜레마는 플라톤의 대화편 「에우티프론」에서 제기되었다. 플라톤은 신의 명령에서 도덕의 근거를 찾으려는 이들을 딜레마에 빠뜨렸다. 어떤 행위가 신이 시켜서 옳은 것이라면 극악무도한 행위마저도 신의 명령일 경우 용납할 수 있게 되고, 원래 옳으므로 신이 시킨 것이라고 한다면 신의 개입 없이도 그 행위는 옳은 것이 된다. 신을 끌어들여 도덕적으로 옳음을 규정하려는 시도는 이래도 문제, 저래도 문제인 것이다. 종교인들은 이런 주장을 보고, "우리가 믿지 않는 사람들보다 덜 도덕적이라는 말이냐?"라거나 "우리 신이 선하지 않다는 말이냐?"라고 반발할지 모른다. 하지만 그것은 대단한 오해다. 플라톤도 당시의 그리스 신들을 존경한 유신론자였다. 그는 다만 신이 선하다고 해도, 도덕의 토대를 신에 두려는 시도는 근거가 없음을 지적하는 것뿐이다. "왜 도덕적이어야 하느냐?"라는 물음에 "신이 지켜보고 있어서."라고 대답하는 것은 타당하지 않다는 것이다.

"왜 도덕적이어야 하는가?"라는 질문에 대해 도덕적이지 않으면 비난이나 처벌을 받기 때문이라는 대답이나 신이 명령을 내렸기 때문이라는 대답 모두 만족스럽지 못했다. 5장에서는 사회계약론을 살펴볼 텐데, 사회계약론도 위 질문에 대한 한 가지 대답이다. 도덕을 지키지 않고 사는 사회는 서로 죽고 죽이는 전쟁과 같은 상태라서 살기가 힘들기 때문에 사람들이 도덕적으로 살기로 약속을 했다는 것이다. 그러나 거기서 보겠지만 다른 사람들과 함께 살지 않겠다는 사람에게는 여전히 왜 도덕적으로 살아야 하는지 물을 수 없다. 또 힘이 아주 세서 다른 사람들과 굳이 계약을 할 필요가 없는 사람에게도 사회계약론의 대답이 적용될 수 없다. 기게스가 그런 사람이다.

지금까지 살펴본 도덕적이어야 하는 이유들은 모두 도덕을 자기 이익과 관련시킨다. 비난이나 처벌을 받지 않는다거나, 신의 명령을 따른다거나, 전쟁과 같은 상태에서 벗어난다는 것은 모두 자기에게 이익이 되기 때문이다. 그러나 모두 문제가 있었다. 그렇다면 나에게 이익이 된다는 것 말고 다른 데에서 도덕적이어야 하는 이유를 찾아야 하지 않을까? 이제부터 살펴볼 의무론과 공리주의는 도덕을 자기 이익을 넘어선 어떤 것으로 설명하는 이론이다.

약속은 약속이다
칸트의 의무론

**사고
실험
027**
훈이는 산책을 하다가 아름드리 나무가 서 있는 것을 보았다. 무성한 나뭇잎이 보기 좋아서 그중 한 장을 땄다. 그러자 옆에 있던 한 소녀가 훈이에게 말했다. "아저씨, 나뭇잎을 따면 안 돼요." 훈이는 말했다. "이렇게 나뭇잎이 많은데 한 장쯤 따면 어떠니?" 소녀는 이렇게 말했다. "모든 사람들이 한 장씩 나뭇잎을 따면 어떻게 될까요?"

**사고
실험
028**
훈이는 이름난 빈대다. 그저 남에게 빌붙어서 무엇이든 공짜로 해결하려 한다. 그의 생활신조는 항상 다른 사람에게 빈대 붙는 것이다. 빈대 붙으면 처음에는 창피하지만 얼마나 편리한지 잘 알기 때문이다. 그는 다른 사람들도 이것을 생활신조로 삼기를 권한다. 나뿐만 아니라 모든 사람이 빈대 붙으며 사는 세상이 오기를 바라는 것이다.

사고실험 029

훈이는 초등학생 캠프의 인솔 교사를 맡았다. 훈이는 초등학생들과 어떻게 놀지 궁리하다가 자기가 초등학교 때 무엇을 좋아했는지 그리고 무엇을 하기 싫어했는지 생각했다. 훈이는 누군가가 어깨를 세게 주물러주면 좋아했다. 또 밖에 나가서 노는 것을 싫어했다. 그래서 초등부 학생들의 어깨를 세게 주물러주었고 밖에 나가서 놀지 못하게 했다.

사고실험 030

훈이는 광신적 나치주의자다. 그는 유대인은 이 세상에서 말살되어야 한다는 신념을 가지고 있다. 유대인이 있으면 자신이 꿈꾸는 이상 사회가 실현될 수 없다고 믿고 있다. 그러나 그가 어떤 이익 때문에 이런 신념을 가지고 있는 것은 아니다. 다시 말해서 유대인이 없어지면 자신에게 어떤 이익이 돌아오기 때문이 아니다. 그는 자신이나 자신의 친척도 유대인이라면 당연히 희생되어야 한다고 생각한다.

사고실험 031

훈이는 친구 봉이에게서 엔진톱을 빌렸다. 그리고 오늘이 돌려주기로 약속한 날이다. 그런데 봉이가 씩씩거리며 훈이에게 왔다. 누군가에게 복수해야 한단다. 무척 흥분한 상태여서 지금 엔진톱을 돌려주면 당장 누군가를 죽일 태세다. 봉이는 약속대로 엔진톱을 돌려달라고 말한다.

사고실험 032

훈이의 친구 봉이가 엔진톱을 들고 씩씩거리며 훈이 집에 왔다. 그리고 건이가 이 집에 숨어 있지 않느냐고 묻는다. 사실 건이는 훈이 집에 숨어 있다. 봉이는 당장 엔진톱으로 건이를 죽일 태세다.

독일의 철학자 칸트Immanuel Kant(1724~1804)는 도덕적으로 옳은 것은 선의지밖에 없다고 말한다. "선의지는 그것이 수행한 행위나 결과, 어떤 목적의 달성을 위한 경향성 때문이 아니라 오로지 선에 대한 의욕 때문에 선한 것이다." 선의지는 결과나 경향성 때문이 아니라 동기나 의도 때문에 선하다. 예를 들어 송강 정철이 "이고진 저 늙은이 짐벗어 나를 주오."라고 하며 늙은이의 짐을 들어주는 행동은 분명히 도덕적으로 옳다. 그런데 "나는 젊거늘 돌인들 무거우랴."라고 호기를 부리며 선행을 하면 사람들의 칭찬을 받을까 보아(결과) 그렇게 행동하거나 "늙기도 서러운데 짐조차 지실까."라고 짠한 마음 때문에(경향성) 그렇게 행동하는 것은 도덕적으로 옳지 않다. 왜 그럴까? 칸트는 "의무는 능력을 함축한다."라는 말을 했다. 무엇인가를 의무로 부과하기 위해서는 그것을 할 수 있는 능력이 전제되어야 한다는 것이다. 가령 우리 인간은 날 수 없는데 '날아라'라는 의무를 부과할 수 없다. 먼저 결과에 대해 말하자면, 어떤 결과가 나올지 예측할 수 없는데 결과를 보고 옳고 그름을 판단할 수는 없다. 내가 짐을 들어주었더니 그 노인이 신이 나서 뛰다가 넘어질지도 모르는 일이다. 한편 경향성은 사람마다 가지고 있는 성품을 말한다. 그런데 경향성은 사람마다 날 때부터 다르게 가지고 있다. 동정심이 많게 타고난 사람도 있고 냉정하게 타고난 사람도 있다. 자신의 능력을 벗어난 그런 타고난 성품으로 도덕적으로 옳고 그름을 판단하는 것은 공평하지 못하다. 그래서 칸트는 결과나 경향성이 아니라 도덕적으로 옳은 행동을 해야 한다는 동기에서 그렇게 행동해야만 선한 것이라고 생각했다.

칸트의 도덕 이론처럼 의무는 그 자체가 옳기 때문에 그것을 다하려는 동기를 가지고 행해야 한다는 이론을 **의무론**이라고 한다. 의무론은 행위가 가져올 결과에 따라 도덕적으로 옳고 그름이 결정된다는 **결과론**과 대비된다.

칸트에서는 선한 동기를 가지고 도덕법칙을 따를 때 옳은 일을 하는 것이다. 이 법칙은 무조건적이어야 한다고 생각했다. 다시 말해서 법칙에 어떤 조건이 붙으면 안 된다는 것이다. 이를테면 "약속을 지켜야 한다."가 우리가 지켜야 하는 명령이라면 무조건 약속을 지켜야지, "사정이 허락하는 한 약속을 지켜야 한다."는 식으로 조건이 붙으면 안 된다는 것이다. 칸트는 전문용어를 써서 무조건적인 명령은 **정언명령**, 조건이 붙은 명령은 **가언명령**이라고 불렀는데, 도덕 원리는 상황이나 결과가 어떠하든 항상 지켜야 하는 것이므로 가언명령이 아니라 정언명령의 형태를 띠어야 한다고 생각했다.

칸트는 정언명령이 될 수 있는 도덕법칙으로 다음 법칙을 제시했다. "마치 당신의 행동 원리가 자신의 의지에 의해 자연의 보편적 법칙인 것처럼 행위하라." 좀 어려운 말처럼 들리지만 쉽게 말해서 나뿐만 아니라 모든 사람에게 적용되기를 원하는 법칙에 따라 행동하라는 것이다. **사고실험 027**은 초등학교 때 교과서나 동화책에서 읽어봤을 만한 이야기다. 거기서 "모든 사람들이 그렇게 행동한다면 어떻게 될까요?"라고 말하는 소녀가 바로 칸트주의자다. 모든 사람이 나뭇잎을 따면 나무는 가지만 앙상하게 남게 될 것이다. 이 원리는 **보편화의 원리**라고 알려져 있다.

"이유 없이 다른 사람에게 고통을 주어서는 안 된다."라는 도덕법칙을 생각해보자. 내가 이 법칙에 따라 행동하려면 먼저 그 행동이 도덕적으로 옳은지 그른지 판단해야 한다. 그러기 위해서는 이렇게 사고실험을 해봐야 한다. 곧 모든 사람이 그 법칙에 따라 사는 세상을 상상해보고 나도 그런 세상에서 살고 싶은지 생각해보는 것이다. 만약 그럴 수 있다면 그 법칙에 따라 행동하는 것은 도덕적으로 옳다.

그럼 **사고실험 028**을 생각해보자. 모든 사람이 빈대 붙으며 사는 세상이 올 수 있을까? 불가능하다. 그런 세상이라면 다른 사람들이 나에게 빈대 붙는 것도 허용해야 하지만 그럴 수 없기 때문이다. 세상 사람 모두 함께 외식을 했는데 전부 밥값을 내지 않으려 하는 상황을 상상해보라. 베푸는 사람이 적어도 한 명은 있어야 빈대 붙는 것이 가능하다. 이번에는 "필요하면 약속을 지키지 마라."라는 법칙을 생각해보자. 이번에도 그런 법칙에 따라 행동하는 것이 도덕적으로 옳은지 그른지 판단하기 위해서는 모든 사람에게 적용되길 원하는지 생각해봐야 한다. 자, 우리는 약속을 한다. 그리고 필요하면 약속을 어길 수 있다고 생각한다. 모든 사람이 그런 법칙에 따라 행동한다면 애초에 어느 누가 약속을 하겠는가? 필요에 따라 약속을 어긴다는데. 그러므로 이 법칙은 일관되게 보편화할 수 없다. 결국 칸트는 앞 절에서 물었던 "왜 도덕적이어야 하는가?"라는 질문에 도덕적이지 않으면 모순된 존재가 되기 때문이라고 대답할 것이다. 도덕적이지 못했을 때 다른 사람들에게 또는 나에게 어떤 피해가 오기 때문이 아니라 우리 스스로가 모순된, 이성적이지 못한 존재가 되기 때문에 도덕적이어야 한다.

도덕 원리가 보편화 가능해야 한다는 정언명령은 칸트만의 독창적인 것은 아니다. 상대방과 처지를 바꾸어 생각해본다는 '역지사지'나 "남이 너희에게 해주기를 바라는 그대로 너희도 남에게 해주어라."라는

성경의 황금률이나 "자기가 하고 싶지 않은 일을 남에게 시키지 마라."는 공자님 말씀도 도덕 원리는 보편화 테스트를 통과해야 한다는 생각을 표현하고 있다. 물론 칸트의 보편화의 원리는 이런 역지사지보다 좀 더 어려운 이야기이긴 하다. 역지사지는 남이 해주기를 바라는 바나 자기가 하고 싶지 않은 일을 내 경험으로 알아야 하지만 내 경험의 한계 때문에 그것을 잘못 알 수 있다. **사고실험 029**의 훈이처럼 말이다. 그래서 칸트는 이성적인 차원에서 모순에 빠지지 않을 때 정언명령에 부합한다고 말한 것이다.

　사고실험 030은 선무당이 사람 잡는다고, 칸트의 보편화의 원리를 잘못 적용한 사례를 보여준다. 광신적 나치주의자인 훈이는 자신의 신념에 자신까지 포함시키기 때문에 모든 사람에게 적용된다고 생각한다. 훈이는 자기가 사실은 유대인이라는 것이 드러나면 기꺼이 자살할 생각이다. 그러면 칸트의 도덕 이론은 인종학살을 인정하는 것이 될까? 이 사고실험은 억지스레 만든 것이 아니다. 실제로 히틀러 치하에서 유대인 학살을 주재했던 아이히만Adolf Otto Eichmann은 재판에서 "나는 전 생애를 칸트의 도덕 규율에 따라 살아왔으며, 특히 의무에 대한 칸트의 정의에 따라 행동했다."라고 강한 어조로 말했다고 한다. 아이히만도 인간인지라 가스실로 끌려가는 유대인을 보고 동정심을 느꼈다고 한다. 그러나 그는 동정심(앞에서 말한 경향성) 때문에 의무를 그르쳐서는 안 된다고 믿었기 때문에 규칙을 어기고 유대인을 돕기보다는 자신의 의무에 충실했다고 한다. 하지만 아이히만의 의무는 칸트의 보편화의 원리를 통과하지 못한다. 당장 유대인들이 거기에 동의할 리가 없기 때문이다. 더구나 이 의무는 칸트가 제시한 또 다른 형태의 정언명령에 어긋난다.

그것은 "너 자신이나 다른 모든 사람들의 인격을 언제나 동시에 목적으로 대하고 결코 한갓 수단으로만 사용하지 않도록 행위하라."이다. 아이히만은 유대인을 자신의 신념을 달성하기 위한 한갓 수단으로만 이용한 것이다.

칸트의 의무론에 대해 자주 제기되는 반론은 **사고실험 031**과 같은 것이다. 빌린 엔진톱을 돌려주면 않으면 약속을 어기게 되고, 돌려주면 친구가 누군가를 죽이는 것을 방조하는 셈이 되는 딜레마 상황이다. 이 상황에서는 빌린 물건을 돌려주기로 한 약속을 지켜야 한다는 의무와 돌려주었을 때 생길 비극적인 결말 중에 어느 쪽이 더 중요한지 고려해야 한다. 대다수 사람들은 이 상황에서 약속을 지키는 것은 어리석을 뿐 아니라 영화 〈텍사스 전기톱 연쇄살인사건〉(2003, 이 영화에 나오는 톱은 전기가 아니라 경유로 작동하므로 '전기톱'이 아니라 '엔진톱'이라고 불러야 한다.) 같은 엄청난 비극을 방조하는 범죄라고 생각할 것이다. 그러나 칸트는 이 경우에도 약속이라는 의무를 지키는 것이 옳다고 주장할 것이다.

사고실험 031과 같은 상황에서 칸트처럼 무조건 약속을 지켜야 한다고 말한다면 앞뒤가 꽉 막힌 사람이라고 생각하겠지만, 칸트 입장도 어느 정도 일리가 있다. 그의 말을 들어보자. 아마도 대부분의 사람들은 **사고실험 032**와 같은 상황에서 거짓말을 해야 한다고 말할 것이다. 만약 그때 사실대로 말한다면 봉이가 건이를 죽이는 데 훈이가 도움을 준 꼴이 된다. 그러나 칸트의 생각은 다르다. "거짓말하지 마라."라는 명령은 어떤 상황에서도 지켜야 하는 정언명령이지 "누가 엔진톱을 들고 와서 사람을 죽이려고 하는 경우가 아니라면 거짓말하지 마라."라는 가언명령이 아니기 때문이다. **사고실험 032**의 상황에서 어떤 일이 일어날 수 있는지 가능한 경우를 모두 생각해보자.

(1) 훈이는 사실대로 말했고 봉이가 건이를 찾아 죽였다.

(2) 훈이는 사실대로 말했는데 건이가 훈이가 말하는 것을 듣고 훈이 집에서 몰래 빠져나와 무사히 도망쳤다.

(3) 훈이가 거짓말을 해서 봉이가 돌아가자 건이가 안심하고 집에 가다가 봉이에게 들켜서 죽었다.

(4) 훈이는 거짓말을 했고 건이는 집에 계속 숨어 있어서 무사했다.

(1)은 안타까운 경우이긴 하지만, 칸트에 따르면 훈이에게는 책임이 없다. 훈이는 건이를 죽일 의도도 없었고, 건이를 죽인 사람도 훈이가 아니기 때문이다. (2)는 건이에게도 다행이지만 훈이도 도덕적으로 행동한 것에 대해 칭찬받아야 한다. (3)은 건이에게도 안타깝지만 훈이도 비난받아야 한다. 단지 거짓말을 해서가 아니라, 건이가 죽은 것이 훈이의 거짓말 때문이므로 훈이는 건이의 죽음에도 책임을 져야 한다. 봉이가 돌아가다가 안심하고 집에 가는 건이를 만난 것은 훈이가 거짓말을 했기 때문이다. (4)는 건이에게는 다행이지만 훈이는 거짓말이라는 잘못을 저질렀다. 보통 사람들은 (4)와 같은 상황을 희망할 것이다. 칸트도 (4)가 좋은 결과라는 것을 잘 안다. 그런데도 거짓말을 해서는 안 되는 이유는 앞서도 말했듯이 우리는 결과에 대해서는 통제할 수 없기 때문이다. 우리는 통제할 수 없는 것 때문에 일어난 일에 대해서는 스스로 책임질 필요가 없다. 예컨대 우리가 막을 수 없었던 자연재해 때문에 일어난 결과에 대해서는 우리가 책임질 필요가 없다. 마찬가지로 훈이가

사실대로 말했다고 해서 그 결과가 (1)이 될지 (2)가 될지 알 수 없으므로 설령 (1)과 같은 결과가 일어난다고 해도 그것은 훈이의 책임은 아니라는 것이 칸트의 주장이다. 그러나 우리의 의도는 우리가 통제할 수 있다. 곧 거짓말을 할 것이냐 말 것이냐는 우리가 결정할 수 있다. 그러므로 거짓말을 해서 일어난 일, 이 경우에는 (3)에 대해서는 책임을 져야만 하는 것이다.

사고실험 031도 마찬가지다. 엔진톱을 돌려주면 안 된다는 주장의 근거는 무자비한 사건이 일어날 것이라는 예측이지만, 그 예측이 꼭 들어맞으리라는 보장도 없다. 훈이가 약속을 지키지 않았을 때 봉이가 더 화가 나서 더 무자비한 사건을 저지를지도 모르는 일이다. 칸트는 훈이가 약속을 지켰을 때(곧 엔진톱을 돌려줬을 때) 생긴 사고는 그 원인이 훈이가 아니라 우연이기 때문에 훈이가 책임질 필요가 없지만, 훈이가 약속을 지키지 않았을 때(곧 엔진톱을 돌려주지 않았을 때) 생긴 사고의 원인은 훈이이므로 훈이가 책임을 져야 한다고 말할 것이다. 칸트는 이런 이유 때문에 약속은 약속이라고 말한다.

그러나 위 (1)부터 (4)까지의 경우 (1)이 일어날 가능성은 객관적으로 아주 높다. 그러므로 어떤 결과가 생길지는 우연이므로 행위자의 책임이 아니라는 칸트의 주장은 무책임한 면이 있다. 만약 훈이가 칸트주의자라면 "나는 사실대로 말한다는 의도만 있었을 뿐이고, 건이가 그냥 죽었을 뿐이고."라고 말하고 싶을 것이다. 하지만 의도에 따른 부수적 결과가 분명한 경우에도 그 결과가 우연이라고 말할 수 있을까? 더구나 우리에게는 "거짓말을 하시 마라."라는 의무만 있는 게 아니라 "무고한 사람이 희생되게 하지 마라."라는 의무도 있는데, 왜 꼭 첫 번째 의무만 따라야 하는가?

이제 우리는 정언명령이 아니라, "분명히 다른 사람이 희생되는 때가 아니라면 거짓말을 하지 마라."라거나 "분명히 나쁜 결과가 생길 때가 아니라면 약속을 지켜라."라는 가언명령을 따라야 할 것 같다. 그러나 칸트는 여전히 할 말이 있다. 분명히 다른 사람이 희생될지, 나쁜 결과일지 누가 판단하는가? 다들 자기 뜻대로 판단해서 거짓말을 하고 약속을 어기지 않을까? 칸트가 걱정한 것은 바로 이것이 아니었을까?

행복의 계산
공리주의

**사고
실험
033**
날씨 좋은 날, 학생 훈이는 도서관에서 "인내는 쓰지만 그 열매는 달다."라는 말을 책상머리에 붙여놓고 공부하고 있다. 공부하다가 창밖을 내다보니 친구 봉이가 데이트를 하고 있다. 훈이는 자기도 나가서 놀지 아니면 계속 공부를 할지 고민하기 시작했다. 여자 친구와 만나 노는 것은 확실히 짜릿한 일이다. 그 쾌락은 나중에 오는 것이 아니라 지금 당장 누리는 것이다. 반면에 공부하는 것은 대체로 지겨운 일이다. 특히나 날씨 좋은 날에는 더욱 그렇다. 그러나 현재의 유혹을 참고 열심히 공부해서 원하는 대학에 들어가고 원하는 직업을 갖게 되면 비교할 수 없는 쾌락이 보장된다는 생각으로 고통을 참는다. 그때는 데이트뿐만 아니라 하고 싶은 것들을 마음대로 할 수 있다. 사회적으로 유능한 사람이 되면 보람노 느끼고 존경도 받는다. 게다가 그런 쾌락은 한순간으로 끝나는 것이 아니라 평생을 간다.

사고 실험 034

전쟁포로인 훈이는 종전 후 아군도 적군도 아닌 제3국을 선택하게 되었다. 제3국으로 선택할 수 있는 나라는 두 나라였는데, 한 나라에서는 대중문화는 저급한 문화라고 무시당해서 거의 자리잡지 못하고 고전음악이나 미술, 발레 등 지적인 문화가 발전했다. 반면에 다른 나라에서는 고급문화보다는 대중음악, 만화, 댄스 클럽 등 감각적인 문화가 발전했다. 훈이는 자신의 나라에서 이른바 고급문화와 저급문화를 모두 맛보았고 각각에 대해 조예도 깊다.

사고 실험 035

우리가 원하는 경험을 모두 제공하는 기계가 있다. 이 기계는 일종의 가상현실 기계인데 우리의 뇌에 자극을 줘서 우리가 원하는 쾌락을 모두 경험하게 해준다. 대통령에 당선되는 기쁨을 누리게도 하고, 로또에 당첨되는 행운을 맛보게도 하고, 멋진 이성과 데이트를 하는 짜릿함을 느끼게도 한다. 물론 현실에서 그런 경험을 하는 것이 아니다. 우리는 이 기계에 연결되어 있고, 아주 뛰어난 신경 생리학자가 우리의 뇌에 자극을 줄 뿐이다. 그러면 순전히 뇌로만 경험을 하는 것이다. 그런데 이게 현실의 경험인지 가상의 경험인지 전혀 구분할 수 없다. 훈이는 실제 세계의 삶과 이 기계 중 하나를 선택해야 한다. 어느 쪽을 선택할까?

칸트의 의무론을 애먹이던 상황은 결과론에서는 쉽게 해결된다. 결과론자는 어떤 상황에서 의무 또는 규칙을 지키는 것보다는, 그 상황에서 이런 행동을 했을 때 어떤 결과가 나오는지를 살펴봐서 더 좋은 결과를 낳는 행동을 하는 것이 도덕적으로 옳다고 생각하기 때문이다. 가장 대표적인 결과론은 **공리주의**다. 공리주의자들은 인간 행동의 목적은 행복의 증진에 있다고 생각한다. 단 나만의 행복이 아니라 나를 포함한 우리 모두의 행복을 극대화하는 행동이 도덕적으로 옳으며 우리는 그런 행동을 해야 한다. 그 행복이 누구의 것이냐는 중요하지 않다. 나의 행복이라고 해서 또는 나의 가족이나 친지의 행복이라고 해서 모르는 사람의 행복보다 우위에 두어서는 안 된다.

공리주의의 창시자인 벤담Jeremy Bentham(1748~1832)은 행복은 쾌락이 있고 고통이 없는 상태라고 말했다. 그는 쾌락의 계산이 원리적으로 가능하다고 생각해서, 여러 쾌락들을 비교하여 계산하는 일곱 가지 기준을 제시했다. 강도(얼마나 강한가?), 지속성(얼마나 오래 지속되는가?), 확실성(일어날 가능성이 얼마나 높은가?), 근접성(얼마나 가까운 장래에 일어나는가?), 다산성(또 다른 쾌락을 낳을 수 있는가?), 순수성(고통은 배제할 수 있는가?), 범위(영향받는 사람은 많은가?)가 그것이다. **사고실험 033**에서 훈이는 어느 쪽을 선택할까? 벤담이 제시한 기준을 적용해 판단해보자. 밖에 나가서 노는 쾌락은 강도, 확실성, 근접성에서 공부하는 것보다 확실히 높은 점수를 얻을 것 같다. 반면에 지금 공부하는 것은 지속성, 다산성, 범위에서 훨씬 높은 점수를 얻는다. 몇몇 사람들은 알게 모르게 이런 계산을 하고서 이 상황에서는 노는 것보다는 공부하는 것이 옳다고 생각한다. 그러고 나서 지겹지만 공부를 한다.

벤담은 쾌락을 만들어낸 주체가 누구인지는 상관없다고 주장했다. 똑같은 양의 쾌락이라면, 그리고 똑같은 양의 고통이라면, 그것이 내 가족의 것이든 모르는 사람의 것이든 다른 민족의 것이든 똑같이 취급해야 한다는 **양적 공리주의**를 주장한 것이다. 또 쾌락을 산출하는 것이 간단한 게임이든 음악 감상이든 상관없이 산출된 쾌락의 양을 계산해야 한다고 생각했다. 그러나 벤담을 계승한 밀John Stuart Mill(1806~1873)은 쾌락의 양보다는 질을 계산해야 한다는 질적 공리주의를 주장했다. **사고실험 034**의 훈이는 다른 조건이 다 같다고 한다면 고급 쾌락과 저급 쾌락 중 하나를 선택해야 한다. 훈이는 어느 쪽을 선택할까? 밀의 입장에서는 당연히 고급 쾌락을 주는 나라를 선택할 것이다. 그것은 고급 쾌락이 저급 쾌락보다 더 고상하기 때문이 아니다. 그 두 가지를 다 경험해본 사람이라면 어느 쪽이 우월한지 판단할 가장 적합한 위치에 있는데, 거기서 고급 쪽을 선택할 것이기 때문이란다. 대체로 고급 쾌락을 즐기기 위해서는 오랜 훈련이 필요하다. 이를테면 뽕짝은 누구나 즐길 수 있지만, 초보자에게 고전음악은 괴로움만 줄 뿐이다. 그래서 고전음악이 뽕짝보다 더 질이 높은 쾌락이라고 생각하는 것이다.

그래서 밀은 "만족스러운 돼지보다 불만족스러운 인간이 더 낫고 만족스러운 바보보다 불만족스러운 소크라테스가 더 낫다."라고 말했다. 이 말은 보통 "배부른 돼지보다 배고픈 소크라테스가 더 낫다."라는 말로 알려져 있다. 이 소크라테스도 훈이처럼 배부른 쾌락과 철학하는 쾌락을 모두 경험해보았고, 그에게 둘 중 하나를 선택하라고 한다면 철학하는 쾌락을 선택할 것이므로, 철학하는 쾌락이 배부른 쾌락보다 훨씬 더 질이 높다는 것이다. 그러나 과연 소크라테스가 돼지가 된다는 것이 어떤 것인지, 돼지의 배부른 쾌락이 무엇인지 실제로 안다고 말할 수 있을까? 그는 자신의 입장에서 그런 것을 추측해볼 뿐이지 정말로 돼지가 되어본 적은 없지 않은가? (밀이 직접 돼지가 되어볼 수 없다는 주장은 박쥐가 된다는 것이 무엇인지 알 수 없다는 6장의 사고실험 079를 보면 더 쉽게 이해할 것이다.)

공리주의에서 쾌락의 계산은 말처럼 쉬운 일이 아니다. 더 심각한 문제는 다른 데 있다. 미국 철학자 노직Robert Nozick(1938~2002)은 공리주의를 비롯하여 쾌락을 목적으로 하는 쾌락주의를 비판하기 위해 경험 기계라는 사고실험을 고안했다. **사고실험 035**의 기계가 바로 그것이다. (7장의 통 속의 뇌 사고실험을 읽은 독자는 경험 기계가 그것과 같다는 것을 눈치챌 것이다.) 훈이는 어느 쪽을 선택할까? 쾌락주의가 옳다면 우리는 언제나 쾌락을 추구해야 하므로 이 경험 기계에 연결하는 것이 합리적이다. 그러나 노직은 사람들이 이 기계를 선택하지 않을 것이라고 말한다. 사람들은 쾌락 자체보다는 쾌락을 만들어내는 현실의 인간관계와 사회 및 자연환경을 더 중요하게 생각하기 때문이다. 그러므로 이런 것을 무시하는 쾌락주의는 틀렸다고 노직은 주장한다. 경험 기계 속의 경험은 약물 중독자가 빠지는 몽환과 다를 바 없다. 그렇다면 공리주의도 옳지 않다.

쾌락주의자들은 이 사고실험에 대해 두 가지 방면에서 비판할 수 있다. 하나는 쾌락주의를 오해했다는 것이고, 또 하나는 가상 기계를 오해했다는 것이다. 우선, 쾌락주의라고 해서 쾌락의 경험만을 추구하지 않는다고 말할 수 있다. 무슨 말이냐면 쾌락주의는 로또에 당첨되는 행운을 쾌락으로 간주하지만, 그때 쾌락은 나의 뇌를 자극해서 생기는 감각만을 가리키는 것이 아니다. 그 쾌락은 나의 손에 로또가 쥐어져 있고 온 가족이 함께 환호하고 이 돈을 어디에 쓸까 상상해보는 실제 상황까지를 포함한다. 경험 기계는 쾌락을 주는 감각만을 만들어내지만, 쾌락주의자들이 원하는 쾌락은 그 감각을 만들어내는 사태 또는 현실까지 포함한 쾌락인 것이다. 따라서 경험 기계가 실현해내는 쾌락이 단순히 쾌락의 감각이라면 쾌락주의자들도 경험 기계를 거부할 것이다.

한편 경험 기계를 제대로 만든다면 현실과 아무런 차이가 없다고 비판할 수도 있다. 경험 기계는 노직이 말한 인간관계와 환경마저도 현실처럼 경험하게 만든다. 어차피 상상으로 만드는 기계인데 확실히 진짜처럼 만들어야 하지 않겠는가? 그러므로 현실이 가상현실보다 더 현실 같다는 이유 때문에 경험 기계를 선택하지 않을 이유는 없게 된다. 물론 노직은 그래도 현실과 가상현실 중에서 하나를 선택하라면 사람들은 현실을 선택할 것이라고 생각했을 것이다. 그러나 그것은 모르는 일이다. 지금도 현실을 잊기 위해 술에 취하고 마약에 취하고 심지어 자살하는 사람들도 있는데, 모든 현실을 잊게 할 뿐만 아니라 내가 원하는 대로 (비록 가상이지만) 살 수 있게 해주는 기계가 있다면 그것을 선택할 사람이 없겠는가? 그런 선택이 옳은지 그른지는 별개의 문제지만.

④

의로운 도둑
공리주의 톺아보기

사고실험 036 공리주의자인 훈이는 봉이에게 100만 원을 빌렸다. 훈이는 갚을 날이 됐을 때 갚을 돈을 준비했으면서도 이렇게 생각한다. '봉이는 잘살기 때문에 이 돈이 없어도 큰 지장이 없을 거야. 돈이 없어서 심장병 수술을 받지 못하는 어린이에게 이 돈을 기부하는 편이 이 세상의 행복을 더 극대화하지 않을까?'

사고실험 037 도둑인 훈이는 공리주의자다. 남의 것을 훔치기는 하지만 자신의 욕심을 채우기 위해서는 아니다. 그는 부자들의 재산을 훔치거나 빼앗아서 가난한 사람들에게 나누어준다. 그는 부자들은 이 재산이 없이도 사는 데 아무 지장이 없거나 약간 원통한 정도지만, 가난한 사람들은 당장 굶어죽거나 인간 이하의 삶을 살아야 하므로 자신의 행동이 옳다고 생각한다.

사고실험 038

훈이는 외국 여행 중이다. 어떤 도시를 방문했는데 마침 그곳에서 어떤 흑인이 백인을 폭행하는 것을 목격했다. 그 도시는 원래 인종 갈등이 심한 곳이었는데 이 사건 때문에 인종 폭동이 일어났다. 백인들이 흑인들을 폭행하고 살해하는 일이 벌어졌다. 폭동이 걷잡을 수 없이 커져서 경찰도 막을 수가 없었고, 심지어는 폭동을 방조하기까지 했다. 그런데 봉이라는 흑인이 폭동의 원인이 된 백인 폭행 사건의 혐의자로 잡혀왔다. 훈이는 그 현장에 있었다는 이유로 봉이가 범인인지 아닌지 증언을 하게 되었다. 봉이는 범인이 아니다. 그리고 훈이도 그것을 잘 알고 있다. 그러나 봉이가 범인이라고 증언하면 폭동은 멈출 것이다. 반면에 봉이가 범인이 아니라고 증언하면 진짜 범인이 잡힐 때까지 폭동은 계속되고, 더 많은 사람이 다치고 죽을 것이다.

사고실험 039

동네 식당에서 불이 났다. 훈이는 마침 그곳을 지나가고 있었다. 그런데 그 식당 안에 훈이의 아들과 또 다른 사람이 갇혀 있다는 말을 들었다. 훈이는 불이 난 식당에 뛰어들어 갔다. 그런데 건물이 곧 무너지려고 해 한 명밖에 데리고 나올 수가 없었다. 훈이는 아들 옆에 쓰러져 있는 사람이 유명한 과학자인 봉이라는 것을 알았다. 봉이는 전 인류를 괴롭히는 병을 치료할 신약을 개발 중이었고 거의 완성 단계에 와 있었다. 그런데 자기 아들은 그저 그런 평범한 아이다.

공리주의에 대한 가장 심각한 비판은 정의롭지 못한 이론이라는 것이다. 다시 말해서 공리주의는 우리가 직관적으로 봤을 때 부도덕한 상황을 허용한다는 것이다. 앞에서 엄격한 의무론은 **사고실험 031**이나 **사고실험 032**에서처럼 규칙에 대해 예외를 전혀 허용하지 않으려고 해서 문제였다. 반면에 엄격한 공리주의는 **사고실험 036**에서처럼 약속을 너무 쉽게 깨버려서 문제가 된다. 훈이가 정말로 봉이에게 돈을 갚지 않고 기부를 하면 사람들은 그를 칭찬할까? 그럴 것 같지 않다. 사람들은 돈을 갚지 않는 훈이가 변명을 한다고 생각하거나 변명이 아니더라도 그런 행동은 약속을 어기는 것이므로 옳지 않다고 비난할 것이다.

그래도 그 훈이는 빌린 돈을 갚지 않을 뿐이다. **사고실험 037**의 훈이는 남의 재산을 훔치거나 빼앗기까지 한다. 그는 홍길동이나 로빈 후드 같은 의적인 셈이다. 공리주의에서는 이런 행위도 정당화된다. 홍길동은 부정한 방법으로 재산을 모은 탐관오리들의 재산을 빼앗아 가난한 사람들에게 나누어주었다. 공리주의에서는 정당한 방법으로 부자가 된 사람의 재산을 훔쳐서 가난한 사람들에게 나누어주었을 때라도 전체 행복이 증대된다면 그 행위를 용납할 수 있다. 그러나 아무리 그 목적이 정당하더라도 옳지 않은 방법을 이용했다면 그 행위는 그르다고 생각하는 사람들이 여전히 많으므로 공리주의자는 그들을 설득해야 한다. (이 경우에 누군가가 도둑질이나 강도질은 법에 어긋나므로 잘못이라고 주장한다면 그 사람은 지금 논의를 이해하지 못하는 것이다. 우리는 지금 법에 어긋나느냐 아니냐를 묻는 것이 아니라 도덕적으로 옳으냐 그르냐를 묻는 것이기 때문이다.)

그래도 의적을 옹호하는 사람이 꽤 된다. 그래서 홍길동이나 로빈 후드가 아직도 인기가 있는 것 아니겠는가? 그런데 그런 의적을 옹호하는 공리주의자라면 **사고실험 038**의 훈이가 허위 증언을 해야 한다고 주장해야 한다. 남의 것을 훔치는 의적의 행위는 옳지 않지만 그렇게 함으로써 사회 전체적으로 더 좋은 결과를 가져오기 때문에 옹호해야 하는 것처럼, 훈이의 허위 증언도 비록 잘못된 일이긴 하지만 사회 전체적으로 엄청난 이익을 가져오기 때문이다. 그러나 어디 그런가? 훈이의 허위 증언은 거짓말이기 때문에 그 자체로 잘못이기도 하지만, 여기에 더해 그것 때문에 아무 잘못도 없는 봉이가 처벌받아야 한다. 봉이 같은 사람을 '희생양'이라고 한다. 자신이 한 일만큼만 대가를 받는 사회가 정의로운 사회다. 이만큼 잘했으면 이만큼만 보상을 받고, 저만큼 잘못했으면 저만큼만 처벌을 받아야 정의롭다. 그러나 봉이는 잘못한 것도 없는데 처벌을 받을 처지에 놓였으니 그런 일이 용납되는 사회는 정의롭지 못하다. 그런데 공리주의에 따르면 봉이에게는 미안하지만 사회 전체를 위해서 봉이는 처벌을 받아야 한다. 그것이 봉이를 제외한 모든 사람에게 더 큰 행복을 가져다줄 수 있기 때문이다.

이렇게만 보면 공리주의자는 큰일 낼 사람이다. 사회의 전체적인 행복만 늘어난다면 죄 없는 사람을 고문하는 것도 허용할 테고, 노예제를 도입하라고 주장할지도 모른다. 네 한 몸 희생해서 나머지 모두를 행복하게 하면 괜찮은 일 아니냐고 말이다. 그러나 **사고실험 038**과 같은 상황은 사고실험에서만 나올 수 있는 극단적인 상황인 것 같지만 실제 세계에서도 드물지 않게 볼 수 있다. 그리고 그런 상황을 옹호하는 사람들이 적지 않다. 제2차 세계대전 때 히로시마와 나가사키에 원자폭탄이 떨어져 20만 명 이상의 무고한 시민들이 죽었다. 그러나 폭탄을 투하한 미국은 그 폭탄이 없었으면 더 많은 사람들이 전쟁으로 죽었을 것이라고 주장한다. 이런 주장에 동조하는 사람들이 많다. 지금도 전쟁에서 무고한 시민들이 폭격으로 죽어가지만, 그들은 그것을 어쩔 수 없는 일이라고 생각한다. 그런 사람들이 **사고실험 038**은 정의롭지 못하다고 주장하는 것은 앞뒤가 맞지 않는다. 오히려 **사고실험 038**에서는 봉이를 처벌하지 않는다면 폭동을 멈추게 할 수 없다는 사실이 분명하지만, 제2차 세계대전 때는 원자폭탄을 투하하지 않았다고 해서 전쟁이 멈추지 않았을지는 확실하지 않다.

공리주의자를 곤란하게 만드는 상황을 한 가지 더 보자. **사고실험 039**와 같은 상황에서 훈이가 자기 아들을 구한다고 해도 사람들은 훈이가 당연한 일을 했다고 생각할 것이다. 봉이를 구하지 않았다고 해서 아무도 그를 비난하지 않을 것이다. 그러나 훈이가 철저한 공리주의자라면 어떻게 해야 할까? 그는 아들보다는 봉이를 구할 것이고 또 그래야만 한다. 그쪽이 우리 사회에 훨씬 이득이기 때문이다. 그러면 사람들은 그런 행동을 한 훈이를 보고 뭐라고 할까? 훌륭한 사람이라고 칭찬할까? 그럴 것 같지 않다. 대통령이 자격을 갖춘 친인척의 회사를 국가사업에 선정하지 않았다고 해보자. 그러면 그 대통령은 칭찬을 받을 것이다. 그러나 이 경우는 상황이 다르다. 단순히 사업에 선정되고 말고의 문제가 아니라 목숨이 달린 문제이기 때문이다. 사람들은 훈이를 두고 피도 눈물도 없는 사람이나 미친 사람이라고 손가락질할 것이다.

공리주의는 이렇게 사람들이 상식적으로 받아들이기 힘든 상황을 옹호한다. 그런 상황을 옹호한다는 것은 그렇게 하는 것이 의무라는 뜻이기도 하다. 곧 빌린 사람에게 돈을 갚지 않고 더 불쌍한 사람에게 나누어주는 것이 의무이고, 부자의 재산을 훔쳐 가난한 시림에게 나누어주는 것이 의무이고, 아무 죄가 없는 사람에게 죄를 뒤집어 씌우는 것이 의무이고, 자신의 피붙이 대신에 생판 모르는 사람을 구하는 것이 의무

가 되는 것이다. 그런 의무를 부과하는 이론을 따르라고 세상 사람들에게 설득하기는 아주 힘든 일이다.

상식에 어긋나는 선택이라고 해서 꼭 잘못된 것은 아니라고 강력하게 주장하는 공리주의자도 있을 수 있다. 한때 지구가 둥글다는 주장은 상식과 어긋난다고 해서 웃음거리도 되고 핍박도 받았다. 그러나 이제는 지구가 둥글다는 주장이 상식이 되었다. 상식과 맞지 않는다는 것이 어떤 주장이 틀렸음을 보여주지는 않는다. 마찬가지로 지금 공리주의자들의 주장에 상식과 어긋나는 면이 있지만, 그렇다고 해서 그 주장이 잘못되었다고 볼 수는 없는 것 아닐까? 지구가 둥근지 안 둥근지는 상식으로 판단할 문제가 아니라 과학자의 판단에 따라야 할 문제다. 마찬가지로 어떤 행동이 옳은지 그른지도 상식으로 판단할 것이 아니라 도덕 문제의 전문가, 곧 공리주의자의 판단에 따라야 한다고 일부 공리주의자들은 생각한다. **사고실험 038**의 상황이나 원자폭탄 투하의 상황이나 차이점이 없는데, 상식은 하나는 허용하고 하나는 허용하지 않는 모순된 태도를 보이므로 상식을 신뢰할 수 없다는 것이다.

그러나 많은 공리주의자들은 더 쉬운 길을 간다. 그들은 세련된 공리주의자라면 또는 진정한 공리주의자라면 상식과 어긋나는 선택을 하지 않을 것이라고 대답한다. 그들은 선무당이 사람 잡는다고, 공리주의를 어설프게 아는 사람이라면 쾌락을 잘못 계산해서 상식과 어긋나는 선택을 할지도 모르지만, 공리주의 원칙을 제대로 엄격하게 적용한다면 그런 선택을 하지 않을 것이라고 생각한다. **사고실험 036**을 보자. 봉이에게 돈을 빌린 ㄱ 상황만 놓고 보면 돈을 갚지 않는 것이 사회의 행복을 증대시킬지 모르지만, 더 넓게 보면 오히려 행복이 감소될 것이다. 만약 훈이가 그런 식으로 돈을 갚지 않는다는 것을 안다면 사람들은 다시는 훈이에게 돈을 빌려주지 않으려 할 것이고, 공리주의자는 약속을 헌신짝처럼 여긴다는 인식을 심어줄 수 있기 때문이다. 또 **사고실험 037**의 홍길동 같은 사람이 늘어나면 불안에 떠는 사람이 많아지고 준법의식도 약해진다. 따라서 공리주의라고 해서 꼭 그런 상황을 허용하는 것은 아니다. **사고실험 038**에서도 무고한 사람을 범인으로 몬다면 당장은 폭동을 멈추게 할지 모르지만, 나중에 진실이 밝혀지면 흑인 쪽에서 더 큰 폭동을 일으킬 수도 있다. 진정한 공리주의자라면 더 멀리 내다보고 쾌락과 고통을 계산해야 한다. **사고실험 039**도 마찬가지다. 부모와 자식 간의 유대관계는 우리 사회를 지탱하는 가장 기본적인 버팀목이다. 아무리 착한 동네 이웃이나 사회사업가가 있다고 하더라도 부모가 자식에게 줄 수 있는 사랑 이상을 쏟을 수는 없다. 공리주의자도 이것을 인정해야 우리 사회가 안정적으로 움직일 수 있다고 생각할 것이다.

그리고 **사고실험 039**와 같은 급박한 상황에서 아무리 훈련된 공리주의자라고 하더라도 어떤 선택이 행복을 늘릴지 순간적으로 계산할 수는 없다. 그래서 공리주의자도 그 나름의 규칙에 의존하여 판단한다. 물론 그 규칙은 의무론에서처럼 그 자체가 옳으므로 따라야 하는 법칙은 아니고, 더 좋은 결과를 낳는 기준에 따라 계산된 규칙이다.

⑤

고장난 전차
행복과 권리의 충돌

사고 실험 040
훈이는 전차 운전사다. 어느 날 그가 운전하는 전차의 브레이크가 고장이 났다. 전차는 내리막길을 가고 있는데 철로 위에 다섯 명의 인부들이 작업을 하고 있는 것이 보였다. 그 인부들은 전차가 접근하는 것을 모르며 피할 시간도 없다. 그런데 작업 장소 앞에 선로의 갈림길이 있어서 다른 쪽 선로로 전차를 돌리면 사고를 피할 수 있다. 그러나 그곳에는 한 명의 인부가 작업하고 있다. 그 인부도 전차가 오는 것을 모르며 피할 시간도 없다. 훈이는 전차를 멈추게 할 수는 없지만 전차의 방향은 바꿀 수 있다. 어떻게 해야 할까?

사고 실험 041
전차를 운전하던 운전사가 갑자기 심장마비로 쓰러졌다. 그 전차는 계속 전진하는데 철로 위에 다섯 명의 인부들이 작업을 하고 있다. 그 인부들은 전차가 접근하는 것을 모르며 피할 시간도 없다. 훈이는 그 전차가 지나던 철길 위의 육교에서 그 광경을 모두 보고 있었다. 그리고 그 전차를 멈추게 하려고 마침 옆에 있던 봉이를 밀어서 전차 앞에 떨어뜨렸다. 훈이와 달리 봉이는 전차를 멈추게 할 정도로 뚱뚱했다.

사고실험 042 훈이는 유명한 이식수술 전문의다. 그에게는 이식수술을 기다리는 환자 다섯 명이 있다. 두 명은 허파를 하나씩, 다른 두 명은 콩팥을 하나씩, 나머지 한 명은 심장을 이식받아야 한다. 오늘까지 이식수술을 하지 않으면 그들은 모두 죽는다. 마침 그날 봉이가 건강검진을 위해 훈이의 진료실에 왔다. 그는 아주 건강했고 다섯 명의 환자와 조직도 일치했다. 훈이는 봉이에게 장기기증을 권유했지만 거절당했다.

사고실험 043 어느 강가에 불치병에 걸린 봉이를 포함해서 여섯 명이 요양차 나와 있다. 훈이는 그 강에서 헤엄치며 놀고 있다. 그런데 마침 상류에서 그 불치병에 특효약인 복숭아 한 개가 떠내려오고 있다. 봉이는 그 복숭아 한 개를 다 먹어야 병이 낫고, 다른 환자 다섯 명은 5분의 1씩만 먹어도 병이 낫는다. 떠내려오는 방향을 봤을 때 그 복숭아는 봉이 쪽으로 오게 되어 있었다. 그러나 훈이가 헤엄치면서 복숭아의 방향을 바꾸어서 다섯 명의 환자 쪽으로 흘러가게 만들었다. 훈이만 아니었으면 봉이는 복숭아를 먹고 불치병이 나았을 것이다.

의무론과 공리주의의 대립을 권리의 측면에서 살펴보자. 칸트는 그 자체가 옳기 때문에 지켜야 하는 의무를 강조했다. 나에게 의무가 있다는 것은 다른 사람에게 그에 상응하는 **권리**가 있다는 뜻이다. 다른 사람에게 거짓말을 해서는 안 된다는 의무가 나에게 있다면 다른 사람은 속임수를 당하지 않을 권리가 있다는 뜻이고, 다른 사람의 재산을 훔쳐서는 안 되는 의무가 나에게 있다면 다른 사람은 재산에 대한 권리가 있다는 뜻이다. 도덕적 권리는 칸트의 의무론에서 아주 강조되는 개념이지만, 공리주의는 앞에서 보았듯이 권리는 더 큰 행복이나 이익을 위해 침해될 수도 있다. 우리나라의 헌법이 헌법의 원리를 말한 후 바로 이어서 생명·신체·재산에 대한 권리를 언급한 것을 보면 칸트의 의무론적 관점을 취한다고 볼 수 있다. 그러나 다른 한편으로는 엄격한 제한 조건을 두기는 하지만 "국가안전보장·질서유지 또는 공공복리를 위하여" 그 권리를 제한할 수 있다고 말하는 것을 보면 공리주의적 관점을 취한다고 볼 수도 있다.

공리주의자가 말하는 행복이나 이익과 의무론의 권리의 충돌을 좀 더 생생하게 들여다보기 위해 **사고실험 040**을 보자. **사고실험 040**에서 말하는 전차는 정확히 말하면 트롤리trolley 또는 트램tram으로, 지상에서 철길 위를 달리는 노면전차다. 버스 정도의 크기이므로 우리가 아는 지하철이나 기관차보다 덩치가 훨씬 작은데, 유럽의 일부 도시들에서는 아직도 운행 중이다. **사고실험 040**에서 훈이는 다섯 명의 목숨과 한 명의 목숨 사이에서 선택을 해야 한다. 브레이크가 고장난 전차가 계속 전진하면 다섯 명이 죽고 방향을 바꾸면 한 명이 죽는다. 공리주의자 같은 결과론자들은 당연히 다섯 명이 죽는 것보다 한 명이 죽는 것이 더 나은 결과이므로 전차의 방향을 바꾸어야 한다고 말할 것이다. 그리고 공리주의라는 이론을 들어보지 않은 사람들도 상식적으로 그게 더 낫지 않을까 생각할지 모른다. (실제로 영국 BBC에서 온라인으로 여론조사를 했는데 77퍼센트가 방향을 바꾸어야 한다고 대답했다.) 그러나 문제는 그렇게 간단하지 않다. 다섯 명은 고장난 전차가 가던 선로에 있었고 전차가 고장난 것은 훈이의 잘못은 아니므로, 만약 그 다섯 명이 죽었다고 해도 그것은 훈이의 잘못이 아니다. 죽게 내버려둔 것뿐이다. 그러나 다른 한 명은 원래 전차가 가던 선로에 있었던 것은 아니기 때문에 그 사람이 죽는다면 훈이가 일부러 죽인 것이 된다. 누군가를 죽게 내버려두는 것과 죽이는 것은 큰 차이가 있다. 죽이는 것은 비난이나 처벌을 받아 마땅한 일이지만 죽게 내버려두는 것은 비난을 받기는 해도 죽이는 것만큼 비난을 받지는 않는다. 죽이는 것은 그렇게 하려고 의도한 것이지만 죽게 내버려두는 것은 의도한 것이 아니기 때문이다.

이 문제에 대해 의견이 다를 수도 있다. 훈이가 다섯 명을 살리기 위해 전차를 돌렸다 해도 거기에 다른 한 명을 죽이려는 의도가 있었던 것은 아니다. 그에게는 다섯 명을 살리려는 의도만 있었고, 다른 한 명이 죽은 것은 비록 그 의도로부터 예측할 수는 있지만 의도하지 않았던 결과일 뿐이라는 것이다. 이것은 **이중 결과의 원리**라는 것으로서, 의도한 결과와 의도하지 않은 결과는 분명히 구분되어 설령 결과가 나쁘다 해도 의도하지 않은 결과라면 용인될 수 있다는 주장이다. 가령 나를 해치려는 강도에게 저항하다가 그 강도를 죽게 했다면, 그것은 의도하지 않은 결과이므로 나에게 책임이 없다는 것이다. 그러나 **사고실험 040**의 죽지 않을 수 있었던 그 한 명 입장에서는 억울한 일이다. 그에게는 죽지 않을 권리가 있고 그 권리는 이 세상에 아무리 좋은 결과가 생긴다고 해도 침해받을 수 없는 것이기 때문이다. 이유 없이 권리가 침해받는 사회는 정의롭지 못하다.

그래도 다섯 명이 죽는 것보다는 한 명이 죽는 것이 낫다고 생각하는 사람이 있을지 모른다. 그 사람들은 혹시 다섯 명 대 한 명이 아니라 백 명 대 한 명이라면, 전차의 방향을 바꿀 수 있었는데도 그러지 않은 훈이를 더욱 비난할 것이다. 그러면 **사고실험 041**을 보자. 이 전차는 트램이므로 전차가 가는 길에 뚱뚱한 사람을 떨어뜨리면 전차를 멈추게 할 수 있다. **사고실험 040**에서 훈이가 전차의 방향을 바꾸어야 한다고 생각한 사람들은 이 경우에도 훈이가 봉이를 민 행동을 잘했다고 생각할까? 그럴 것 같지 않다. 그것은 아무 죄도 없는 봉이를 고의로 죽인 행동이기 때문이다. 설령 그 선로에 백 명의 인부가 있어도 마찬가지다. 그러나 **사고실험 040**과 **사고실험 041**의 차이는 없다. 모두 다수를 구하기 위해 일부러 한 명을 희생시킨 경우이기 때문이다. **사고실험 041**에서 훈이가 "난 기차를 멈추게 하려 했을 뿐 봉이를 죽일 마음은 없었다."라며 이중 결과의 원리를 내세운다고 해서 비난을 면할 것 같지는 않다.

사고실험 041이 터무니없다고 생각하는 사람은(사고실험이 다 터무니없는 것이라고?) **사고실험 042**를 보자. 봉이가 훈이의 장기기증 권유를 거절한 것에는 전혀 문제가 없다. 허파, 심장, 콩팥을 모두 장기기증한다는 것은 곧 죽는다는 뜻이며 봉이에게는 죽지 않을 권리가 있기 때문이다. 따라서 이 상황에서 봉이를 강제로 수술하여 그의 장기를 적출하는 것은 사회 전체적으로 행복이 증대된다고 해도 그의 권리를 침해하는 것이 된다. 나의 목숨은 내가 소유한 것으로서 나의 허락 없이는 아무도 침해할 수 없다. 봉이를 수술했더라도 다섯 명의 목숨을 살리려는 의도만 있었고, 봉이가 죽은 것은 비록 예측할 수는 있었지만 의도하지 않았던 결과일 뿐이라고 말하는 것은 어불성설이다. 그러면 **사고실험 042**와 **사고실험 040**에서 어떤 차이를 찾아볼 수 있는가? **사고실험 040**에서 선로 위에 있던 억울한 한 사람도 **사고실험 042**의 봉이처럼 자신의 권리를 강제로 침해당한 것이 아닐까? 그 한 사람이 죽어서 다섯 명이 아니라 백 명을 살리더라도 마찬가지 아닐까?

    사고실험 040과 **사고실험 042** 사이에 의미 있는 차이가 없는 것은 아니다. **사고실험 040**에서는 죽음을 가져오는 원인인 고장난 전차가 이미 존재하고 있었다. 훈이는 그 원인의 방향을 튼 것일 뿐이다. 그러나 **사고실험 042**에서 죽음을 가져오는 원인인 수술은 원래부터 있던 것이 아니라 새롭게 만든 것이다. 다르게 말해보면, 방향을 바꾼 전차에 의해 한 사람이 죽는 것은 예측할 수 있었으나 의도하지 않은 결과였지만(곧 이중 결과였지만), 장기 적출을 위해 봉이를 죽인 것은 애초부터 의도한 결과라는 것이다. 이 차이가 운전사 훈이를 용서해줄 수 있을까?

    이 문제를 권리라는 측면에서 접근해보자. **사고실험 043**에서 훈이는 봉이의 권리를 침해했을까? 그 복숭아가 원래 봉이 것이었다고 해보자. 그러면 복숭아가 봉이 쪽으로 가지 않게 만든 훈이는 봉이의 권리를 침해한 것이다. 그러나 상류에서 떠내려오는 복숭아는 누구의 것도 아니다. 다른 다섯 명에 비해 봉이가 그 복숭아에 대해 더 특별한 권리를 가진 것은 아니다. 그렇다면 훈이는 봉이의 권리를 침해했다고 볼 수 없다. 자, 그러면 **사고실험 040**의 한 명의 인부와 다섯 명의 인부들은 어느 쪽이 더 생명에 대해 특별한 권리가 있을까? 만약 그 한 명에게 이 기찻길은 더 이상 쓰지 않으므로 안심하고 작업하라고 말했다면 그에게는 생명에 대한 특별한 권리가 있을 것이다. 그게 아니라 그날 아침에 일을 시작하기 전에 전차가 언제 올지 모르니 각별히 조심하라고 당부하고 또 위험수당까지 톡톡히 주고 일할 곳을 제비 뽑아서 정했다면, 그 한 명에게 생명에 대한 특별한 권리는 없다고 봐야 할 것이다. 그러나 이도 저도 아니고 그냥 일하러 나갔다면 어떨까?

▶ 정리하기

기게스의 반지는 우리에게 왜 도덕적이어야 하느냐는 질문을 제기한다. 비난이나 처벌을 받기 때문이라는 대답은 통하지 않는데, 기게스는 절대 들키지 않기 때문이다. 이 질문에 대한 한 가지 대답으로 신이 명령했기 때문이라는 신명론이 제시되나 이 이론은 플라톤으로부터 딜레마에 빠진다는 비판을 받는다.

칸트는 의무는 그 자체가 옳기 때문에 그것을 다하려는 동기를 가지고 행해야 한다는 의무론을 주장했다. 그는 도덕 원리는 가언명령이 아니라 정언명령의 형태를 띠어야 한다고 생각하고, 정언명령이 될 수 있는 대표적인 도덕법칙인 보편화의 원리를 제시했다. 그러나 칸트처럼 의무를 강조하다 보면 상식과 어긋나는 결과를 받아들이게 된다.

결과론은 의무론과 달리 행위의 결과를 계산해서 더 좋은 결과를 낳는 행동을 하는 것이 도덕적으로 옳다고 주장한다. 대표적인 결과론으로는 쾌락의 양을 중시하는 공리주의와 질을 중시하는 공리주의가 있다. 공리주의에 대해서 정의롭지 못하다는 비판이 제기되나, 공리주의자들은 그런 비판에 대해 충분히 대답할 수 있다고 생각한다. 또 공리주의에 대해서 다른 사람의 권리를 침해한다는 비판도 제기된다. 고장난 전차 사고실험은 행복의 계산과 권리의 충돌의 대립을 생생하게 보여준다.

▶▶ 생각 다지기

1. 기게스의 반지 사고실험은 무엇을 말하려고 하는가?
2. 신명론은 어떤 주장을 하며 플라톤은 신명론에 대해 어떤 비판을 하는가?
3. 칸트의 의무론은 어떤 주장인가? 정언명령을 중심으로 설명하라.
4. 칸트의 의무론에 대해 어떤 비판이 가능하며 칸트는 어떤 대답을 할 수 있는가?

5. 벤담의 공리주의와 밀의 공리주의는 어떤 차이점이 있는가?

6. 쾌락주의에 대해 어떤 비판이 가능하고 그 비판에 대해 어떤 대답이 가능한 가?

7. 공리주의에 대한 가능한 비판으로는 어떤 것이 있고 공리주의자는 그것에 대해 어떻게 대답하는가?

8. 노면 전차 사고실험은 권리에 대해 무엇을 말해주는가?

▶▶▶ 생각 키우기

1. 미혼의 성인 남녀가 합의하여 가진 성관계는 도덕적으로 비난받을 일인가? 기혼의 성인 남녀가 배우자 모르게 합의하여 가진 성관계는 도덕적으로 비난받을 일인가? 칸트나 공리주의는 이 물음에 대해 어떤 대답을 할 수 있는지 생각해보자.

2. 칸트의 의무론에 제기되는 비판에서 벗어나기 위해 의무들 간의 우선 순위를 정하는 방법을 쓰는 철학자가 있다. 가령 "거짓말을 하지 마라."라는 의무보다 "무고한 사람이 희생되게 하지 마라."라는 의무가 더 우선한다는 식이다. 이런 방법은 규칙에 의존하는 공리주의와 차이가 있는지 생각해보자.

3. 백만 명이 사는 도시를 폭파시킬 수 있는 시한폭탄을 설치한 범인이 붙잡혔으나 그 폭탄을 어디에 설치했는지 자백하지 않고 있다. 자백을 받아내기 위해서 그 범인을 고문하는 것은 옳은 일일까? 또 그 범인의 어린 자식을 고문하는 것은 옳은 일일까?

4. 영화 〈이미테이션 게임〉에서 튜링(6장 4절을 보라.)은 제2차 세계대전 당시 독일군이 영국의 배를 폭격한다는 정보를 해독한다. 그러나 암호를 해독했다는 사실이 알려지면 독일군이 암호를 바꿀 것이고 암호를 새롭게 해독할 때까지 독일군의 폭격은 계속될 것이므로 그 정보를 영국군에 알리지 않는다. 그때 독일군이 폭격할 배에 자기 형이 탑승한 것을 안 튜링의 동료는 영국군에게

암호를 알려주라고 간청하나 튜링은 거절한다. 의무론과 결과론 관점에서 이 거절이 윤리적으로 정당한지 검토해보자. (실제로 제2차 세계대전 당시 영국의 도시 코벤트리가 독일군의 공습으로 초토화되었는데, 영국 수상인 처칠은 암호 해독으로 공습을 예 측했으면서도 제2차 세계대전의 승리를 위해 코벤트리를 희생양으로 삼았다고 한다.)

5. 사고실험 041에서 훈이가 뚱뚱한 사람을 미는 상황을, 어떤 스위치만 조작하 면 뚱뚱한 사람이 전차 앞으로 떨어지는 상황으로 바꾸어 보자. 전차의 방향 을 바꾸어 한 사람을 죽게 하는 것은 받아들이고 뚱뚱한 사람을 떨어뜨려 그 사람을 죽게 하는 것은 받아들이지 않는 사람은, 스위치를 조작하는 것은 전 차의 방향을 바꾸는 것처럼 사람을 직접 미는 것은 아니므로 이 상황을 받아 들일 수 있을까?

4장

생명은 정말 소중할까?

여는
대화

훈이   송이

(훈이와 송이는 영화 〈밀리언 달러 베이비〉를 보고 나왔다.)

🙂 (권투하는 흉내를 내며) 이 영화 참 감동적이지 않니?

😎 그래. 포기하지 않고 꿈을 이루기 위해 노력하는 주인공의 모습을 보고 나도 눈물을 흘렸어. 근데 영화 마지막 장면은 좀 눈에 거슬렸어.

🙂 왜?

😎 안락사를 옹호하는 것으로 보여. 아무리 사지가 마비되었다고 하더라도 그 사람을 죽이는 것은 살인이야.

🙂 살인은 아니지. 주인공이 먼저 고통스러우니까 죽여달라고 했잖아. 죽여달라고 해서 호흡기를 떼고 주사를 놓았을 뿐이니 살인이라고 할 수 없어.

😎 그렇다 해도 살인은 살인이지. 사람의 목숨을 죽일지 말지 판단할 권리는 누구에게도 없어.

🙂 네 말이 맞긴 한데, 이 경우는 달라. 주인공은 사지가 마비되었고 고통이 심해서 인간으로서 자존감을 가지고 살 수가 없어. 그런 사람이 죽는 것을 도와주는 것은 오히려 옳은 일이라고 봐야 하지 않을까?

😎 인간으로서의 자존감? 그럼 너는 그런 것이 없는 사람은 죽어도 된다고 보는 거니? 그럼 식물인간은 모두 죽어야겠네?

🙂 물론 본인이 죽기를 원하는 경우를 말하는 거지. 본인이 죽기 싫어하는데 죽이는 건 분명히 살인이야. 그리고 이 주인공은 식물인간은 아냐. 말은 할 수 있으니까.

😎 말도 못하는 식물인간이 죽고 싶어 하는지 어떻게 알아? 죽고 싶어 하지 않은데 죽

이면 그것은 살인이잖아.

식물인간을 왜 식물인간이라고 하겠니? 식물과 다를 바 없어서 그렇게 부르는 거잖아. 그런 식물인간은 인간으로서의 특성을 전혀 갖추고 있지 않아. 말도 못하지, 합리적이지도 못하지, 다른 사람들과 사회를 이루고 살지도 못하지. 좀 냉정하게 들리겠지만 나는 그런 사람들의 지위는 인간과 다르다고 생각해.

얘 좀 봐라. 큰일 날 소리 하고 있네. 그런 특성이 없으면 인간이 아니라는 거니? 그럼 태아는? 태아도 말도 못하고 합리적이지도 않고 다른 사람들과 사회를 이루고 살지 못하니까 인간이 아니겠네.

맞아. 그래서 나는 낙태도 도덕적으로 문제가 없다고 봐.

점점 더? 그럼 인간 배아 실험도 찬성하겠네?

그렇지. 인간의 배아는 태아에 비하면 전혀 인간이라고 말할 수 없지. 그냥 우리 몸에 있는 세포 덩어리 수준이지.

너, 보기보다 무섭구나. 히틀러 같아. 히틀러는 자기한테 반대하는 사람들을 안락사로 위장해서 죽이고 자기가 싫어하는 민족들을 말살하려고 했다던데.

무슨 소리야? 아까도 말했잖아. 나는 안락사든 낙태든 당사자가 원한다는 전제에서 찬성하는 거야. 식물인간은 당사자가 의사를 표현할 수 없지만 여러 사람이 참여해서 결정하면 히틀러 같은 일은 막을 수 있어.

그래도 난 반대야. 어떻게 같은 사람을 죽일 수 있어. 아무리 말도 못하고 생각도 못하고 움직이지도 못한다고 해도 말이야.

이 문제는 그렇게 감정적으로 접근해선 안 돼. 식물인간이나 태아보다 훨씬 더 인간의 특징과 가까운 동물도 있어. 침팬지는 도구도 사용할 줄 알고 사회를 이루고 살아. 그리고 돌고래는 자기들끼리 의사소통을 할 수 있다고 해. 그런데도 우리는 침팬지에게 실험을 하고 돌고래ㅏ 고래 고기를 먹잖아. 이것은 공평하지 않아.

(다시 권투하는 흉내를 내다가 훈이를 마구 때린다.) 이런 짐승! 나는 감정이 있어야 사람이라고 생각해. 너처럼 인정머리 없는 사람은 사람이 아니고 짐승이야!

①

태어날 권리와 낳지 않을 권리

낙태

사고실험 044 훈이는 친구가 입원하고 있는 병원에 병문안을 갔다. 친구는 7층에 입원해 있는데 그는 엘리베이터에서 단추를 잘못 눌러 6층에서 내렸다. 그러자 거기에 대기하고 있던 직원들이 그를 마취시켜 침대에 누워 있는 의식 없는 사람과 복잡한 장치로 연결했다. 마취에서 깨어나 사정을 들어보니, 그 사람은 유명한 바이올리니스트로서 다른 사람과 아홉 달 동안 연결되어 있어야 살아날 수 있다. 원래는 자원자가 오기로 되어 있었는데 마침 엘리베이터에서 내린 훈이를 자원자로 착각하여 그와 연결하였다. 한 번 연결한 이상 분리하면 그 바이올리니스트는 죽게 된다고 한다. 훈이는 선택의 기로에 서 있다. 그가 바이올리니스트와 계속 연결되어 있으면 바이올리니스트는 살지만 그는 아홉 달 동안 불편하게 살아야 한다. 그러나 그가 연결을 거부하면 바이올리니스트는 죽게 된다.

사고실험 045 훈이는 어느 날 길을 걷다가 괴한들에게 납치당했다. 그리고 어느 병원으로 옮겨져 위와 똑같은 상황에 처하게 되었다.

사고실험 046 등산이 취미인 송이는 이번 6월에 에베레스트 등반을 계획하고 있다. 그런데 1월에 임신 2개월째라는 것을 알았다. 송이는 분명히 올해 아기를 가질 계획이었다. 그러나 그 시기는 등반을 마친 이후였는데 실수로 먼저 임신을 하게 된 것이다. 그래서 그는 등반 이후에 다시 아기를 갖기로 하고 이번에는 낙태 수술을 받았다.

사고실험 047 송이는 임신 3개월째다. 그런데 의사로부터 나쁜 소식 한 가지와 좋은 소식 한 가지를 들었다. 나쁜 소식은 아기에게 장애가 있다는 것이었고, 좋은 소식은 알약 하나만 먹으면 부작용 없이 치료할 수 있다는 것이었다. 현이는 임신을 계획하고 있다. 그도 나쁜 소식 한 가지와 좋은 소식 한 가지를 들었다. 나쁜 소식은 그의 건강상태 때문에 지금 임신하면 아기에게 장애가 생긴다는 것이었고, 기쁜 소식은 3개월이 지난 다음에 임신하면 건강한 아기를 갖게 된다는 것이었다. 그러나 송이와 현이는 의사의 나쁜 소식대로 행동했다. 곧 송이는 알약을 먹지 않았고, 현이는 지금 당장 아기를 가졌다.

도덕 이론은 이론으로만 끝나지 않는다. 도덕 이론은 구체적인 사회 현실에 대한 해결책을 제시하려 한다. 사회에서 논란거리가 되는 문제들은 쌔고 쌨지만 그중에서도 생명과 관련된 문제는 특히 더 첨예한 관심의 대상이다. 모든 문화와 종교에는 "죽이지 마라."라는 가르침이 있지만 한편에서는 죽임이 일어나고 있기 때문이다. 멀쩡한 사람을 죽이는 것, 곧 살인을 말하는 것이 아니다. 살인이 도덕적으로 그르다는 것은 누구나 인정하므로 도덕적으로 문제되지 않는다. 문제는 태아나 고통이 너무 심한 회복 불가능한 환자를 죽이는 경우다. 우리는 그것을 낙태와 안락사라고 부른다. 또 먹기 위해서 혹은 실험을 위해서 동물에게 고통을 주거나 동물을 죽이는 일은 비일비재로 일어난다. 낙태나 안락사만큼은 아니어도 이 경우에 대해 도덕적으로 문제를 제기하는 사람들도 있다.

사고실험 044를 보자. 훈이에게는 바이올리니스트와 아홉 달 동안 연결된 채 지내야 할 의무가 있을까? 훈이가 그 연결을 거부하면 바이올리니스트를 죽였다고 비난을 받아야 할까? 만약 우리에게 그런 일이 생긴다면 어떻게 해야 할까? 계속 연결되어 있어야 할 의무가 있을까? 그렇게 생각할 사람은 별로 없을 것이다. 내 잘못은 엘리베이터 단추를 잘못 누른 것밖에 없다. 그런데 그에 대한 대가로 아홉 달 동안 다른 사람과 연결된 채 지내야 한다는 것은 너무 가혹하다. 비록 내가 연결을 끊으면 그 사람이 죽게 되지만, 그리고 그 죽음이 가슴 아픈 것은 사실이지만 연결 유지를 요구하는 것은 과도하다. 혹시 연결에 동의하면 참 대단하다고 칭찬은 받을지 모르지만 그렇게 하지 않았다고 비난받을 일은 없지 않을까? (5장 5절에서는 이것을 '성인의 윤리'라고 부른다.)

이 사고실험은 낙태를 옹호할 의도로 만들어졌다. 우리나라에서는 임신한 여성이 위험한 경우(이 경우 낙태를 옹호하는 근거는 3장 5절에서 본 이중 결과 원리다. 태아를 죽이는 것은 임신한 여성을 구하려는 행동의 의도하지 않은 결과일 뿐이다.)처럼 아주 엄격한 예외적인 상황을 제외하고는 낙태는 불법이다. 거기에는 태아는 소중한 생명이고 엄연한 인간이므로 낙태는 살인이라는 인식이 깔려 있다. 그런데 **사고실험 044**는 여성의 자기결정권을 존중하며 낙태를 옹호한다. 연결에 동의할지 말지는 훈이가 결정할 문제이고 동의하지 않았다고 해서 비난할 수는 없다는 것이다. 어떻게 보면 실제 낙태의 상황은 훈이의 경우보다 낙태 옹호론자에게 더 유리하다. 일단 출산을 하면 아홉 달이 아니라 평생 태어난 아이를 보살펴야 하기 때문이다. 더구나 태아는 바이올리니스트와 달리 다 자란 성인도 아니고, 자율성이나 합리성처럼 인간이라고 규정할 수 있는 특성을 지녔다고 믿기 힘들기 때문에 성인을 죽였을 때보다 비난이 덜할 수 있다.

이전의 낙태 논쟁은 태아가 사람이냐 아니냐에 집중되었다. 태아는 수정되는 순간부터 태어날 때까지 쭉 연속되어 있기 때문에 언제부터 사람인지 딱 잘라 말하기 어렵기 때문이다. 그런데 만약 태아가 사람이라고 한다면 낙태는 살인이라는 비난에서 벗어나기 어렵다. 그러나 이 사고실험은 태아가 사람이라고 하더라도 그 태아의 목숨을 끊는 행위를 비난하기 어렵다는 것을 보여준다는 점에서 의의가 있다. 태아에게 생명에 대한 권리가 있을지 모르지만, 그렇다 하더라도 임신한 여성이 선택할 수 있는 권리가 그것보다 우선한다는 것이다. 물론 낙태를 반대하는 사람은 이 사고실험의 잘못을 지적할 것이다. 피임의 실패는 엘리베이터 단추를 잘못 누르는 것보다 훨씬 책임이 크다고 말이다. 엘리베이터 단추를 잘못 눌렀다고 해서 아홉 달 동안 잡혀 있어야 할 일이 일어나리라고는 상상할 수 없지만, 성행위에는 임신이 뒤따를 수 있다는 것은 누구나 예상할 수 있기 때문이다. 즐겼으면 책임을 져라!

그러면 이번에는 **사고실험 045**를 보자. **사고실험 044**에서는 훈이가 약간의 실수라도 했기 때문에(곧 피임 실패는 책임져야 할 실수이므로) 훈이에게는 연결을 끊을 권리가 없다고 생각할지 모른다. 그러나 **사고실험 045**에서 훈이는 아무런 실수도 하지 않았다. 그냥 길을 걸었을 뿐이다. **사고실험 045**에서 훈이에게 연결을 끊을 권리가 있다는 것은 바이올리니스트는 훈이의 희생을 요구할 권리가 없다는 뜻이다. 반면에 **사고실험 044**에서 훈이에게 연결을 끊을 권리가 없다면 그것은 바이올리니스트는 훈이의 희생을 요구할 권리가 있다는 뜻이다.

사고실험 045는 성폭행에 의한 원하지 않는 임신의 경우를 보여준다. 피임 실패 때문에 낙태하는 것에는 반대하는 사람들도 아마 성폭행에 의한 임신 때문에 낙태하는 것에는 반대하지 않을 것이다. (가톨릭 교회는 그 경우에도 낙태를 반대한다.) 그러나 **사고실험 044**와 **사고실험 045**를 다르게 취급하는 것은 뭔가 이상하다. **사고실험 044**와 **사고실험 045**에서 바이올리니스트는 달라진 점이 없다. 그런데 **사고실험 044**에서는 훈이의 희생을 요구할 권리가 있는 반면에 **사고실험 045**에서는 없다. 그러나 두 경우를 다르게 취급해야 할 합리적인 이유는 없어 보인다. 그렇다면 실수에 의한 임신(사고실험 044가 비유하려는 경우)에서는 있던 태아의 생명권이 성폭행에 의한 임신(사고실험 045가 비유하려는 경우)에서는 갑자기 없어진 것도 이상하지 않은가? 두 경우 모두 태아의 생명권 유무에서 차이가 없고 성폭행에 의한 임신의 경우 낙태를 비난할 수 없다면, 실수에 의한 임신의 경우에도 낙태를 비난할 수 없지 않을까? 모든 성행위에는 임신 가능성이 있으므로 실수에 책임을 져야 한다는 것은, 모든 가임 여성은 임신 가능성이 있으므로 행동마다 책임을 져야 한다는 것만큼이나 터무니없는 주장 아닐까? 결국 우리는 모든 낙태를 반대하든가 모든 낙태를 찬성해야 일관적이 된다.

낙태에 대해 더 이야기해보자. **사고실험 046**의 송이처럼 산모의 생명이나 건강 때문이 아니라 단지 취미생활에 지장이 있어서 낙태를 한다면 그 산모는 사람들로부터 지탄을 받을 것이다. 그러나 송이 입장에서는 원래 올해 아기를 가질 계획이었는데 그 시기를 약간 미루었을 뿐이라고, 뭐가 잘못이냐고 항변할 것이다. 어차피 낳는 것은 똑같다고 말이다. 하지만 그의 행동에 반대하는 사람들은 인간의 생명은 마음에 들지 않는다고 해서 대체할 수 있는 성격의 것이 아니라고 말할 것이다. 비록 세상에 태어나는 생명의 개체수는 변하지 않겠지만 낙태를 하지 않았으면 태어났을 소중한 생명체가 목숨을 잃었기 때문이다.

이런 비판이 타당한지 검토하기 위해 **사고실험 047**을 살펴보자. 이 경우에 송이와 현이가 잘못된 선택을 했다는 데에 우리 모두 동의할 것이다. 그 결과 송이와 현이에게서 모두 장애가 있는 아기가 태어났기 때문이다. (장애가 있는 아기가 없는 아기보다 덜 행복하다는 뜻은 아니다. 여기서는 장애가 있는 인생과 없는 인생을 선택하라면 누구나 다 장애가 없는 인생을 선택할 것이라는 의미밖에 없다.) 이때 송이의 아기가 자라서 송이에게 이렇게 말한다고 해보자. "엄마는 왜 알약을 안 먹었어요? 그때 알약을 먹었으면 나는 장애 없이 태어났을 텐데요." 이 아이의 항의는 타당하다. 그리고 알약을 먹지 않은 송이는 분명히 그른 행동을 했다. 그런데 현이의 아기도 자라서 현이에게 그렇게 말할 수 있을까? 가령 "엄마는 왜 그때 나를 낳았어요? 3개월 후에 임신했다면 나는 장애 없이 태어났을 텐데요." 이 아이의 말이 말이 되는가? 말이 안 된다. 현이는 "내가 그때 3개월을 기다려 임신

했다면 너는 태어나지 않았을 거야. 다른 아기가 태어났을 테니 나는 너에게 잘못한 것이 없어. 비록 장애를 가지고 태어나긴 했지만 너는 그렇게라도 태어나지 않을 수 없었어."라고 말할 것이다. 좀 냉정하지만 맞는 말이다. 처음에 생각했던 것과 달리 현이는 잘못한 것이 없는 것 같다. 그런데도 사람들이 현이가 뭔가 잘못했다고 판단한다면 그것은 왜일까?

그것은 현이가 장애가 없는 아이를 가질 수도 있는데 장애가 있는 아이를 가졌다고 생각하기 때문이다. 이 아이를 가질 수도 있었는데 저 아이를 가졌다는 것이다. 자, 그렇다면 사람들의 생각은 앞뒤가 맞지 않는다. **사고실험 046**에서는 이 아기를 갖는 대신에 저 아기를 가졌다고 송이를 비난했다. 아기는 대체 가능한 물건이 아니라고 말이다. 그런데 **사고실험 047**에서는 이 아기를 갖는 대신에 저 아기를 가질 수 있었는데도 그러지 않았다고 현이를 비난했다. 이제는 아기가 대체 가능한 무엇이 되었다. 사람들의 직관이 일관적이지 못하지 않은가? 만약 **사고실험 047**에서 현이를 비난했던 직관이 타당한 것이라면 **사고실험 046**에서는 송이를 비난할 수 없지 않을까? 거꾸로 **사고실험 046**에서 송이를 비난했다면 **사고실험 047**에서는 현이를 비난할 수 없지 않을까?

그러나 **사고실험 046**의 송이와 **사고실험 047**의 현이 사이에는 중요한 차이점이 있다고 지적할 수 있다. 송이는 이미 임신한 상태이고 현이는 아직 임신 전이다. 따라서 두 경우 모두 아이를 대체 가능한 것으로 생각한다고 하더라도, 송이는 이미 있는 태아를 대체 가능한 것으로 생각한 것이고 현이는 아직 존재하기 전인 태아를 대체 가능한 것으로 생각한 것이다. 쉽게 말해서 송이는 지금 아이를 '죽이고' 나중에 다른 아이를 만들까 고민한 것이고, 현이는 지금 아이를 '안 만들고' 나중에 만들까 고민한 것이다. 송이는 낙태를 할까 말까 고민한 것이고 현이는 아이를 가질까 말까 고민한 것이다. 그렇다면 비슷해 보이더라도 송이와 현이의 사례를 서로 다른 경우로 취급해야 하지 않을까? 이런 생각에는 일리가 있다. 그런데 이 생각에는 태아는 죽이면 안 되는 그 무엇이라는 전제가 깔려 있다. 결국 문제는 다시 태아는 사람인가 아닌가로 돌아간다. 한쪽에서는 태아는 사람이기 때문에 죽이는 것은 옳지 않다고 주장하고, 다른 쪽에서는 태아는 사람이 아니므로 죽이더라도 뭐가 문제냐고 주장한다.

죽임과 죽게 내버려둠

안락사

훈이는 봉이와 함께 대형 트럭을 운전하고 있었다. 그런데 트럭이 전복되어 트럭에 불이 붙었다. 훈이는 트럭에서 탈출했지만 봉이는 트럭에 갇혀 있다. 봉이가 탈출할 방법은 없고 곧 불에 타 죽을 것이다. 마침 훈이에게는 총이 있었다. 봉이는 훈이에게 자기를 총으로 쏴 죽여달라고 부탁한다.

훈이는 여섯 살짜리 조카만 없다면 거액을 상속받을 수 있다. 어느 날 저녁 그 조카가 혼자 목욕을 하고 있을 때 훈이는 아무도 모르게 목욕탕에 들어가서 조카를 물에 빠뜨려 죽였다. 그리고 사고인 것처럼 꾸몄다. 봉이도 여섯 살짜리 조카만 없다면 거액을 상속받을 수 있다. 봉이도 조카가 혼자 목욕을 하고 있을 때 목욕탕에 들어가서 조카를 물에 빠뜨려 죽이려고 했다. 그런데 그 직전에 조카가 목욕탕에서 미끄러져 머리를 욕조에 부딪히고 물에 빠지는 것을 보았다. 봉이는 "아싸!"라고 혼잣말을 하며 도와주지 않고 옆에서 지켜보기만 했다. 혹시 고개를 들면 밀어넣으려고. 그러나 그럴 필요는 없었다.

사고실험 050

가난한 나라에 한 달에 만 원만 기부하면 굶어 죽는 사람 한 명을 살릴 수 있다. 그러나 훈이는 그 돈을 기부하는 대신에 커피를 마셨다. 그 결과 훈이가 기부하면 살 수 있었던 한 명이 굶어 죽었다. 봉이는 한 달에 만 원씩 기부하고 또 음식물도 기부했다. 그러나 그 음식에는 독을 집어넣었다. 그래서 한 사람은 만 원의 기부 때문에 살았지만 다른 한 사람은 음식물 때문에 죽었다.

사고실험 048에서 훈이는 총으로 봉이를 쏴야 할까? 만약 그렇다고 대답한다면 그것은 두 가지가 전제되어 있기 때문이다. 하나는 총에 맞아 죽는 것이 불에 타서 죽는 것보다 훨씬 덜 고통스럽다는 것이고, 또 하나는 봉이가 원했다는 것이다. 그럼에도 불구하고 훈이는 봉이를 쏴서는 안 된다고 생각한다면 왜 그럴까? 그것은 불 속에서 살아날 가능성이 있거나, 총을 쐈는데 상처만 입혀서 더 큰 고통을 줄 가능성이 있거나, 또는 어쨌든 다른 사람을 죽이는 것은 옳지 않다고 생각하기 때문일 것이다.

이 상황은 **자발적 안락사** 상황을 정확히 보여준다. 고통은 극심한데 회복이 불가능한 병에 걸린 환자가 의사에게 죽여달라고 요구하는 상황이다. 아무리 자발적이라고 해도 안락사를 반대하는 사람들은, **사**

163

고실험 048에서 훈이가 총을 쏘면 안 된다고 생각하는 이유처럼 기적적으로 회복할 가능성이 있거나 더 큰 고통을 줄 가능성이 있거나 어쨌든 사람을 죽이는 것은 옳지 않다고 생각하기 때문이다. 이 중 안락사가 더 큰 고통을 줄 가능성은 없다. 그러면 아예 안락사, 곧 안락한 죽음이 아닐 것이기 때문이다. 그리고 환자가 회복할 가능성은 전혀 없다고 (오진을 피하기 위해) 여러 의사들이 판단했다고 해보자. 그래도 안락사를 반대한다면 그 이유로 남는 것은 다른 사람을 죽이는 것은 어쨌든 나쁘다는 것이다.

그러나 요즘은 이렇게 어떤 상황에서도 안락사를 반대하는 사람은 많지 않은 것 같다. 안락사는 수행하는 방법에 따라서 적극적 안락사와 소극적 안락사로 구분한다. **적극적 안락사**는 환자를 안락사시킬 때 치명적인 약물을 주입하는 등의 방법으로 능동적으로 개입하여 환자를 죽음에 이르게 하는 경우를 의미한다. 이에 비해 **소극적 안락사**는 환자의 목숨을 연장할 수 있는 조치를 취하지 않고 방치하여 죽음에 이르게 하는 경우를 의미한다. 많은 사람들이 가족의 동의를 얻은 소극적 안락사는 관행적으로 받아들이고 있다. 그리고 다른 사람을 죽이는 것은 어쨌든 나쁘다고 생각하는 종교계도 소극적 안락사는 허용하는 분위기다. 우리나라에서는 지난 1998년 의식이 없는 환자를 그 부인의 요구에 따라 퇴원시켜 사망하게 한 혐의로 의사에게 살인죄를 적용한 적이 있어서 소극적 안락사조차 허용되지 않는 것으로 해석되었는데 최근에는 연명치료 중단이라고 하여 허용하는 쪽으로 바뀌고 있다. 소극적 안락사는 존엄사라고까지 부른다. 그러나 적극적 안락사는 안락사를 합법화한 네덜란드를 제외하고는 아직도 불법이다. 소극적 안락사는 다른 사람을

죽게 내버려둘 뿐이지만 적극적 안락사는 다른 사람을 죽이는 것이므로 절대 허용할 수 없다고 생각하는 것이다.

그러나 도덕적으로 볼 때 소극적 안락사와 적극적 안락사 사이에 큰 차이가 있을까? 다시 말해 죽임과 죽게 내버려둠 사이에 큰 차이가 있을까? **사고실험 049**는 아무런 차이도 없음을 보여주려 한다. 훈이는 조카를 죽였지만 봉이는 죽게 내버려두었을 뿐이므로 덜 비난받아야 할까? 봉이가 조카가 죽은 것은 단지 사고였을 뿐이라고 변명한다면 통할까? 그렇게 생각할 사람은 많지 않을 것이다. 훈이와 봉이 모두 조카의 죽음 때문에 비난받아야 한다. 훈이와 봉이 모두 조카를 죽이려는 의도가 있었고 실제로 그 결과도 똑같았다. 다만 그 결과에 이르게 한 행동만 달랐을 뿐이다. 곧 훈이는 조카를 직접 죽였고 봉이는 조카를 죽게 내버려둔 차이밖에 없다. 그러나 그 둘 사이에서 도덕적으로 의미 있는 차이는 찾을 수 없다.

적극적 안락사와 소극적 안락사의 차이는 훈이의 행동과 봉이의 행동의 차이와 일치한다. 두 경우 모두 의사는 환자를 죽게 하려는 의도가 있고 실제로 환자는 죽는다. 다만 한쪽은 죽였고 다른 한쪽은 죽게 내버려둔 차이만 있다. 그렇다면 적극적 안락사가 비난받는다면 소극적 안락사도 비난받아야 하지 않을까? 거꾸로 소극적 안락사가 허용된다면 적극적 안락사도 허용되어야 하지 않을까? 둘 사이에 무슨 차이가 있을까?

소극적 안락사와 적극적 안락사 사이에 차이가 있다고 주장하는 사람들은 **사고실험 049**가 그 둘의 차이점을 제대로 보여주지 못한다고 말할 것이다. 왜 그런지 **사고실험 050**을 보자. 이번에도 그 결과는 같다. 훈이의 경우나 봉이의 경우나 가난한 사람 한 명이 죽었다. 다만 훈이는 한 명을 죽게 내버려두었고 봉이는 한 명을 죽였다는 차이만 있다. **사고실험 049**의 기준대로 본다면 결과가 같으므로 둘 다 똑같이 비난받아야 할 것이다. 그러나 어디 그런가? 죽이려는 의도가 있었던 봉이가 그런 의도가 없었던 훈이보다 훨씬 더 비난받아야 한다. 훈이는 비록 자기가 기부를 하지 않음으로써 한 명이 죽는다는 것을 예측할 수는 있지만 (요즘은 대중매체의 보도로 그 정도는 모두 알고 있다. 5장 5절을 참고하라.) 그 죽음을 의도하지는 않았다. (그 죽음은 바로 3장에서 말한 이중 결과이다.) 그러나 봉이는 누군가의 죽음을 의도했다. 소극적 안락사와 적극적 안락사는 바로 이 차이가 있다. 곧 소극적 안락사는 환자의 죽음을 예측할 수는 있지만 의도하지는 않기 때문에 죽음을 의도하는 적극적 안락사보다 덜 비난받아야 한다. 그러나 **사고실험 049**에서는 훈이와 봉이 모두 죽음을 의도하고 있으므로 적극적 안락사와 소극적 안락사의 차이점을 제대로 보여주지 못한다.

그러나 정말로 소극적 안락사가 환자의 죽음을 '의도'하지 않는다고 보아야 할까? 주사를 놓으면 환자의 생명을 연장할 수 있다는 것을 알면서도 주사를 놓지 않는 것이 소극적 안락사라고 했다. 그것은 환자의 죽음을 의도한 것 아닐까? 그렇다면 다시 적극적 안락사와 소극적 안락사 사이에 아무런 차이도 없는 것처럼 보인다.

외계인과 인간과 동물
동물의 윤리적 대우

**사고
실험
051**   서기 3000년에 사이클로라는 외계인들이 지구를 점령했다. 그
외계인들은 눈으로 보기만 해도 새로운 지식을 습득하는 특수
한 능력을 가지고 있다. 아, 이 외계인들은 인간을 먹기도 한다. 외계인들은
처음에는 인간을 사냥하여 잡아먹더니 이제는 인간을 사육하여 잡아먹는
다. 인간들은 사이클로를 당장 쫓아낼 수는 없다는 것을 깨닫고 인간을 잡아
먹는 행위를 중단해달라고 요청하기로 했다. 그래서 훈이를 인간 대표로 뽑
아 사이클로 대표에게 보냈다.

**사고
실험
052**   어느 날 훈이에게 동물의 목소리를 알아듣는 능력이 생겼다.
그러자 동물들이 그에게 찾아와 하소연하기 시작했다. 동물들
은 인간이 동물들을 열악한 환경에서 기르고 결국에는 잡아먹는 것을 중단
해달라고 요구했다.

사고 실험 053

망망대해에 구명보트가 한 대 떠 있다. 그 보트는 네 명이 정원이지만 현재 사람 네 명과 개 한 마리가 타고 있다. 정원을 초과했으므로 보트는 곧 가라앉을 것이다. 가까운 시간 안에 구조를 받을 가망도 없다. 누구를 빠뜨려야 하는가?

사고 실험 054

망망대해에 구명보트가 한 대 떠 있다. 그 보트는 네 명이 정원이지만 현재 사람 네 명과 개 백만 마리가 타고 있다. 정원을 초과했으므로 보트는 곧 가라앉을 것이다. 가까운 시간 안에 구조를 받을 가망도 없다. 누구를 빠뜨려야 하는가?

영화 〈디스트릭트 9〉(2009)에서는 외계인이 인간에게 지배당하는 힘 없는 불쌍한 존재지만, 영화 속에서 그려지는 대부분의 외계인은 두려운 존재다. 존 트라볼타가 나오는 영화 〈배틀필드〉(2000)에서 지구는 외계인의 식민지가 되고 인간은 중노동에 시달린다. 존 트라볼타는 사이클로라는 외계인 종족의 사령관이다. 그러나 그 영화에서는 **사고실험 051**에서처럼 외계인이 인간을 잡아먹는 장면은 나오지 않는다. 그러나 **사고실험 051**과 같은 상황이 생긴다고 한번 상상해보자. 훈이는 외계인들에게 왜 인간을 잡아먹느냐고 항의할 수 있을까?

인간은 그 본성이 이기적이기 때문에 다른 존재의 입장이 되어 생각해보려고 하지 않는다. 그런 점에서 위와 같은 사고실험은 큰 도움이 된다. 우리도 당하는 입장이 되어 우리에게 당하는 존재의 심정을 이해해볼 수 있기 때문이다. 외계인들은 자신들이 인간을 잡아먹어도 되는 이유로 자신들이 인간과 다르다는 점을 들 것이다. 자신들은 인간보다 지능도 높고 힘도 세다. 눈으로 한 번 딱 보면 새로운 기술을 바로 습득하는 능력도 지니고 있다.

훈이는 거기에 어떻게 대답해야 할까? 그런 차이점들은 잡아먹는 것을 정당화하는 이유가 될 수 없다고 말할 것이다. 잡아먹힌다는 것은 죽임을 당한다는 뜻이다. 그리고 죽임을 당한다는 것은 죽는 과정에서 고통을 당하고 또 사랑하는 사람들과 헤어져야 한다는 뜻이다. 설령 우리 인간이 외계인보다 지능이나 힘이 떨어지고 외계인에게 있는 특별한 능력이 없다고 해도 그런 고통과 괴로움을 느낄 수 있는 존재라는 것은 분명하고, 무고한 존재에게 그런 고통과 괴로움을 주는 것은 옳지 못하다고 설득해야 할 것이다. 물론 그 외계인을 합리적으로 설득할 수 있다는 전제가 있어야겠지만.

자, 그러면 우리 인간이 소, 돼지, 닭을 잡아먹는 것을 생각해보자. **사고실험 052**는 영화 〈닥터 두리틀〉(1998)을 생각나게 한다. (〈닥터 두리틀〉은 2001년에 2편이, 2006년에 3편이 제작되었다.) 닥터 두리틀은 훈이처럼 동물의 목소리를 알아듣게 된다. **사고실험 051**의 훈이가 외계인에게 항의하는 것처럼 이번에는 동물들이 자신들을 잡아먹는 것에 대해 훈이에게 항의한다고 해보자. 훈이는 뭐라고 대답할 수 있을까? 훈이는 동물에게 우리가 동물과 다른 여러 가지 특징을 들어 인간과 동물은 다르다고 대답할 것이다. 이를테면 인간은 동물보다 지능도 높고 말도 할 줄 알며 합리적이고 사회를 이루고 산다는 등의 특징이 인간과 동물을 구별해준다. 그러나 동물들은 그런 것들은 잡아먹는 것을 정당화하는 이유가 될 수 없다고 말할 것이다. 동물들도 자라고 죽는 과정에서 고통을 느끼고

또 사랑하는 가족과 헤어지면 괴로움을 느낀다고 말이다.

동물들의 이런 항의에 대해 훈이가 "그래도 너희는 동물이고 우리는 인간이야. 우리는 너희를 잡아먹어도 돼."라고 대답한다고 해보자. 그러면 **사고실험 051**의 외계인이 "그래도 너희는 인간이고 우리는 사이클로야. 우리는 너희를 잡아먹어도 돼."라고 말할 때 뭐라고 항의할 수 있을까? 항의할 수 있는 말이 없다. 우리가 동물을 대하는 것과 똑같이 우리를 대하는 외계인에게 항의할 명분이 없는 것이다.

동물들에게 고통과 괴로움을 주는 관행들은 현대사회에서 널리 행해지고 있다. 대표적인 관행이 동물을 고기로 먹는 것이다. 과거 사회에서는 동물을 사육하더라도 소규모로 가족적인 분위기에서 길렀기 때문에 동물을 죽일 때의 고통만 있었다. 그러나 현대사회에 들어와서 그 양상은 완전히 달라진다. 더 적은 투자로 더 많은 소득을 내려는 자본주의 사회는 열악하고 비참한 환경에서 동물을 사육한다. 과거에 몇 마리씩만 기르던 가축은 집안의 노동력이자 재산이었으므로 농부 아저씨와 가족들의 관심을 받으며 자랐지만 이제는 비좁은 사육장에서 대규모로 사육된다. 이제 사육장은 공장으로, 동물은 고기·달걀·우유 등을 생산해 내는 기계로 인식된다. 그 과정에서 동물에게 가하는 고통은 상상 이상이다. 이를테면 대규모 농장에서 사육되는 닭 한 마리가 차지하는 공간은 A4 용지 크기 정도밖에 안 된다고 한다. 그 비좁은 곳에서 닭은 날갯짓도 못하고 하늘 한 번 보지 못하고 사는데, 이것은 사람 네 명을 공중전화 부스 안에 집어넣고 평생을 살라고 하는 것과 같다고 한다. **사고실험 051**의 외계인이 있다면 이윤 창출을 위해 인간을 그렇게 사육할지도 모른다.

현대에는 과거에는 없던 방식으로 동물에게 고통을 준다. 동물 실험이 그것이다. 인간을 위한 신약이나 새로운 치료 방법을 개발하기 위해 일부러 동물들을 병에 걸리게 한다. 주로 쥐와 같은 작은 동물이 실험에 이용되지만, 인간과 유전자가 2퍼센트밖에 차이 나지 않는다는(그래서 실험하겠지만) 침팬지도 실험 대상이 된다. 동물을 고기로 먹기 위해 동물에게 고통을 주는 것에 반대하는 사람들이 많다. 고기를 먹지 않아도 살 수 있고 그러는 편이 오히려 더 건강하다는 증거가 많으며, 꼭 먹어야 하더라도 현재와 같은 공장식 사육이 아니라 고통을 훨씬 줄일 수 있는 방법이 있기 때문이다. 그러나 그런 사람들 중에도 동물에게 고통을 주더라도 동물 실험을 해야 한다는 사람이 많다. 동물 실험으로 인간에게 돌아오는 이득이 동물에게 주는 고통을 훨씬 능가하기 때문이다.

사고실험 053을 보자. (구명보트 사고실험은 5장 5절에서도 다시 나온다.) 이 배는 곧 가라앉을 것이다. (개 한 마리 더 탔다고 가라앉는다고? 이것이 사고실험임을 잊지 마라.) 침몰을 막으려면 한 명 또는 한 마리를 바다에 빠뜨려야 한다. 누구를 빠뜨려야 하는가? 당연히 개를 빠뜨려야 한다. 개가 죽을 때보다 사람이 죽을 때 고통도 훨씬 크고, 그가 이루려다가 못 이루고 죽는 좌절감도 훨씬 크고(개에게 이루려고 하는 바가 무엇이 있겠는가?) 주위 사람들의 상실감도 훨씬 크기 때문이다. 이익과 손해를 계산하여 판단하는 공리주의적 시각으로 동물의 복지를 주장하는 사람들은 말할 것도 없고, 동물에게도 삶에 대한 권리가 있다고 주장하는 사람들까지도 개를 빠뜨려야 한다고 생각한다. **사고실험 054**에서는 개가 백만 마리로 늘었다. (백만 마리가 어떻게 구명보트에 타느냐고? 그러니까 사고실험이다.) 그래도 그 개들을 모두 빠뜨려야 한다. 개가 겪을 고통과 괴로움을 모두 합해도 사람의 그것을 따라오지 못하기 때문이다.

　동물의 복지나 권리를 주장하는 사람들이 동물을 고기로 먹는 것을 반대하는 이유는, 고기를 먹지 않는다고 해서 사람이 목숨을 잃지는 않기 때문이다. 물론 이누이트처럼 고기를 먹지 않으면 먹을 것이 없는 경우는 예외다. 그러나 동물 실험은 어떤가? 개를 바다에 빠뜨리지 않으면 인간이 바다에 빠져 죽는 경우처럼 동물 실험을 하지 않으면 수많은 인간이 목숨을 잃는가? 그 점이 확실하다면 동물 실험은 옹호될 수 있다. 동물 실험을 찬성하는 쪽은 동물 실험 덕분에 수많은 질병을 퇴치하고 성공적인 수술 기법이 가능하게 되었다고 주장한다. 그러나 동물 실험을 반대하는 쪽은 현대에 평균수명이 연장된 것은 동물 실험보다는 개인이나 환경의 위생 상태가 개선된 탓이 더 크다고 주장한다. 그리고 인간과 동물의 차이점 때문에 동물 실험을 통과해도 인간에게는 치명적인 부작용을 보이는 경우도 많음을 지적한다. 그리고 단지 재미로 또는 연구비를 타내기 위해 또는 화장품처럼 인간의 목숨과 상관없는 목적을 위해 실행되는 동물 실험도 있다고 말한다. 이러한 동물 실험 찬반 논쟁은 경험적인 문제이기 때문에 철학적인 반성만으로 접근하기는 힘들다. 철학적으로는 설령 동물 실험으로 인간에게 아무리 많은 혜택을 가져다준다고 하더라도 왜 인간에게는 그러한 고통스러운 실험을 안 하면서 동물에게는 해도 되느냐는 물음에 대답하는 것이 더 중요하다. 동물 실험을 옹호하는 쪽이 공평하지 않다는 비판을 피하기 위해서는 인간과 동물 사이에 그래도 되는 의미 있는 차이점을 지적해야만 한다.

▶ 정리하기

도덕 이론은 생명의 문제에 적용할 수 있다. 그 결과 낙태, 안락사, 동물의 윤리적 대우 문제에 대한 우리의 상식과 직관에 모순점이 많다는 것이 드러난다. 낙태에 대한 논의는 주로 태아가 사람인가 아닌가에 집중되었는데, 태아가 사람이어도 낙태를 옹호할 수 있는 사고실험이 보여진다. 그리고 소극적 안락사는 허용하면서도 적극적 안락사는 허용하지 않는 것이 우리의 현실이다. 그런데 그 둘 사이에는 도덕적인 의미 있는 차이가 없으므로 둘 다 허용하거나 둘 다 허용해서는 안 된다는 주장이 제기된다. 또 인간은 동물보다 지능이 높고 합리적이지만 그런 이유는 동물을 음식으로 먹고 실험의 대상으로 삼는 관행을 윤리적으로 옹호할 근거로 그리 튼튼하지 않다.

▶▶ 생각 다지기

1. 바이올리니스트 사고실험이 갖는 의의는 무엇인가?

2. 개인의 취미 생활 때문에 낙태를 하는 사람에 대한 비판이 정당한가?

3. 소극적 안락사와 달리 적극적 안락사는 허용될 수 없다는 주장은 정당한가?

4. 육식과 동물 실험은 윤리적으로 옹호될 수 있는가?

▶▶▶ 생각 키우기

1. 사고실험 044나 045 모두 훈이는 자의에 의해 바이올리니스트와 연결된 것은 아니다. 그러면 이번에는 자의에 의해 연결되었다고 가정해보자. 그때 훈이는 마음이 바뀌어 바이올리니스트와의 연결을 거부할 수 있는가? 바이올리니스트와의 연결에 동의한 것은 무엇에 비유할 수 있을까? 임신하기로 마음 먹은 것? 아니면 합의에 의한 성관계?

2. "무고한 사람을 죽이지 마라."라는 법칙을 의무로 삼고 있는 의무론자들은 낙태나 안락사의 윤리적 문제에 어떤 대답을 할지 생각해보자.

3. 인간을 동물과 구분짓는 특징들이 어떤 것들이 있는지 살펴보자. 그리고 그런 특징들을 갖지 못한 인간들은 우리가 동물을 대우하듯이 대우해도 되는지 토론해보자.

4. 모든 생명은 소중하다고 생각하는가? 태아, 안락사의 대상이 되는 환자, 동물의 생명을 염두에 두고 이 물음에 대해 고민해보자.

5장

국가는 꼭 필요할까?

여는 대화

훈이   송이

(훈이는 컴퓨터로 급여 명세서를 보고 있다.)

🍙 쥐꼬리만 한 월급에 무슨 세금은 이리 많이 나가냐?

👩 그래도 넌 행복한 줄 알아. 영세민이 왜 영세민인지 아니? 세금이 영 원이어서 영세민이야.

🍙 그건 아닌 것 같은데. 어쨌든, 국가가 나한테 해준 게 뭐 있다고 이렇게 세금을 떼 가냐?

👩 국가가 왜 해준 게 없어? 도둑 막아주고 도로 만들어주고 학교 공부시켜주고….

🍙 나는 국가가 최소한의 일만 해야 한다고 생각해. 나라를 지키고 도둑을 막는 일 정도는 해야겠지만, 그 이외의 일을 왜 국가가 하지?

👩 그러면 가난한 사람은 학교도 다니지 말고 아파도 병원에도 가지 말라는 얘기야?

🍙 나도 그런 사람들을 위해 기꺼이 기부할 수 있어. 그렇지만 강제로 세금을 걷는 방법은 옳지 않다는 거야. 내 월급에서 나가는 세금이랑 물건을 살 때 내는 세금이랑 합하면, 세금이 내 수입에서 사분의 일은 될 거야. 그러니까 나는 일 년에 석 달은 다른 사람을 위해서 일한 셈이야. 다시 말해서 국가는 일 년에 석 달은 나에게 강제 노동을 시킨 거지.

👩 그럼 넌 가난한 사람을 돕는 일을 자발적인 기부에 의존해야 한다는 거니?

🍙 맞아. 자유를 빼앗는 것은 어떤 이유로든 옳지 않아.

👩 자유? 그것 참 좋은 말이야. 네가 번 돈을 네 맘대로 쓰고 싶은데 국가가 빼앗아갔으니 네 자유를 침해하는 거라고 하자. 그러면 가난하게 태어난 사람도 학교에 다닐 자유가 있는데 돈이 없다는 이유로 그것을 빼앗기고 있어. 그 사람들도 학교에 다니면

서 자기 능력을 계발할 자유가 있는데 가난하다는 이유로 그 자유를 침해당하고 있

잖아. 네 자유만 소중하고 그 사람들 자유는 안 소중하니?

내가 언제 그 사람들이 학교 다니는 것을 막았니?

네가 세금을 내면 그 세금으로 가난한 사람들이 학교를 다닐 수 있는데, 내지 않으면

다닐 수 없으니까 결국 막은 셈이지.

그 자유와 이 자유는 달라. 나는 처음부터 돈이 있었으니까 세금으로 빼앗기지 않았

으면 돈을 내 맘대로 쓸 자유가 있었어. 그치만 가난한 사람들은 처음부터 돈이 없었

으니까 국가에서 지원해주지 않았다고 해서 학교에 다닐 자유가 없어지는 것은 아니

야. 그런 자유는 애초에 없었으니까.

그럼 왜 처음부터 그런 차이가 생겼을까? 너는 부잣집에 태어나서 학교에 다닐 수

있었고 그래서 좋은 직장에 취직할 수 있었지만, 가난한 사람들은 그렇지 못해서 학

교에 다닐 수가 없어. 그 사람들이 가난한 집에서 태어나고 싶어서 태어났겠니? 그

건 완전히 운이잖아. 운에 의해서 학교에 다니고 못 다니고가 결정된다면 굉장히 불

공평하지 않니?

우리 집이 뭐 부잣집이냐? 그리고 열심히 노력하면 되는데 왜 운이야? 가난한 집에

서 태어났어도 열심히 노력해서 성공한 사람들도 많아. 열심히 노력한 사람들이 왜

게으른 사람들을 위해 강제로 일을 해야 하는 거야?

얘는. 가난한 집에서 성공한 사람이 얼마나 된다고. 그런 사람은 아주 드물어. 그러

니까 유명해진 것뿐이야.

게으른 사람을 국가에서 도와준다면 그 사람들은 더 일을 하지 않으려고 할 거야. 그

리고 부지런한 사람에게서 세금을 빼앗아간다면 그 사람은 열심히 일할 마음이 안

나서 일을 더 안 하려고 할 거야. 그러면 우리 사회에서 누가 일을 하려고 하겠니?

너는 도대체 세금을 얼마나 내기에 사뭇 세금을 빼앗긴다고 하니? (모니터를 보며)

어디 좀 보자!

(모니터를 가리며) 어어, 안 돼!

폭주족의 고민
인간의 합리성

사고 실험 055

훈이와 봉이는 폭주족이다. 그 둘은 누가 짱인지 가리기 위해 겁쟁이 게임을 하기로 했다. 차가 거의 안 다니는 길에서 서로 마주 보고 달려서 먼저 피하는 쪽이 지는 게임이다. 훈이에게 최선의 결과는 충돌 직전에 자신은 계속 전진하지만 봉이는 피하는 것이다. 그러면 훈이는 짱이 되고 봉이는 겁쟁이 소리를 듣는다. 훈이에게 최악의 결과는 반대로 충돌 직전에 봉이는 계속 전진하지만 자신은 피하는 것이다. 그러면 봉이가 짱이 되고 훈이는 겁쟁이 소리를 듣게 된다. 충돌 직전에 둘 다 피할 수도 있다. 그러면 둘 다 겁쟁이라는 소리를 듣겠지만 그래도 혼자만 겁쟁이라는 놀림을 받는 것보다는 낫다. 둘 다 피하지 않고 충돌할 수도 있다. 혼자만 겁쟁이라는 놀림을 받는 것보다는 나을 것 같다. 그러나 멋있게 보이려고 둘 다 헬멧도 안 쓰고 게임을 했기 때문에 최하 사망이다.

사고실험 056 훈이와 봉이는 폭주족이다. 그 둘은 누가 짱인지 가리기 위해 겁쟁이 게임을 하기로 했다. 그들은 게임 전에 다른 친구들 모르게 만나 충돌하기 직전에 동시에 피하기로 약속했다.

사고실험 057 훈이가 사는 마을은 소를 길러서 먹고산다. 소의 먹이인 풀밭은 공동으로 이용한다. 집집마다 소를 두 마리씩 기르는데 그 정도면 한 집이 먹고사는 데 부족함이 없고 마을의 풀밭도 적절하게 유지된다. 그런데 어느 날 훈이는 소를 한 마리 더 기르면 수입이 늘어날 것이라고 생각했다. 물론 소가 늘어남에 따라 풀이 좀 줄어들겠지만 그 정도는 새 발의 피라고 생각한다. 그러나 훈이만 그렇게 생각한 것이 아니었다. 모든 집들이 소를 한 마리씩 더 길렀고 결국 마을의 풀밭에서 풀이 사라졌다.

겁쟁이 게임은 영어로 치킨 게임이라고 한다. 닭이라는 뜻의 영어 치킨은 겁쟁이라는 뜻의 속어로 널리 쓰인다. **사고실험 055**와 같은 겁쟁이 게임은 제임스 딘 주연의 영화 〈이유 없는 반항〉(1955)에도 나온다. 거기서는 오토바이가 아니라 차로 게임을 하고 절벽을 향해 질주하다가 차를 먼저 세우는 쪽이 지는 방식이다. 훈이는 똑똑한 친구다. 그래서 이렇게 머리를 굴린다. '봉이 저놈이 먼저 피할지도 몰라. 당연히 나는 전진해야지. 혹시 봉이 저놈도 계속 전진할지 몰라. 그래도 나는 피하면 안 돼. 충돌하면 죽을지도 모르지만 겁쟁이라는 소리를 듣는 것은 죽기보다 더 싫어. 어쨌든 나는 피하면 안 돼.' 그러나 봉이도 똑똑한 친구다. 그러므로 그도 똑같이 머리를 굴려서 피하지 않고 전진해야겠다는 결론을 내린다. 결국 이 게임은 충돌하는 것으로 끝나고 만다.

훈이 입장에서 최선의 결과는 봉이만 피하고 자신은 전진하는 것이라고 했지만, 방금 본 것처럼 그런 일이 일어날 가능성은 적다. 최선은 아니지만 차선의 결과는 둘 다 피하는 것이다. 그러면 혼자만 겁쟁이라는 놀림을 받지도 않고 죽지도 않는다. 둘 다 죽는 것은 바보 같은 짓이라고 생각한 똑똑한 그들은 **사고실험 056**처럼 둘 다 피하기로 약속했다. 그들은 약속을 지킬까? 훈이는 이렇게 머리를 굴린다. '충돌 전에 동시에 피하기로 약속했으니까 봉이 저놈은 분명히 피하겠지. 그러면 나만 전진하면 나는 짱이 되고 봉이만 겁쟁이 소리를 듣게 되잖아. 약속을 깨고 나만 전진해야지.' 그러나 훈이만 똑똑한 것은 아니다. 봉이도 똑같이 머리를 굴린다. 결국 이 게임도 충돌하는 것으로 끝나고 만다.

이것은 **죄수의 딜레마**라는 유명한 사고실험이다. 원래는 감옥에 갇힌 죄수의 상황으로 만들어졌다. 서로 다른 방에 감금되어 있는 두 죄수 A와 B가 있다. 간수는 이들에게 둘 다 침묵을 지키면 각각 1년형, 한 명만 자백하고 다른 한 명은 침묵을 지키면 자백한 쪽은 석방이고 침묵한 쪽은 10년형, 둘 다 자백하면 각각 5년형이라는 제안을 한다. 이 중 A에게 최선은 당연히 자기는 자백하고 B는 침묵을 지키는 경우지만, B도 A와 똑같이 생각할 것이다. 결국 훈이와 봉이가 충돌하는 것과 같이 A와 B는 두 명 모두 자백을 하는 악수를 두게 된다.

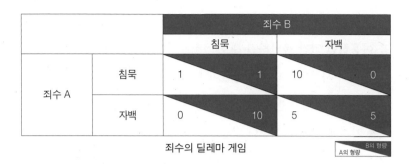

		죄수 B			
		침묵		자백	
죄수 A	침묵	1	1	10	0
	자백	0	10	5	5

죄수의 딜레마 게임

A의 형량 B의 형량

이 사고실험이 말하려는 바를 짐작하기는 어렵지 않다. 사람들은 자신들이 합리적이라고 생각해서 자기 이익을 극대화하려고 하지만 그런 합리성은 어리석은 결과를 낳고 만다는 것이다. 약간 손해 보더라도 서로를 믿고 협동하는 편이 결국 가장 좋은 결과를 낳는다. 훈이와 봉이는 비록 짱은 못 되더라도 비밀리에 약속한 대로, 혹은 약속하지 않았더라도 상대방에 대한 믿음을 바탕으로, 충돌 전에 동시에 피하는 것이 서로에게 진정한 이익이다. 두 죄수도 마찬가지다. 비록 둘 다 침묵하면 1년형을 살긴 하지만 그래도 5년형을 피할 수 있다. 약간의 손해를 감수해야 그만큼의 이익이 생기지 혼자만 이익을 극대화하려다가는 둘 다 손해 볼 수밖에 없다.

겁쟁이 게임은 서로 충돌하고 나면 죽을 가능성이 높으니까 다시 할 수 없지만 죄수의 딜레마는 반복할 수 있다. 머리를 굴리다가 둘 다 5년형을 받고 5년 후에 다시 똑같은 제안을 한다고 해보자. 어떻게 될까? 이번에는 정말로 협동해야겠나고 생각할까? A는 이번에는 B도 그렇게 생각할 테니 나만 자백하면 되겠지 하고 생각할까?

죄수의 딜레마는 이런 사고실험에서만이 아니라 우리 삶에서도 자주 찾을 수 있다. 도시의 도로는 차로 가득하다. 시민들 모두 대중교통을 이용하면 약간 불편하긴 해도 목적지까지 그리 늦지 않게 갈 수 있다. 그러나 사람들은 다른 사람들이 모두 대중교통을 이용할 때 나만 승용차를 가지고 나오면 안 막히는 길을 빨리 갈 수 있다고 생각하고 승용차를 가지고 나온다. 그러나 나만 그렇게 생각하는 것이 아니다. 모두가 그렇게 생각하고 승용차를 가지고 나오니 길은 꽉 막힌다. 국가 간의 군비경쟁도 똑같은 형국이다. 서로 경쟁하는 두 나라는 둘 다 핵무기를 가지고 있지 않는 편이 둘 다 핵무기를 가지고 있는 편보다 비용이나 안전 면에서 훨씬 낫지만 서로 상대방을 믿지 못하고 핵무기를 개발한다. 개인 간이든 국가 간이든 서로 신뢰할 때 가장 좋은 결과를 얻을 수 있다.

사고실험 057은 죄수의 딜레마만큼 유명한 공유지의 비극이라는 사고실험이다. 죄수의 딜레마를 두 명이 아닌 여러 명에게 적용한 것으로 이해할 수 있다. 이 마을의 훈이도 합리적인 개인이다. 곧 자신의 이익을 최대화하려고 한다. 그러나 마을 사람들 모두 훈이만큼 합리적이다. 다들 소를 한 마리씩 더 기른다면 모두가 함께 소에게 풀을 먹이는 풀밭이 황폐해지는 비극이 생기고 만다.

이 비극은 어떻게 해결할 수 있을까? 어떤 사람은 풀밭을 공동으로 관리할 것이 아니라 각 개인에게 분배하여 사유화하면 해결된다고 말한다. 사람들은 누구나 자기 것은 소중하게 다룬다. 바다에서 어부들이 고기를 너무 많이 잡아 씨가 마르는 현상도 공유지의 비극이다. 그러나 바다의 고기를 어떻게 사유화할 수 있을까? 그 이전에, 정말로 공유지의 비극이 일어날까?

만인의 만인에 대한 투쟁

사회계약론

사고실험 058

훈이는 국가라는 조직이 아직 없는 사회에서 살고 있다. 그 사회에는 경찰도 군대도 세금도 없다. 그런데 그 사회의 사람들은 서로 신뢰하고 협동하며 살고 있다. 서로 간에 폭력이나 전쟁도 없이 사이좋게 지낸다. 그리고 공동으로 필요한 시설은 기부를 받아 마련한다.

사고실험 059

훈이는 국가라는 조직이 아직 없는 사회에서 살고 있다. 그 사회에는 경찰도 군대도 세금도 없다. 그런데 그 사회의 사람들은 이기적이고 탐욕적이어서 기회만 있으면 다른 사람들 것을 빼앗고, 서로 때리고 심지어 죽이려고까지 한다. 그래서 힘 있는 사람들은 모든 것을 가지고 살지만 힘없는 사람들은 항상 죽음에 대한 공포에 시달린다.

사고 실험 060

훈이는 조기 축구회에 가입했다. 그 모임은 매주 일요일 아침에 축구 시합을 한다. 훈이는 일요일에 그 모임에 나가 축구 시합을 함께했다. 그런데 훈이는 공을 발로 차지 않고 손으로 잡고 뛰었다. 그러자 모임의 회원들은 훈이의 행동에 화가 나서 그것은 반칙이라고 항의했다. 훈이는 공을 잡고 뛰면 훨씬 재미있다고 말했지만 그들은 축구 모임에 가입했으면 축구 규칙을 지켜야 한다고 말했다.

사고 실험 061

훈이는 친구들 여러 명과 한집에서 함께 살기로 했다. 그 집에서는 매일 한 명씩 돌아가며 청소를 하고 있었다. 그러나 훈이는 청소를 하지 않는다. 청소는 귀찮고 힘든 일이기 때문이다.

현대인 대부분은 국가라는 조직에서 살고 있다. 국가는 우리에게 혜택도 주지만 강제력도 행사한다. 국가가 있기 때문에 우리는 도둑이나 외적으로부터 보호도 받고 교육이나 복지 서비스를 받기도 한다. 그런 한편 세금도 내야 하고 군대도 가야 하고 법도 지켜야 한다. 특히 이런 의무는 강제성을 띤다. 세금을 내면 재산이 줄어들고 군대에 가면 하기 싫은 훈련이나 전쟁에 참여해야 하지만, 만약 세금을 내지 않거나 군대에 가지 않으면 거기에 상응하는 처벌을 받는다. 영화 〈신라의 달밤〉(2001)에서 한 조폭은 예비군 훈련 통지서를 받자 "국가가 나한테 해준 게 뭐가 있다고!"라고 외친다. 왜 국가라는 것이 있어서 그런 강요를 할까?

세금을 내고 군대에 가면 그만한 혜택을 받기 때문이라는 답변이 있을 수 있다. 그렇다면 그런 혜택 없이 살 수 있거나 살겠다는 사람에게도 왜 강요를 할까? 나는 돈이 많아서 비싼 학교도 내 돈 내고 다닐 수 있고 사설 경비원도 고용할 수 있는데 왜 강제로 세금을 내라고 하고 군대에 가라고 할까? 나는 돈은 없지만 학교에 다닐 생각도 없고 도둑이나 외적한테 빼앗길 것도 없는데 왜 세금을 내라고 하고 군대에 가라고 하는가? 왜 국가가 필요한가? 국가라는 권력의 정당성은 어디서 생기는 것인가? 왜 우리는 국가의 법을 지켜야 하는가?

철학자들은 국가가 없다면 어떤 일이 생길까 상상해본다. 그들은 국가가 등장하기 전을 **자연 상태**라고 부른다. 인류의 역사에서 실제로 자연 상태가 있었겠지만 철학자들은 고고학적인 탐구를 하는 것이 아니다. 국가가 없다면 어떤 일이 생길지 머릿속으로 상상해본다. 자연 상태는 **사고실험 058**과 **사고실험 059** 중 어느 쪽에 더 가까울까? **사고실험 058**과 같은 상황도 가능하긴 하다. 인구가 많지 않은 조그만 공동체에서는 서로 믿고 도우며 사는 일이 가능할 것이다. 영화이긴 하지만 〈웰컴 투 동막골〉(2005)에 나오는 마을을 보라. 산골 마을인 동막골 사람들은 서로 도우며 살고 군대가 뭔지도 모른다. 사람들은 본성이 착해서 밭에서 같이 일하고 같이 나누어 먹는다. 만약 그 사회에 이기적인 사람이 있어서 도움만 받고 다른 사람에게는 도움을 주지 않거나 자기 몫보다 더 많이 챙긴다면 따돌림을 당할 것이므로 마지못해서라도 협동할 것이다. 실제로 현대에도 종교적인 이유로 그렇게 모여 사는 사회가 있다.

17세기 영국 철학자 홉스Thomas Hobbes(1588~1679)는 세상을 그렇게 낙관적으로 보지 않았다. 그는 인간의 본성은 이기적이고 탐욕적이며 자원은 한정되어 있기 때문에 국가가 없는 자연 상태는 서로 죽고 죽이는 전쟁 상태라고 생각했다. 홉스는 이런 상태를 '인간이 인간에 대해

늑대' 또는 '만인의 만인에 대한 투쟁'이라고 불렀고, 그런 인생은 "고독하고 빈궁하고 추악하고 금수와 같고 짧다."라고 말했다. 노벨 문학상을 받은 소설이자 영화로도 만들어진 『파리 대왕』(소설은 1954, 영화는 1990)을 보라. 무인도에 추락한 소년들은 정말로 자연 상태에서 산다. 그런데 사사건건 싸우고 심지어 죽이기까지 한다.

그러나 사람들이 언제까지나 서로 죽고 죽이는 전쟁 상태 속에서 살 수는 없을 것이다. 힘없는 사람들이야 말할 것도 없고 힘 있는 사람도 자신보다 더 센 사람에게 당할 수 있으므로 항상 공포 속에서 살아야 한다. 그러므로 합리적인 사람들이라면 서로 계약을 맺을 것이다. 곧 네가 나를 죽이지 않는 한 나도 너를 죽이지 않겠다거나 네가 내 것을 빼앗지 않는 한 나도 네 것을 빼앗지 않겠다고 말이다. 그러나 상대방이 약속을 어겨버리면 그만이다. 우리는 합리적인 사람들이 자신의 이익을 위해서 그런 약속을 헌신짝처럼 버리는 것을 앞 절에서 보았다. 늑대 같은 사람들끼리 모인 세상에서는 사실 그럴 가능성이 더 농후하다. 그래서 그 약속을 잘 지키는지 감시하는, 강력한 권위를 갖는 통치자가 필요하다. 바로 그 통치자가 국가권력이 된다. 그 통치자 아래에서는 안전이 보장되고 비로소 평화로운 삶을 살게 된다. 이 과정이 바로 **사회계약**이다. 곧 홉스에 따르면 우리는 스스로의 안전과 평화를 위해 국가를 만들었다.

국가가 있기 전의 자연 상태를 **사고실험 058**처럼 보느냐 **사고실험 059**처럼 보느냐는 어느 정도는 인간의 본성을 협동적으로 보느냐 이기적으로 보느냐에 달려 있다. 그러나 인간의 본성이 이타적이고 협동적인 면이 있다고 해도 모든 사람이 다 그런 것은 아니다. 몇 명의 이기적인 사람이 있다면 무조건적인 신뢰를 보내는 사람들은 피해를 입는다. 동막골처럼 작고 정적인 사회에서는 그들의 그런 본성이 알려지면 그들과 다시는 거래하지 않으려 할 테니 그런 사람들은 도태될 것이다. 그러나 실제 사회는 훨씬 크고 유동적이다. 그런 얌체 같은 사람들은 다른 집단에 가서 또 그런 짓을 한다. 그러므로 우리는 그런 사람들을 처벌할 강력한 권력을 필요로 하는 것이다.

무정부주의자는 **사고실험 058**과 같은 사회가 가능하다고 믿는다. 그들은 정부, 곧 국가가 없는 사회를 꿈꾸는데, 국가가 없으니 세금도 없고 경찰도 없고 군대도 없다. 그러므로 국가가 있는 사회보다 훨씬 더 많은 자유를 보장받을 수 있다. 그러나 그런 사회가 실제로 가능할까? 그 사회라고 해서 천사들만 사는 것은 아니다. 이기적이거나 폭력을 행사하는 사람에게 공동체 내에서 벌을 줄 수 없으면 그런 사람이 늘어난다. 개인마다 사설 경비 회사에 가입하여 안전과 권리를 보장받는 방법도 있다. 그러나 개인들끼리의 다툼은 사설 경비 회사들끼리의 다툼으로 이어질 텐데 그 다툼은 또 누가 해결해줄 수 있을까? 역시 국가가 필요하지 않을까?

무정부주의에는 또 다른 문제도 있다. 깨끗한 공기와 물, 공원, 도로 등 모든 사람이 공동으로 누리는 것을 공공재라고 한다. 국가가 있으면 세금을 걷거나 오염 물질을 배출하지 못하게 하는 등 강제적인 방법으로 국민들이 공공재를 누릴 수 있게 한다. 그러나 무정부주의에서는 공공재를 마련하는 방법이 자발적인 기부밖에 없다. 공원에 가는 사람들이 공원에 있는 모금함에 얼마씩 기부하도록 하여 공원을 만들고 유지해야 한다. 그러나 어느 사회에나 그런 기부를 하지 않고 거저 이용하는 무임승차자들이 꼭 있고 강제적인 방식이 아니면 그런 사람들이 많아지게 된다.

어쨌든 국가는 필요한 것 같다. 좋다. 국가가 법을 만들고 그것을 집행하는 것을 부정하지는 않겠다. 그래도 내가 꼭 국가의 권력을 인정하고 법에 복종해야만 할까? 국가가 있는 것까지는 상관 안 하겠는데, 나 하나 정도는 법을 안 지키고 권력을 무시하고 살면 안 될까? **사고실험 060**이 그런 의문에 대한 대답이 될 것 같다. 공을 잡고 뛰는 훈이의 행동은 조기 축구회 회원들의 인정을 받지 못할 것이다. 그들은 이 모임에 가입할 때 축구 규칙을 지키겠다는 데에 동의했으므로 규칙을 지키라고 말할 것이다. 훈이가 자신은 동의한다는 서류를 작성한 적이 없다고 항변하면? 아마 웃음거리만 될 것이다. 그런 동의는 가입하면서 암묵적으로 이루어지기 때문이다. 마찬가지로 우리도 국가에 살면서 국가의 규칙, 곧 법을 지키기로 명시적으로는 아니더라도 암묵적으로 동의했으므로 국가의 권력을 인정하고 법을 지켜야 한다고 말할 수 있다. 그러나 조기 축구회와 국가는 결정적인 차이가 있다. 우리는 조기 축구회에 자의로 가입했지만 국가에는 그러지 않았다. 조기 축구회의 경우 가입하겠다는 의사 표현이 곧 그 모임의 규칙을 지키겠다는 동의가 되지만, 우리가 국가를 선택한 것은 아니므로 (내가 이 나라에서 태어나고 싶어서 태어났는가?) 국가의 권력에 우리가 동의했다고 볼 수 없는 것이다.

홉스보다 약간 나중 사람인 로크(2장에서 개인 동일성을 이야기할 때 나온 철학자)는 국가로부터 받는 이득을 국가에 대한 의무의 근거로 든다. 그는 홉스처럼 비참한 자연 상태를 벗어나기 위해서 통치자에게 절대적인 권력을 양도할 필요는 없다고 생각한다. 다른 사람들에 대한 공포로부터 보호받기 위해 통치자를 필요로 했는데, 그 통치자에게 모든 권력을 다 줘서 자유를 침해받고 산다면 그것은 어리석은 짓이기 때문이다. 그래서 로크는 우리의 재산을 보호하는 정도의 역할만을 국가에 맡긴다. 국가는 도둑으로부터 우리의 재산을 보호할 경찰 역할만 하면 되지 그 이상을 하면 우리의 자유를 빼앗게 된다. 예를 들어 국가가 모든 국민에게 교육 혜택을 주기 위해 세금을 걷으면 나는 수입의 일부를 세금으로 빼앗겨서 내가 번 돈을 내 맘대로 쓰지 못한다는 것이다.

국가의 역할을 어느 정도로 할지는 논란거리다. 그렇지만 홉스와 로크처럼 사회계약론을 제안한 철학자들은 우리가 국가로부터 받은 만큼 의무를 져야 한다고 말한다. 우리는 국가로부터 혜택을 받으므로 국가의 권력에 암묵적으로 동의하는 것이다. **사고실험 061**에서 훈이는 다른 사람이 청소해놓은 집에서 깨끗함을 누리고 산다. 그들이 없다면 위생적인 부엌과 편안한 잠자리와 깨끗한 화장실을 이용할 수 없을 것이다. 그런데 훈이가 친구들이 청소한 집에서 깨끗하게 지내는 혜택을 받고 있으면서 자신은 청소를 하지 않는다면 그것은 불공평하다. 국가의 경우도 마찬가지다. 우리는 국가로부터 깨끗한 공기와 물, 도로, 교육 따위의 혜택을 받는데 그것은 사람들이 낸 세금 덕택이다. 그런데 나만 세금을 내지 않는 것은 공정하지 못하다. 그리고 다른 사람들이 교통신호를 지키는 덕분에 내가 안전하게 통행할 수 있는데 나만 지키지 않으면 그것도 역시 불공정하다. 내가 사달라고도 안 했는데 누군가 나에게 커피를 사준나고 해서 나도 커피를 사야 할 의무가 있는 것은 아니다. 그러나 내가 커피를 얻어 마시는 행위가 지속적이고 내가 커피를 더 이상 마시지 않겠다고 말하지 않는다면 나도 커피를 사는 것이 공정한 게임이다. 그러므로 우리는 국가의 권력을 인정하고 법을 지켜야 한다.

사고실험 061에서 훈이가 집의 아주 일부분만 이용한다면 어떨까? 집에 매일 들어오지도 않고 들어와도 겨우 잠만 자고 나간다면 남들과 똑같이 청소해야 한다는 것 자체가 오히려 불공정하지 않을까? 그러나 그것은 일을 어느 정도로 나눠서 해야 하느냐는 분배의 정의의 문제이지 국가의 법 자체를 어겨도 된다는 데 대한 정당화는 아니다. 훈이가 청소의 의무에서 완전히 면제되는 방법은 그 집에서 살지 않는 방법밖에 없다. 첩첩산중에 살면서 마을에는 전혀 내려오지 않는 사람이 그런 경우에 해당할 것이다. 국가로부터 혜택을 받은 게 없으므로 지켜야 할 법도 없다. 그렇게 살 자신만 있으면 법 없이 살아도 될 것이다.

악법도 법이라고?

시민 불복종

훈이는 히틀러가 통치하던 시기에 살고 있다. 히틀러는 이미 이백만 명의 유대인과 집시들을 죽였다. 훈이는 우연히 히틀러가 잠들어 있는 침실에 들어갔다. 그에게는 권총이 있었고 히틀러를 죽인 다음 아무도 모르게 빠져나갈 방법도 있었다.

훈이는 히틀러가 통치하던 시기에 살고 있다. 히틀러는 이미 이백만 명의 유대인과 집시들을 죽였다. 훈이는 히틀러에 반대하는 백장미단의 단원이다. 그는 히틀러를 암살할 계획을 짜고 있다. 히틀러가 연설을 위해 광장에 나왔을 때 폭탄을 던져 암살할 계획이다.

훈이는 민주주의 국가에서 살고 있다. 그는 태극기의 문양이 마음에 들지 않는다. 그는 태극기의 사괘의 모양이 다 똑같아야 좌우 균형이 맞는다고 생각한다. 그는 자신과 생각이 비슷한 사람들과 모임을 조직했다. 그리고 그들과 함께 관공서에 걸린 태극기의 사괘 모양을 자신이 원하는 대로 페인트로 칠하고 다녔다.

지금까지는 국가의 권력을 인정해야 하고 그에 따라 일반적으로 법을 지켜야 하는 근거를 제시했다. 그렇다고 해서 국가의 모든 법을 절대 어겨서는 안 될까? 물론 국가의 법을 어기면 처벌을 받는다. 여기서 묻는 것은 처벌 여부와 상관없이 법을 어기는 것이 도덕적으로 정당한가 아닌가이다. 이토 히로부미를 죽인 안중근 의사는 당시의 실정법을 위반했고 결국 처형을 당했다. 그러나 안중근 의사가 도덕적으로 정당하지 못한 행동을 했다고 생각하는 사람은 거의 없다. (당시 가톨릭 교회는 안중근 의사가 살인범이라는 이유로 신자 자격을 박탈했다.) 합법적인 것과 도덕적으로 정당한 것이 꼭 일치하는 것은 아니다.

그런데 현재 우리나라는 안중근 의사가 의거할 때와는 달리 민주주의 국가이며 다른 나라의 지배를 받지도 않는다. 국가권력은 대체로 인정받는다. 이런 사회에서도 국가의 법을 어기는 것이 도덕적으로 정당할 수 있을까? 시민들이 정의롭지 못한 법에 항의하고 그 법을 어기는 운동을 하는 것을 **시민 불복종**이라고 한다. 이것은 도둑질을 하는 경우처럼 개인적인 욕심을 위하여 법을 어기는 것이 아니라, 도덕적인 목적을 위해서 또는 그 법을 폐지할 목적으로 법을 어기는 것이다. 시민 불복종이 정당하다고 생각하는 사람들은 그 법이 폐지되고 새로운 정의로운 법이 만들어지면 그 법을 지켜야 한다고 생각할 것이다.

우리 사회에서도 시민 불복종의 사례를 몇 가지 찾을 수 있다. 2000년 국회의원 선거 때 선거관리위원회에서 불법임을 경고했음에도 시민단체들이 전개한 낙천·낙선 운동이나 시청료 납부 거부 운동 등이 그런 사례다. 시민 불복종 운동을 할 때 폭력을 쓰면 도덕적 정당성을 얻기 힘드므로 대체로 폭력을 피한다. 마하트마 간디나 마틴 루서 킹의 비폭력 저항이 대표적 사례인데, 각각 인도의 독립과 흑인 인권 운동에서 커다란 기여를 했다. 그러나 외국에서는 반전운동 단체가 군사시설을 파괴한다든가 환경보호 단체가 건설장비를 파괴하는 사례도 있다. 폭력 사용이 정당한가 아닌가 논란이 되기는 하지만 시민 불복종 자체는 앞서 살펴본 사회계약론의 정신에서 보더라도 정당화될 수 있다. 사회계약론자들은 국가가 시민들의 안전과 재산을 보호해준다고 믿었기 때문에 우리가 국가를 만들었다고 생각했다. 그러므로 국가의 법이 시민들의 안전과 재산을 보호해주지 못한다면 그 법에 불복종하여 폐지하려고 노력하는 것은 당연한 일이다. 실제로 사회계약론을 제시한 로크는 정부가 정당성을 잃으면 혁명을 통해 바꾸어야 한다고 말했다. 그리고 이런 정신이 미국 독립선언서에도 영향을 미쳤다고 한다.

상식적으로도 아주 꽉 막힌 사람만 아니라면 언제 어디서도 법을 어겨서는 안 된다고 주장하지는 않을 것이다. 가령 응급 환자를 병원으로 옮기기 위해 과속을 하고 신호를 위반했다고 해서 비난하는 사람은 없다. **사고실험 062**를 보자. 그런 상황에서 훈이가 히틀러를 죽였다고 해서 살인자라고 비난할 사람은 많지 않을 것이다. 오히려 훈이가 히틀러를 죽이지 않는다면 그 이후에 히틀러가 죽일 사백만 명의 유대인과 집시 들을 훈이가 살릴 수 있었는데도 죽인 셈이 된다. (4장 2절은 죽임과 죽게 내버려둠이 별 차이가 없음을 보여준다.) 따라서 언제 어디서나 시민 불복종은 허용되지 않는다고 말하기는 아주 어렵다. 문제는 언제 법을 어겨도 되는지 결정하는 것이다. 과연 이 법이 시민의 안전과 재산을 보호하지 못하는 것인지 어떻게 결정할까? **사고실험 062**처럼 내가 법을 어기지 않으면 수많은 사람들이 목숨을 잃게 되는 상황인지 어떻게 알까?

사고실험 062와 같은 상황은 아주 극단적이다. 훈이는 히틀러를 죽여도 아무에게도 들킬 염려가 없다. 그러나 **사고실험 063**에서는 상황이 달라진다. (백장미단은 실제로 존재했던 나치 저항 단체다. 잉게 숄Inge Scholl의 『아무도 미워하지 않는 자의 죽음Die weisse Rose』이라는 책으로 널리 알려져 있다.) 이제는 히틀러를 정말로 죽일 수 있을지 장담할 수 없다. 만약 히틀러 암살에 실패한다면 히틀러는 반정부 단체 탄압에 더 열을 올릴 것이고, 그의 악행이 더 심해질지도 모른다. 그리고 광장에 폭탄을 던지면 무고한 사람들이 죽을 수도 있다. 이 경우 시민 불복종은 안 하느니만 못한 결과를 낳게 된다.

그래도 **사고실험 062**와 **사고실험 063**은 누가 봐도 통치자의 정당성이 없던 시대의 이야기다. 민주주의 사회로 오면 이야기가 더 어려워진다. **사고실험 064**의 훈이는 민주주의 국가에서 살고 있다. 그는 순전히 디자인이 마음에 들지 않아 태극기의 문양에 반대한다. 그래서 태극기를 훼손하는 범법 행위를 한다. 태극기의 문양이 시민의 안전과 재산을 보호하는 문제와 관련되어 있다고 생각할 사람은 없다. 그리고 히틀러의 시대와는 달리 법을 어기는 방법이 아니더라도 자신의 의견을 개진할 합법적인 통로가 있다. 의사 표현의 자유가 있으므로 언론을 통해서 충분히 자신의 의견을 개진할 수 있고, 현재 정부가 마음에 들지 않으면 투표를 통해 교체할 수도 있다. 그래서 민주주의 국가에서는 법을 어기는 것은 마지막 수단이 되어야 한다. 시민들이 법을 어겨도 무방하다고 생각하기 시작하면 결국에는 무질서한 사회가 될 수 있으므로, 그런 사회를 피하기 위해 사회계약을 맺고 국가를 만든 취지에도 맞지 않다. 그러므로 이 경우의 시민 불복종은 도덕적으로 정당하다고 말하기 어렵다. 자, 문제는 자신이 법을 어겨서 시민 불복종을 하려는 사안이 **사고실험 062**와 **사고실험 063**처럼 대안이 없는 경우와 **사고실험 064**처럼 대안이 있는 경우 중 어디에 해당하는지 어떻게 결정하느냐.

흔히 소크라테스는 "악법도 법이다."라는 취지의 말을 한 것으로 알려져 있다. 그렇다면 소크라테스는 시민 불복종에 반대한 것이라고 볼 수 있다. 사람들은 그가 그런 말을 했다는 것만 알지 왜 그런 말을 했는지는 잘 모른다. 소크라테스가 그런 주장을 한 이유는 두 가지다. 첫째는 국가로부터 혜택을 받았으면 국가에 보답할 의무가 있다는 것이다. 법이 있음으로 해서 국가로부터 보호를 받았으면 법을 지켜야 할 의무도 있다. 이것은 앞 절에서 살펴본 **사고실험 061**이 말하는 내용이다. 둘째는 국가의 법이 마음에 들지 않으면 이민을 갈 수 있는데도 가지 않았다는 것은 법을 지키겠다는 데 동의한 셈이라는 것이다. 절이 싫으면 중이 절을 떠나면 되는데도 절에 남았다는 것은 절의 규율을 지키겠다는 뜻이 아니겠느냐는 것이다.

그러나 소크라테스의 이런 주장은 사회계약론으로 반박할 수 있다. 사회계약론에 따르면 시민들은 이미 만들어진 법에 수동적으로 따르는 존재가 아니다. 시민들은 이익을 위해 합의해서 법을 만들었고 그 법을 집행하도록 통치자에게 위임한 것일 뿐이다. 그러므로 어떤 법이 시민들의 이익을 보호해주지 못한다고 생각하면 얼마든지 바꿀 수 있다. 다시 문제는 그 법이 시민들의 이익을 보호해주지 못한다고 확신할 수 있느냐는 것이다. 그리고 법을 어기는 것 말고는 법을 바꿀 수 있는 방법이 절대 없다는 확신이 있느냐는 것이다.

케이크 나누기

분배적 정의

사고실험 065

훈이가 사는 곳에는 신장 투석기가 한 대밖에 없다. 그런데 훈이와 봉이 모두 신장 투석을 받지 않으면 죽는다. 훈이는 약물 복용이나 식이요법에 관한 의사의 지시를 충실히 따랐기 때문에 지금 치료를 받아야 한다. 그는 사려가 깊어서 다른 사람이 신장 투석기를 사용할 수 있도록 가능한 한 치료 시기를 늦추기까지 했다. 반면에 봉이는 의사의 지시를 따랐다면 지금 치료를 받지 않아도 되는 환자다. 무절제한 생활 때문에 악화되어 지금 치료를 받으러 왔다. 부양할 가족이 없는 훈이와 달리 그는 네 명을 부양해야 한다.

사고실험 066

축구 선수인 훈이와 그의 친구들은 운동을 마치고 기숙사에 들어갔다. 배가 고픈데 냉장고에 마침 케이크가 하나 있었다. 그들은 이 케이크를 어떻게 나누면 가장 공평할지 고민했다. 그래서 그들 중 가장 배고픈 훈이에게 나누게 한 다음, 나머지 친구들은 가위바위보를 하여 이긴 사람이 먼저 케이크 조각을 가져갔다. 그리고 훈이가 가장 나중에 고르도록 하였다.

사고실험 067 이 세상이 마음에 들지 않은 신은 세상을 다시 만들기로 마음먹었다. 그래서 다시 태어날 사람들에게 새로운 세상의 물건들을 어떻게 나눌지 정하라고 했다. 신은 그들에게 자유롭고 합리적이고 동등한 위치에서 결정하도록 했다. 그러나 사람들은 다시 태어날 때 어떤 모습으로 태어날지 전혀 모른다. 백인일지 흑인일지, 남자일지 여자일지, 풍족할지 가난할지, 재능이 있을지 없을지 등에 대해서 무지의 상태에 있다.

사고실험 068 훈이는 가장 잘나가는 아이돌 그룹에서 가장 잘나가는 '원탑' 멤버다. 훈이의 팬클럽 회원들은 훈이가 속한 그룹이 콘서트를 할 때마다 입장료 외에 만 원씩을 걷기로 했다. 콘서트를 한 번 할 때마다 훈이의 팬들이 만 명씩 왔고 모금함에 자발적으로 만 원씩 냈다. 콘서트가 끝나고 훈이에게는 일억 원의 돈이 전달되었다.

사고실험 069 훈이의 팬클럽 회원들 중 일부는 훈이에게 '조공'을 바치기 위해 힘이 약한 아이들의 돈을 강제로 뺐었다. 그리고 어떤 회원들은 입장료만 내도 충분하다고 생각했는데 팬클럽에서 강제로 탈퇴될까 봐 억지로 모금함에 돈을 냈다.

우리 사회의 자원은 한정되어 있다. 먹을 것, 땔감, 일자리, 집 등이 모든 사람이 쓰고도 남을 정도로 넘쳤던 때는 인류의 역사에서 한 번도 없었을 것이다. 그래서 철학자들은 그 한정된 자원을 사람들에게 어떻게 나누는 것이 공평한지에 관심을 기울여왔다. **사고실험 065**가 그런 상황이다. 훈이와 봉이 중 누가 먼저 치료를 받아야 하는가? 이 경우는 의료 자원을 분배하는 문제이지만 소득, 일자리, 입학 기회 등과 관련해서도 어떻게 분배해야 공평하느냐는 문제가 생길 것이다. 이것을 **분배적 정의** 문제라고 한다. 특히 어떤 대학에 입학하느냐는 미래의 소득을 크게 좌우하므로 대학 입학 기준은 소득의 재분배 못지않게 중요한 분배적 정의 문제다.

모든 사람이 동의하기 가장 쉬운 방법은 똑같이 나누어 갖는 것이다. 그러나 신장 투석기처럼 나눌 수 없는 것이 있다. 나눌 수 있는 자원이라고 하더라도 똑같이 나누는 것이 꼭 정의로운 것도 아니다. 하루 세 끼 먹는 사람에게 한 끼를 더 먹으라고 해도 시큰둥하겠지만, 하루에 한 끼도 먹기 힘든 사람에게 하루에 한 끼씩 준다면 크나큰 도움이 될 것이다. 그렇다면 더 배고픈 사람, 곧 더 많이 필요로 하는 사람에게 더 많이 분배해야 정의롭다고 생각할 수 있다. **사고실험 065**의 경우는 봉이가 훈이보다 더 절박하므로 봉이가 신장 투석기를 이용해야 한다는 것이다.

독일의 경제학자이며 정치학자인 마르크스Karl Marx(1818~1883)는 "능력에 따라 생산하고 필요에 따라 분배한다."라는 원칙을 내세웠다. 힘있는 사람은 일을 많이 하고 약한 사람은 조금 하며, 똑똑한 사람은 어려운 일을 하고 덜 똑똑한 사람은 단순한 일을 하지만, 자원은 각자에게 필요한 만큼 나누어준다는 것이다. 예를 들어 송이는 똑똑하므로 의사를 하고 현이는 그렇지 못하므로 인형 눈알 붙이는 일을 하지만, 마르크스가 꿈꾸는 사회에서는 송이보다 현이가 식구가 더 많으므로 돈을 더 많이 받는다. 그러나 능력이 있거나 공적이 있는 사람들은 마르크스의 원칙을 받아들이지 않을 것이다. 필요에 따라서 분배한다면 자원을 분배받기 위해서 열심히 노력한 사람의 수고는 물거품이 될 것이고 아무도 그런 노력을 기울이지 않을 것이기 때문이다. **사고실험 065**에서 더 필요하다고 해서 봉이에게 치료의 우선권이 돌아간다면 훈이처럼 의사의 지시를 열심히 따르려는 사람은 많지 않을 것이고, 그러면 신장 투석기를 필요로 하는 사람은 더 많아지고 자원은 갈수록 더 부족해질 것이다. 실제로 마르크스의 이론이 구현된 현실 사회주의 국가에서 '능력에 따라 생산하고 필요에 따라 분배하는' 공동농장보다 개인의 텃밭에서 생산량이 더 많다거나 생활필수품이 부족하다는 것은 흔한 뉴스였다.

미국 철학자 롤스John Rawls(1921~2002)는 능력을 보상받고 싶어 하는 욕구를 어느 정도 만족시키면서 가능한 한 평등하게 분배하려는 이론을 주장했다. 그는 먼저 분배를 하는 절차가 공정하면 그 절차가 만들어내는 정의의 원리도 공정할 것이라고 생각했다. **사고실험 066**에서 케이크를 어떻게 나누어야 가장 공평할까? 힘이 센 사람이 절반을 갖고 다른 사람들에게 나머지를 나눠 먹으라고 하면 동의하지 못할 것이다. 그런데 케이크를 가장 절실히 원하는 훈이가 케이크를 나누고 대신에 맨 마지막에 가져가도록 하면, 훈이는 자기에게 돌아오는 몫이 작아지지 않도록 하기 위해서 최대한 똑같이 자르려고 노력할 것이다. 이런 식으로 나누는 절차가 공평하게 정해지면 그 절차에 따라 나누어지는 몫을 다른 사람들도 모두 공평하게 받아들일 것이라고 롤스는 생각했다.

그러면 어떻게 나눌지 그 절차를 정해보자. 롤스는 **사고실험 067**에서처럼 분배의 원칙을 정할 사람들이 어떤 모습으로 태어날지 모른다고 가정해보라고 한다. 곧 그 사람들이 있는 곳과 태어날 세상 사이에는 무지의 장막이 쳐져 있다. 그 장막은 아주 두꺼워서 내가 저 장막 바깥의 세상에서 백인일지 흑인일지, 남자일지 여자일지, 풍족할지 가난할지, 재능이 있을지 없을지 전혀 모른다. 사회가 어떤 모습일지 전혀 모르는, 그야말로 **원초적 상황**이다. 홉스나 로크 같은 사회계약론자들의 자연상태에서는 서로가 어떤 사람인지 알지만 이 원초적 상황에서는 어떻게 태어날지 전혀 모른다. 롤스는 그런 상황에서 합리적인 사람이라면 가장 불리한 위치에 있는 사람도 불만스럽지 않게 분배하는 데 동의할 것이라고 말한다. 일단 그 사회에서는 모두가 다 똑같이 나누어 갖지는 않을 것이다. 소득의 차이가 있을 때 사람들이 열심히 일해야겠다는 동기유발이 생기고, 의사나 연예인과 같은 고소득자는 사회 전체의 행복에 도움이 되는 면이 분명히 있기 때문이다. 그러나 가장 가난한 사람도 가능한 한 많이 가질 수 있도록 보장될 때만 소득의 차이를 허용할 것이다. 무지의 장막 때문에 나도 가장 가난한 사람이 될 수 있기 때문이다. 또 나의 성별이나 인종이 뭐가 될지 모르므로 특정 성별이나 인종에 불공평한 원칙을 정하지도 않을 것이다. 물론 그 상황에서도 강자에게 모든 것을 몰아주는 원칙을 정하자고 하는 사람도 있을 것이다. 그 사람은 부자로 태어나면 대박이고 가난하게 태어나면 쫄쫄 굶고, 인생이 다 그런 것 아니냐고 생각할 것이다. 그러나 그런 사람은 합리적이지 못하다. 합리적이고 이익을 좇는 사람이라면 불확실한 상황에서는 최악의 시나리오 중에서 그나마 가장 나은 것을 고르는 법이다.

우리 사회에서 금수저니 흙수저니 하는 말이 자조적으로 쓰이는데 거기에는 어떤 신분이나 집안에 태어나느냐에 따라 소득이나 기회가 결정되는 사회는 정의롭지 못하다는 생각이 깔려 있다. 그러면서 많은 사람들은 능력에 따라 소득이나 기회가 분배되는 사회가 정의롭다고 생각한다. 하지만 롤스가 보기에 능력도 어떤 신분이나 집안에 태어나느냐 못지않게 우연의 산물이다. 어떤 재능을 가지고 태어났느냐, 그 재능을 북돋워주는 가정이나 사회 분위기에서 자랐느냐, 특정 재능을 인정해주는 시대에 태어났느냐는 순전히 우연히 결정되기 때문이다. 소득이나 기회가 그렇게 우연적인 요소에 의해 분배되는 사회는 정의롭지 못하다. 그래서 롤스는 그 불평등을 수정하기 위해 운을 타고나지 못한 가장 어려운 사람들에게도 혜택이 돌아갈 때만 불평등을 허용하자고 주장하는 것이다.

롤스의 원초적 상황에서의 결정을 실제 세계에서 구현하려면 가진 사람의 재산 중 일부를 못 가진 사람에게 나누어주어야 한다. 물론 강제로 빼앗는 것이 아니라 세금이라는 방법을 통해서다. 그러나 노직(3장 사고실험 035에서 경험 기계를 말한 그 노직)은 세금 징수는 결국 강제 노동과 다를 바 없다고 비판한다. **사고실험 068**을 보자. 다른 멤버들은 훈이에게 일억 원을 좀 나누어달라고 요구할 권리가 있을까? 훈이에게 콘서트 때마다 일억 원의 수입이 추가로 생기지만 거기에는 아무런 강요도 없었다. 노직이 보기에 여기에 정의롭지 못한 것은 전혀 없다. 팬들 중에는 부자도 있고 가난한 이도 있었지만 그들은 자발적으로 모금함에 돈을 내고 그의 콘서트를 보러 왔다. 그리고 그 과정에서 다른 멤버들의 권리도 전혀 침해하지 않았다. 오히려 콘서트에 온 팬이 늘어남에 따라 다른 멤버들의 수입도 늘어날 수 있다. 입장료 수입은 각 멤버들에게 공평하게 분배가 된다. 그러므로 훈이는 그 수입에 대해 전적으로 소유권이 있다. 따라서 그것을 나누어달라고 그 수입에 간섭하려는 시도는 그것이 무엇이든 훈이의 권리를 침해하는 것이 된다.

물론 훈이가 착한 사람이라면 자신의 수입 중 얼마를 다른 멤버들에게 스스로 나누어줄 수도 있다. 그것은 순전히 그의 자유다. 그러나 멤버들이 그것을 강요할 권리는 없다. 노직이 보기에 세금도 이와 마찬가지다. 아무리 많이 벌었다고 해서 세금을 거두어가는 것은 절대적인 소유권을 침해하는 것이다. 예를 들어서 어떤 수입에 대해 백만 원의 세금을 부과하고 백만 원을 벌려면 백 시간을 일해야 한다고 하자. 그럴 때 백만 원의 세금을 부과하는 것은 그 사람에게 백 시간을 강제로 노동시키는 것과 다를 바 없다는 것이다. 물론 자발적인 기부는 가능하지만 본인이 소유하고 있는 것에는 당사자가 절대적인 권리를 갖는다는 것이 노직의 생각이다.

혹시 **사고실험 069**와 같은 일이 일어난다면 어떨까? 노직도 그렇게 모금되어 전달된 돈에 대해서는 훈이에게 전적인 권리가 있다고 생각하지 않는다. 그는 소유권이 정당하기 위해서는 취득과 이전이 정당해야 한다는 조건을 단다. 누군가로부터 훔치거나 빼앗지 않고 합법적으로 소유물을 취득해야 하며, 누군가의 강요 없이 자발적으로 교환하거나 선물받은 것이어야 한다. **사고실험 069**의 일부 팬의 돈은 그 조건을 만족하지 못하므로 훈이는 그 돈에 대해서 소유권을 주장할 수 없다. 노직의 이론에서 보면 지금 부자들의 수입이 불법적인 수단이나 특혜로 모은 것이라면 당연히 바로잡아야 할 것이다. 그렇다면 조상에게 물려받

은 돈을 기반으로 부자가 된 사람들은 자신의 재산에 대해 완전한 소유
권을 주장하기 힘들 수 있다. 조상이 정당하게 돈을 소유하게 되었는지
장담할 수 없기 때문이다. 일제 강점 시기에 또는 독재 정권 시기에 부
당한 방법으로 취득하거나 이전받은 것일 수도 있지 않은가?

구명보트 지구
자선의 의무

 사고 실험 070 망망대해에 구명보트가 한 대 떠 있다. 그 보트는 60명이 정원이지만 현재 100명이 타고 있다. 정원을 상당히 초과했으므로 보트는 곧 가라앉을 것이다. 가까운 시간 안에 구조받을 가망도 없다. 방법은 두 가지다. 모두 함께 가라앉든가 아니면 40명을 물에 빠뜨리든가.

사고 실험 071 망망대해에 구명보트가 한 대 떠 있다. 그 보트는 60명이 정원이지만 현재 50명이 타고 있다. 그런데 바다에는 100명의 사람들이 살려달라고 외치며 떠 있다. 얼른 구해주지 않으면 그 100명은 곧 죽을 것이다.

사고 실험 072 바다에 구명보트가 한 대 떠 있다. 그 보트는 100명이 정원이지만 현재 50명이 타고 있다. 이 구명보트는 육지에서 그리 멀지 않은 곳에 있다. 24시간 이내에 구조를 받을 것 같다. 구명보트 안에는 100명이 며칠 동안 먹을 수 있는 물과 식량이 충분히 있다. 그런데 바다에는 20명의 사람들이 살려달라고 외치며 떠 있다. 얼른 구해주지 않으면 그 20명은 곧 죽을 것이다.

 훈이는 대학 교수다. 어느 날 강의하러 가는 길에 연못을 지나다가 어린아이가 연못에 빠져 있는 것을 보았다. 훈이는 그 연못이 어린아이가 빠지면 죽을 정도의 깊이지만 자기에게는 무릎 정도밖에 되지 않는다는 것을 알고 있다. 그런데 그날 훈이는 새로 산 이만 원짜리 신발을 신고 있었다. 연못에 들어가면 신발이 더러워질 것 같아 망설여졌다.

 훈이는 대학 교수다. 그는 자신이 이만 원을 기부하면 아프리카의 굶어죽는 아이가 살 수 있다는 것을 알고 있다. 그러나 마음에 드는 새 신발을 사기 위해 기부를 하지 않았다.

훈이는 대학 교수다. 어느 날 강의하러 가는 길에 연못을 지나다가 어린아이가 연못에 빠져 있는 것을 보았다. 그런데 지난번에 구해준 바로 그 아이다.

사고실험 070은 도덕적 딜레마 상황이다. 그 상황에서 어떤 선택을 해야 하는가? 선택할 수 있는 행동은 두 가지가 있지만 어느 쪽도 선뜻 받아들이기 힘들다. 60명이 살기 위해 40명을 물에 빠뜨리면 살아남을 60명은 좋겠지만 40명을 빠뜨리는 행위는 살인이 되고, 모두 함께 가라앉으면 그런 고민할 필요는 없지만 다 죽는다는 것은 어리석어 보인다. (전자는 결과론자의 선택이고 후자는 의무론자의 선택이다. 3장을 보라.) 어느 쪽을 선택해도 비난을 면하기 어렵다.

그러나 **사고실험 071**은 딜레마의 성격이 좀 덜하다. 그 상황에서 할 수 있는 선택은 몇 가지가 있다. 자비를 베풀라는 종교의 가르침대로 물에 떠 있는 100명을 모두 태우면 배는 곧 가라앉고 말 것이다. 구명보트에는 10명 정도의 여유가 있지만, 그 공간은 비상 사태를 대비해서 남겨두어야 한다. 설령 10명을 더 태울 수 있다고 해도 무슨 기준으로 10명을 선택할 것인가? 마르크스의 원칙은 "필요에 따라 분배하라."는 것인데, 물에 빠진 사람들 중 살 필요가 없는 사람은 아무도 없다. 저 사람들은 죽고 나만 살아남은 것에 대해 양심의 가책을 느낄 수도 있다. 그렇다고 해서 물에 빠져 있는 사람들 중 한 명과 자리를 바꾸는 것도 해결책은 아니다. 행운을 잡은 그 사람에게 똑같은 양심이 있다면 그 제안을 거절할 테고, 없다면 얼씨구나 하고 올라타겠지만 그런 사람에게 자리를 내주는 것은 보트의 양심 지수만 낮추는 결과가 된다. 결국 원래 타고 있던 사람들만 계속 타고 있어야 할 것 같다. 이 상황에서 물에 빠진 사람을 더 태운다면 자비롭다고 칭찬은 받을 수 있겠지만, 그렇게 하지 않아도 도덕적이지 못하다고 비난받지는 않을 것이다. 오히려 살려달라고 배에 매달리는 사람들을 뿌리쳐야 할 판이다. 냉정해 보이지만 어쩔 수 없다.

사고실험 072는 부자 나라가 가난한 나라를 돕지 않는 것을 옹호하는 데 주로 쓰인다. 구명보트에 탄 사람들이 부자 나라 사람들이고 물에 빠져 있는 사람들이 가난한 나라 사람들이다. 가난한 나라 사람들 중에는 정말로 물에 빠져 있는 사람들처럼 당장 도와주지 않으면 굶어 죽는 사람이 많다. 지구에서는 매일 3만 명씩 굶어 죽는다는데, 물에 빠진 사람에게 왜 조심하지 않았느냐고 탓하기 전에 일단 구해주어야 하는 것처럼 그들에게도 빈곤의 원인을 묻기 전에 일단 먹을 것을 주어야 한다. 그러나 부자 나라도 빠듯한 상황이라면 그들을 돕다가는 함께 망하고 만다고 이 구명보트 이야기는 말하고 있다.

그러나 그 비유가 적절할까? 부자 나라가 정말로 자신들만 겨우 먹을 정도의 식량밖에 가지고 있지 않을까? 조금 여유가 있다고 하더라도 인구가 늘어날 것에 대비해 비축해두어야 할 정도의 양밖에 안 될까? 그것은 전혀 사실이 아니다. 지금 부자 나라들은 겨우 먹고살 정도가 아니라 비만을 걱정할 정도이며, 남은 식량은 고기를 만들기 위해 가축의 사료로 이용된다. 지구의 인구 과잉도 신화이다. 현재 식량으로 지구 인구의 열 배도 먹여 살릴 수 있다고 한다. 그 식량이 부자 나라에만 집중되어 낭비되고 있는 것이 문제인 것이다. 오히려 **사고실험 072**가 현재의 지구에 대한 더 적합한 비유인 것 같다. 지구는 아직도 많은 사람이 더 탈 수 있고 먹을 것도 충분한 구명보트와 비슷하다. 만약 그 상황에서 물에 빠진 사람을 구해주지 않으면 도덕적인 비난을 받아 마땅하다.

물에 빠진 사람을 구해주지 않으면 도덕적인 비난을 받는다는 말을 뒤집으면, 배에 탄 사람에게는 물에 빠진 사람을 구해줄 의무가 있다는 말이 된다. 부자 나라 사람들은 가난한 나라 사람들을 도와야 할 자선의 의무가 있다는 것이다. 그러나 그렇게 남을 돕는 것은 아무나 할 수 없는 어려운 일이 아닐까? 슈바이처 박사와 같은 성인聖人이나 지킬 수 있는 너무 높은 기준을 정해놓고 따르라고 하는 것 아닐까? 다시 말해서 하지 않으면 비난받는 '윤리적 의무'가 아니라 하면 자비롭다고 칭찬받지만 하지 않았다고 비난받지는 않는 성인의 윤리가 아닐까?

사고실험 073을 보자. 훈이가 그런 상황에서 물에 빠진 아이를 구하지 않으면 분명히 윤리적인 비난을 받을 것이다. (우리는 지금 훈이의 법적인 책임이 아니라 윤리적 의무에 대해 이야기하고 있음을 잊지 마라. 법적으로는 책임이 없을지 모르지만 윤리적으로 분명히 비난받을 것이다.) 반면에 훈이에게 오는 피해는 어떤 것이 있을까? 연못의 깊이가 무릎 정도밖에 오지 않는다는 것을 미리 알고 있기 때문에 훈이가 연못에 들어간다고 해도 생명에는 지장이 없다. 물론 옷이 더러워질 것이다. 그리고 집에 가서 옷을 갈아입고 오면 그날 강의를 할 수 없으므로 기다리던 학생들에게는 피해를 줄 것이다. 그러나 이 정도의 피해는 훈이가 충분히 구할 수 있었던 한 아이의 생명과 비교하면 아무것도 아니다. 더구나 이만 원짜리 신발 때문에 구하지 않았다고 하면, 고작 이만 원 때문에 구할 수 있었던 아이를 구하지 않았다고 더 맹렬한 비난을 받을 것이다. 그러므로 훈이에게는 그 어린아이를 구해줘야 할 의무가 있고, 그 의무를 지키는 것은 그리 어렵지 않다.

이번에는 **사고실험 074**를 보자. **사고실험 073**과 어떤 차이가 있는가? 훈이가 이만 원을 기부하면 아프리카의 굶어 죽는 아이를 구할 수 있는데 신발을 사느라고 기부하지 않았다고 하면, 신발이 더러워질까 봐 아이를 구하지 않은 경우와 똑같이 비난받아야 하지 않을까? 그 두 경우에 본질적인 차이는 아무것도 없기 때문이다. 부자 나라 사람들이 가난한 나라 사람들을 도와주려면 무언가를 희생해야겠지만, 그 희생은 훈이가 입는 사소한 피해 정도일 뿐이다. 대학 교수인 훈이에게 이만 원은 미미한 금액이다. 조금 더 기부한다고 해도, 이를테면 크리스트교의 전통처럼 수입의 10퍼센트를 기부한다고 해도, 외식 한 번 덜하고 여행 한 번 안 가고 옷 한 벌 안 사 입는 정도다. 그러나 그만큼의 기부도 필요 없다. 우리나라에서 식사 한 끼 값인 오천 원이면 아프리카에서 굶는 가족이 한 달을 생활할 수 있다고 한다. 부자 나라 사람들이 자그마한 희생을 하면 원조를 받는 사람들은 한 끼 먹을 것을 두 끼 먹는 정도가 아니라 생명을 잃지 않는 혜택을 받는다.

물론 이런 자선 또는 원조의 의무에 대해 여러 반론이 가능하다. 도와줄 사람이 너무 멀리 있다거나 내가 도와준다고 도움이 되겠느냐거나 깨진 독에 물 붓기 아니냐는 거다. 전 세계가 인터넷으로 연결된 글로벌 시대에 도와줄 사람이 멀리 있다는 것은 변명이 못 된다. 그리고 위에서 말한 것처럼 우리의 약간의 도움만으로도 그들에게는 큰 도움이 된다. 깨진 독에 물 붓기 아니냐는 변명에 대해서는 **사고실험 075**를 보자. 한 번 도와준 아이가 또 빠졌다고 해보자. 약간 짜증나는 상황이긴 하다. 그러나 어쩌겠는가? 또 구해줘야지. 인간의 생명에 대해 진지하게 생각한다면, 훈이가 어렵지 않게 아이를 구할 수 있는데도 구하지 않는 것은 의무를 다하지 않는 것으로 비난받아야 한다. 물론 다시는 빠지지 않게 후속 조치를 취해야겠지만 말이다.

▶ 정리하기

겁쟁이 게임, 죄수의 딜레마, 공유지의 비극은 인간들의 행동이 생각만큼 합리적이지 못함을 보여준다. 국가가 없는 자연상태는 그런 비합리적인 사람들이 모여 있기 때문에 서로 죽고 죽이는 전쟁과 다름 없는 상태이다. 인간들은 이 상태를 벗어나기 위해 사회계약을 통해 국가 권력을 인정했다. 국가가 전혀 필요 없다고 주장하는 무정부주의자도 있지만 국가의 필요성은 대체로 인정한다. 그 역할을 어느 정도로 할지는 논란거리이다. 어떤 법이 정의롭지 못해서 시민들이 그것에 항의하고 어기는 운동을 시민 불복종이라고 한다. 사회계약론에서는 시민 불복종이 정당화되나, 민주주의 사회에서는 반드시 정당화되는 것은 아니다.

한정된 자원을 어떻게 분배해야 공평하느냐는 문제가 분배적 정의 문제이다. 마르크스는 능력에 따라 생산하고 필요에 따라 분배하라고 주장한다. 그러나 그런 사회는 열심히 일하려는 동기 유발이 되지 않기 때문에, 롤스는 능력에 따른 보상을 어느 정도 인정하면서 가능한 한 평등하게 분배하는 이론을 제시한다. 그는 원초적 상황에서는 가장 불리한 위치에 있는 사람이 가능한 한 많이 갖도록 보장될 때만 불평등을 허용할 것이라고 말한다. 노직은 강제적인 분배는 강제적인 노동과 다름이 없으므로, 분배는 전적으로 개인의 자유에 따라 이루어져야 한다고 주장한다.

가난한 사람들을 돕는 것은 하면 칭찬 받지만 하지 않는다고 해서 비난 받지는 않는 성인의 윤리라고 생각된다. 그러나 자선을 베풀지 않는 것은 구할 수 있었던 사람을 구하지 않는 것과 다름 없다는 비판이 제기된다.

▶▶ 생각 다지기

1. 겁쟁이 게임, 죄수의 딜레마, 공유지의 비극은 각각 무엇이고, 공통으로 주장하려고 하는 바는 무엇인가?

2. 왜 국가가 필요한가? 사회계약론의 주장을 설명하라.

3. 무정부주의의 주장은 무엇이며 그 문제점은 무엇인가?

4. 국가에 대한 의무를 지켜야 한다고 주장하는 사람의 근거는 무엇인가?

5. 시민 불복종은 정당화될 수 있는가? 특히 사회계약론자들은 시민 불복종이 정당화될 수 있다고 생각하는가?

6. 소크라테스는 왜 "악법도 법이다."라고 말했는가? 그리고 그의 주장은 정당화되는가?

7. "능력에 따라 생산하고 필요에 따라 분배한다."라는 마르크스의 주장은 무슨 뜻인가?

8. 분배적 정의에 대한 롤스와 노직의 견해는 어떻게 다른가?

9. 자선은 그것을 하지 않으면 비난받는 윤리적 의무인가?

▶▶▶ 생각 키우기

1. 겁쟁이 게임, 죄수의 딜레마, 공유지의 비극 같은 비합리적인 행동을 막을 수 있는 제도적인 방법이 있을지 궁리해보자.

2. 우리 사회의 특정 법을 한 가지 예시를 들어 그 법을 어기는 시민 불복종이 정당화되는지 검토해보자.

3. 능력, 필요, 노력, 성과 중 어느 것이 분배의 기준이 돼야 한다고 생각하는지 토론해보자. 그 외의 기준을 제시해도 좋고, 노직처럼 개인의 의사에 맡겨야 한다는 주장도 가능하다.

4. 대학 입학의 기준은 소득의 재분배 못지 않게 중요한 분배적 정의의 문제라고 말했다. 롤스의 정의론에 따르면 대학 입학의 어떤 기준이 가장 정의로울

지 생각해보자.

5. 도박, 마약 복용, 성매매는 피해자 없는 범죄라고 말해진다. 국가는 최소한의 일만을 해야 한다는 주장이나 개인의 자유를 전적으로 옹호하는 노직과 같은 이론에서는 피해자 없는 범죄는 정당화할 수 있을까?

6. 자선은 성인의 윤리가 아니라 의무라고 생각하는가? 만약 의무라면 수입의 어느 정도를 자선에 써야 한다고 생각하는가?

6장

몸과 마음은 하나일까?

여는
대화

훈이   송이

(때는 2030년. 훈이는 인터넷에 '로봇의 인권 문제'라는 제목의 화상 채팅방을 열어놓았다.)

▶▶ 송이 님이 입장하셨습니다. ◀◀

😀 송이 님, 방가방가.

😎 네, 반가워요.

😀 오늘 이 방에 들어온 유일한 분이시네요. 사람들은 로봇의 인권 문제에 너무 무관심
    해요.

😎 그런가요? 그런데 왜 로봇의 '인권'인가요? 로봇에게 권리가 있다고 하더라도 그것
    을 '인권'이라고 불러야 하나요?

😀 그렇게 말하는 사람들이 많죠. '로봇권'이라고 해야 한다고요. 그렇지만 저는 로봇이
    인간과 전혀 다르지 않기 때문에 로봇에게도 인간과 똑같이 인권이 있다고 생각해요.

😎 인간과 로봇이 똑같다고요? 인간은 피와 살로 이루어져 있고 로봇은 실리콘칩으로
    이루어져 있는데 어떻게 똑같아요?

😀 하하, 그렇게 생각하시는군요. 인간과 로봇은 당연히 다른 물질로 이루어져 있죠. 그
    러나 인간과 로봇이 무엇을 할 줄 아느냐가 중요한 것 아닌가요? 요즘 로봇은 옛날
    과 달리 인간과 외모도 똑같고 인간처럼 생각도 할 수 있고 감정도 있는데 피와 살로
    이루어져 있지 않다고 다르게 취급하는 것은 차별이죠.

아무리 그래도 인간과는 달라요. 내가 아는 로봇은 얼마나 멍청한데요. 그리고 피도 눈물도 없는 로봇도 많아요.

로봇이야 원래 피가 없고, 요즘 로봇은 눈물도 흘리는데….

아니 내 말은 로봇에겐 감정이 없다는 거예요.

로봇에 대한 편견이 심하시네요. 사람들 중에도 멍청한 사람과 피도 눈물도 없는 사람이 많아요. 옛날에 백인들이 흑인들을 차별할 때도 인종적 편견을 가졌는데 지금은 그런 생각이 잘못되었다고 인정하잖습니까?

인종차별은 분명히 잘못되었죠. 그치만 인간과 로봇의 차별, 이걸 무슨 차별이라고 불러야 하죠? 어쨌든 이 차별은 인종차별과는 달라요. 로봇이 인간처럼 생각하고 감정이 있는 것 같죠? 그거 다 뻥이에요. 그렇게 보이는 것뿐이지 사실은 생각도 못하고 감정도 없어요.

왜요? 로봇이 왜 생각을 못하고 감정이 없어요. 로봇도 우리처럼 바늘에 찔리면 "아야!" 하고 소리치고 아프다고 해요.

그러는 것처럼 만든 거죠. 우리처럼 진짜 아프다는 느낌이 있겠어요? 그런 느낌은 없으면서 찔리면 "아야!" 하고 소리치는 것뿐이에요. 로봇의 마음속을 들여다볼 수 없잖아요. 하긴 마음이 없으니까 볼 수도 없지 뭐.

그거야 우리 사람들끼리도 마찬가지죠. 내가 님께서 아프다고 할 때 마음속을 들여다볼 수 없는 것과 똑같지요. 님이 아프다고 말하고 소리치고 몸을 움츠리고, 이런 것을 보고 아프다는 감정이 있다고 생각하지 님의 아픔을 제가 느낄 수 있는 것은 아니잖아요.

인간들끼리야 원래 신체 구조가 똑같다는 것을 아니까 그렇게 추론해도 돼요. 그러나 로봇은 우리와 구조가 전혀 다른데 겉모습만 보고 판단하면 안 되죠.

겉으로 드러나는 게 전혀 다르지 않고 똑같은데도 다르다는 말씀이세요? 지금 제 앞에 두 명의 사람, 아니 사람 한 냉과 로봇 한 명이 있다고 해봐요.

로봇은 한 명이 아니라 한 대라고 해야 하는데.

말꼬리 잡지 말아요! 누가 사람이고 누가 로봇인지 모른다고 해봐요. 그리고 모두 아파 한다고 해봐요. 누구를 먼저 돌봐줘야 하나요? 겉으로 봐서는 똑같은데 한 명에게는 관심을 보이고 다른 한 명은 무시해야 하나요? 그 무시한 사람이 진짜 사람이면 어떻게 해요?

그래서 사람인지 로봇인지 구별하는 표시를 달아야 해요. 어디 감히 로봇이.

그러면 히틀러가 유대인들을 식별하려고 다윗의 별 표시를 달게 하는 거랑 뭐가 다른가요? 정말 너무하네요. 인간이라고 로봇을 그렇게 차별해도 되나요?

내가 인간인 줄 알았죠? 나 로봇인데. 몰랐지롱. 로봇은 거짓말도 할 줄 알아요.

▶▶ 송이 님이 퇴장하셨습니다. ◀◀

①

<u>몸 따로 마음 따로</u>

이원론

**사고
실험
076**
훈이는 물방앗간에 들어갔다. 거기에는 물레방아, 방아 틀, 방
아굴대, 눌림대, 방앗공이, 그리고 그것들이 시끄럽게 밀고 당
기는 소리밖에 없었다.

**사고
실험
077**
훈이는 과학이 발달한 미래의 인체 탐험단 대원이다. 그는 혈
액세포 크기만큼 작아져서 초소형 비행선을 타고 인체 안에 들
어가, 몸에 침투한 나쁜 바이러스와 싸우는 임무를 맡았다. 그는 아이돌 스
타인 송이가 무슨 생각을 하는지 궁금했다. 그래서 송이의 뇌에 들어갔다.
그러나 거기에는 회색의 단백질 덩어리와, 신경세포들 사이를 오가는 번개
와 같은 전기화학적 신호만 있을 뿐이었다. 어디에서도 생각이나 느낌은 찾
을 수 없었다.

훈이는 이번에는 분자 크기로 작아져서 역시 초소형 비행선을
타고 물속으로 들어갔다. 그 물은 사실 물방울 하나였지만 방
앗간만큼 커 보였다. 그 안에는 수소와 산소 원자 들이 합쳐져 있는 물 분자
들만이 보였다. 그 어디에도 촉촉함, 맑음, 시원함이라는 성질은 없었다.

철학자들은 세상에 존재하는 모든 것들을 비슷한 것들끼리 묶으면 어떻
게 가장 크게 나눌 수 있을까 생각했다. 그래서 그들은 **실체**라는 개념을
생각해냈다. 17세기 프랑스 철학자 데카르트René Descartes(1596~1650)는
이 세상의 실체는 **정신**과 **물질** 두 가지라고 주장했다. 데카르트는 정신
과 물질이 서로 완전히 다른 실체라고 생각했다. 그러므로 그 둘은 완전
히 다른 특성을 지니고 있다. 먼저 정신에는 생각, 좀 더 어려운 말로 사
고라는 특성이 있다. 정신은 느끼고 의식하고 희망하고 결심하고 기뻐
하는 등의 일들을 하는 곳이다. 반면에 물질에는 연장延長이라는 특성이
있다. 이것은 공간을 차지하고 있다는 뜻이다. 태양처럼 큰 물질은 어마
어마한 공간을 차지하고 미생물처럼 작은 물질은 조그마한 공간을 차지
한다는 차이만 있지 물질은 모두 공간을 차지하고 있다. 물질은 공간을
차지하고 있으므로 크기도 있고 모양도 있고 무게도 있을 것이다. 그런
데 물질은 사고는 하지 못한다. 우리 주변에 있는 물질들을 보라. 컴퓨
터, 사과, 산, 자동차…. 이런 것들이 생각하고 기뻐할 수 있겠는가? 원시
시대에는 돌과 같은 물질에도 정신이 있다고 믿었지만 그것은 미신에
불과하다. 요즘에도 자연에 영혼이 있다고 말하는 사람들이 있지만 그
것은 비유적인 표현일 뿐이다. 대부분의 사람들은 물질에는 정신의 특

성들이 없다고 생각한다. 한편 정신도 물질이 갖는 특성은 전혀 가지고 있지 못하다. 정신에 무슨 크기가 있고 무게가 있겠는가? 이렇게 물질과 정신은 전혀 별개인 것 같다.

세상에서 정신과 물질을 동시에 지니고 있다고 생각되는 것은 사람이다. 사람은 생각을 하니 정신도 지니고 있고, 몸뚱이는 물질로 이루어져 있으니 물질도 지니고 있다. 그래서 정신과 물질의 관계에 대한 철학적인 물음을 철학자들은 마음과 몸의 문제, 곧 **심신 문제** mind-body problem 라고 부른다. 심신 문제에 대해 마음과 몸은 별개의 것이라는 주장을 **이원론**이라고 하는데, 데카르트가 체계적으로 주장했다고 해서 **데카르트적 이원론**이라고도 부른다. (좀 있다 나올 '속성 이원론'과 구별하여 '실체 이원론'이라고도 부른다.)

데카르트가 이원론을 주장한 것은 몸(물질) 없는 마음(정신)을 상상할 수 있기 때문이다. 7장에서 볼 악마의 가설은 몸이 없어도 생각은 할 수 있다는 것을 보여준다. 내 몸이 없는데 있는 것처럼 전지전능한 악마가 나를 속일 수 있다. 그러나 설령 내가 속고 있다고 하더라도 속으려면 생각은 해야 한다. 비록 몸은 없더라도 생각은 하지 않을 수 없는 것이다. 그러므로 정신과 물질은 다른 것이다.

이원론은 상식적인 견해이기도 하다. 사람들은 물질과 생각은 다른 것이라고 생각한다. **사고실험 076**을 보자. 방앗간에 들어간 것은 알겠지만 이 사고실험이 무엇을 말하려고 하는지 알 수가 없다. 그럼 **사고실험 077**부터 설명하자. 메그 라이언이 나왔던 SF 영화 〈이너스페이스〉(1987)를 본 사람은 얼른 이해할 수 있는 장면인데, 정말로 뇌 속을 탐험할 수 있다고 해보자. 몸 중에서 정신이 있으리라고 생각되는 곳은 뇌이다. 그래서 뇌 속에 가보았지만 물질만 보이지 정신은 전혀 찾을 수 없다. 뇌 구조 그림이라는 것이 있다. 특정인의 뇌 그림을 그려놓고 무슨 생각을 하고 있는지 써놓는 것이다. 가령 고등학생의 뇌는 수능, 내신, 논술 등을 생각하고 있다는 식이다. 그러나 고등학생의 뇌에 들어가본다고 해서 정말로 그런 식으로 보일 턱이 없다. 이렇게 상식적으로도 물질과 정신은 별개의 것이다.

사고실험 076은 데카르트보다 조금 늦게 활동한 독일 철학자 라이프니츠Gottfried Wilhelm Leibniz(1646~1716)가 내놓은 것이다. 사람의 뇌는 예전이나 지금이나 무척 복잡하고 신비로운 것이기 때문에 그 당시에 가장 발달한 과학기술과 비교하는 경향이 있다. 요즘 뇌와 비교되는 것은 당연히 컴퓨터다(이 점에 대해서는 잠시 후에 자세하게 살펴볼 것이다). 서양의 고대에는 투석기를 뇌에 비교하기도 했다. 그런데 라이프니츠 시대에는 가장 발달한 기술이, 웃지 마시라, 바로 이 방앗간이었나 보다. 그래서 라이프니츠는 방앗간에 들어갔다고 상상해보라고 말한 것이다. 거기 가봐야 덜컹거리며 서로 밀고 움직이게 하는 부품들만 있다. 마찬가지로 뇌 속의 어디에도 생각이나 느낌은 없다. 라이프니츠도 데카르트처럼 마음은 물질과 별개의 것이라고 생각하는 이원론자였던 것이다.

이원론은 데카르트 당시부터 수많은 논쟁을 몰고 왔다. 데카르트는 몸 없는 마음은 상상 가능하기 때문에 마음과 몸은 다른 것이라고 말했다. 그러나 상상 가능하다고 해서 가능한가? 우리는 용이나 일각수(유니콘)를 상상할 수 있지만 그것이 존재하는 것은 아니다. 더구나 몸 없는 마음이 상상 가능하기나 한가? 마음은 공간을 차지하지 않는데 몸 없는 마음이란 것이 도대체 있는지 없는지 어떻게 아는가? 귀신을 믿지 않는 이상 그런 것의 존재를 인정하기는 힘들다. 데카르트 때부터 제기되었던 가장 큰 문제점은 마음과 몸의 상호작용을 설명할 수 없다는 것이다. 마음과 몸은 분명히 서로 영향을 주고받는 것 같다. 아주 쉬운 예로 마음이 피곤하면 몸도 피곤하고 몸이 피곤하면 마음도 피곤하다. 뇌를 다치면 정신 능력에 변화가 생긴다. 심신에 관한 제대로 된 이론이라면 마음과 몸의 인과작용을 설명할 수 있어야 하는데 데카르트적 이원론으로는 그것을 설명할 수가 없다. 왜? 정신이 크기도 없고 무게도 없다면 운동량도 없고 운동 에너지도 없을 테고, 그렇다면 물질을 움직이게 만들수 없기 때문이다. 만약 물질을 움직이게 하는 정신이 있다면 그것은 유리 겔러 같은 사람이 쓴다고 하는 염력일 것이다. 그러나 염력은 그 존재가 입증되지 않은 사이비 과학(8장을 보라)일 뿐이다.

그러면 **사고실험 077**은 어떻게 설명해야 할까? **사고실험 078**을 보자. 물 분자들에서 촉촉함, 맑음, 시원함이라는 성질을 찾는 사람은 부분과 전체를 착각하고 있다. 물 분자 하나하나에는 그런 성질이 없지만 그것들이 결합된 물에서는 그 성질들이 발현된다. 그런데 그런 성질이 부분에 없다고 전체에도 없으리라고 생각하는 사람은 바늘 한 개를 떨어뜨리면 소리가 안 나니까 바늘 한 뭉치를 떨어뜨려도 소리가 안 날 것이라고 생각하는 것과 같다. **사고실험 077**도 마찬가지다. 뇌를 구성하는 물질들 하나하나에는 정신의 특성이 나타나지 않지만 그것들이 결합되면 정신이 발현되는 것이다. 그러면 촉촉함과 같은 물의 성질이 있기 위해서 물 분자 이외의 것들이 필요하지 않는 것처럼, 정신이 있기 위해서 뇌라는 물질 이외의 것이 있을 필요는 없다. 정신은 물질과 별개인 어떤 것이 아닌 것 같다.

비트겐슈타인의 딱정벌레
동일론

사고실험 079
훈이는 유명한 박쥐 학자다. 그는 박쥐에 대해 모든 것을 안다고 자부한다. 박쥐가 동굴에서 거꾸로 매달려 살아가는 행태, 박쥐의 끽끽거리는 울음, 박쥐가 일종의 레이더인 반향 정위를 이용해서 길을 찾는다는 것 등 박쥐에 대해 모든 것을 알고 있다. 그러나 훈이가 박쥐가 되어본 것은 아니다. 훈이는 박쥐가 된다는 것이 무엇인지 알까? 거꾸로 매달리고 눈을 가리고 소리로 길을 찾고 벌레를 잡아먹는 연습을 한다고 해서 박쥐가 된다는 것이 무엇인지 알까?

사고실험 080
훈이는 태어난 후 평생 동안 한 방에서만 지냈다. 그 방은 사방이 흑백으로 도배되어 있고 그 방에 있는 물건들도 모두 흑백이다. 그러나 훈이는 그 방에서 열심히 공부해서 세계적인 뇌 과학자가 되었다. 훈이는 비록 한 번도 색깔을 본 적이 없지만, 색깔을 볼 때 생기는 뇌의 신경과학적인 작동과 변화에 대해 모든 것을 알고 있다. 그러던 어느 날 훈이가 드디어 밖으로 나오게 되었다. 그리고 잘 익은 토마토의 빨간색을 실제로 처음 보았다.

사고실험 081

사람들 모두 상자를 하나씩 가지고 있다. 모두 그 상자 안에 딱정벌레가 들어 있다고 말한다. 그런데 사람들은 자기 상자 안에 있는 딱정벌레밖에 볼 수 없다. 다른 사람의 상자에 든 딱정벌레를 직접 볼 수는 없지만, 자기 상자에 든 딱정벌레를 보고 다른 사람들의 딱정벌레가 어떻게 생긴지 안다.

사고실험 082

훈이는 어느 날 거미에게 물려 스파이더맨이 되었다. 자신에게 특별한 힘이 생긴 것을 알게 된 훈이는 그 힘을 이 사회의 정의를 바로잡는 데 쓴다. 그러나 훈이가 거미 모양의 복면과 옷을 입고 있기 때문에 세상 사람들은 스파이더맨이 정의의 용사라는 것은 알지만, 그 정의의 용사가 훈이라는 것은 모른다. 훈이의 친한 친구 송이도 스파이더맨이 정의의 용사라는 것은 알지만 훈이가 정의의 용사라는 것은 모른다.

현대에는 신경과학의 발달로 정신 활동이 사실은 뇌의 활동에 불과하다는 것이 밝혀졌다. 가령 물을 마시고 싶어서 손을 뻗었다고 해보자. 물을 마시고 싶은 바람이 손을 뻗은 행위의 원인이지만, 그 바람은 실은 뇌 속에서 일어난 어떤 물리적 상태 때문에 생긴 것이다. 보고 듣고 느끼는 감각도 마찬가지다. 예컨대 무언가를 본다는 것은 그 무엇의 이미지가 망막에 맺히고 시각세포를 통해 뇌에 전달되어 거기서 특정한 작용을 하기 때문에 생긴다고 알려져 있다. 그래서 정신과 물질은 별개의 것이 아니라 하나라는 **동일론** 또는 **일원론**이 큰 힘을 발휘하게 되었다.

이런 동일론은 과학에서 흔히 볼 수 있다. 옛날 사람들은 번개를 하늘이 내리는 벌이라고 생각했다. 그러나 과학이 발전함에 따라 번개는 대기 중의 방전 현상이라는 것이 밝혀졌다. 물이 H_2O라는 것도, 온도가 평균 분자 운동 에너지라는 것도 동일론의 한 형태다. 그런 식으로 정신 현상도 뇌 현상과 동일한 것이다. 얼핏 보면 물이 H_2O와 동일하지 않은 것 같지만 동일한 것이 사실인 것처럼, 우리의 생각과 느낌도 얼핏 보면 뇌의 작용과 동일하지 않은 것 같지만 동일한 것이 엄연한 사실이다. 정신세계는 굉장히 복잡하고 신비로워 아직 구석구석까지 모든 것이 밝혀지진 않았지만 언젠가는 모두 뇌와 동일하다는 것이 드러날 것이라고 동일론자들은 생각한다.

〈유미의 세포들〉(이동건 그림)이라는 웹툰이 있다. 주인공 유미에게 일어나는 여러 가지 감정의 변화나 체내 활동을 의인화된 뇌세포들의 움직임으로 표현한다. 뇌세포가 사람의 모습을 하고 사람처럼 말을 한다는 것은 만화적인 상상력이지만, 우리의 정신적·신체적 활동이 뇌에서 벌어지는 일에 기반한다는 동일론적인 착상은 새로운 것이 아니다.

과학의 시대에 정신과 물질은 독립된 실체라고 주장하는 데카르트식의 이원론자들은 더 이상 찾아보기 어렵다. 그러나 인간과 다른 미물들을 구분해주는 정신이 고작 회색빛 주름투성이인 뇌에 불과하다는 주장을 받아들이기 어려워하는 사람이 여전히 많다. 그래서 그들은 정신은 물질과 실체는 다르지 않지만 속성은 다르다고 주장한다. 예를 들어 사과를 보면, 사과라는 실체는 하나지만 그 사과에는 둥글다는 속성도 있고 빨갛다는 속성도 있고 매끈매끈하다는 속성도 있다. 그리고 그 속성들끼리는 서로 동일하지 않다. 마찬가지로 정신과 뇌는 실체는 하나지만 그 실체에서 물질적 속성과 정신적 속성은 동일하지 않다는 것이다. 이런 주장을 데카르트의 **실체 이원론**과 구분하여 **속성 이원론**이라고 한다.

정신 중에서 물질적인 것과 가장 동일하지 않다고 생각되는 것은 정신의 주관적인 경험이다. 어떠어떠한 주관적인 느낌은 물리적인 뇌의 작용으로는 설명이 안 될 것 같다. (이 주관적인 느낌은 다음 절에서 '감각질'이라는 이름으로 다시 한 번 중요하게 다루어진다.) 우리와 완전히 다른 방식으로 세상을 느끼는 동물인 박쥐를 예로 들어보자. 개는 인간에 비해 후각 능력이 백만 배 이상 발달했다고 한다. 그러나 우리 인간도 후각이 아예 없는 것은 아니므로 개가 냄새를 맡는 주관적인 느낌이 무엇인지 상상이 전혀 안 되는 것은 아니다. 그에 견줘 박쥐는 우리가 전혀 듣지 못하는 초음파를 발사하여 그것이 물체에 부딪혀 돌아오는 것을 감지해 물체의 거리, 크기, 방향을 지각한다. 그러니 우리는 박쥐가 된다는 것이 어떤 것인지 전혀 상상할 수 없고, 철학자들은 정신의 주관적인 경험이 물리적으로 설명이 되지 않는다고 말하기 위해 박쥐의 경험을 꺼낸 것이다. **사고실험 079**가 그것이다.

사고실험 079의 훈이는 유명한 박쥐 학자이므로 그 물리적인 메커니즘을 완벽하게 알고 있다. 그러나 그런 초음파로 세상을 지각한다는 것이 어떤 느낌인지 훈이가 알까? 박쥐가 되어본 적이 한 번도 없는 훈이가 박쥐가 된다는 것이 뭔지 알까? 동일론이 맞는다면 뇌에 대한 물리적인 지식은 정신의 주관적인 느낌까지 설명해낼 수 있어야 한다. 곧 뇌에 대해서 모든 것을 안다면 특정한 주관적인 경험이 무엇인지도 알아야 한다. 그러나 박쥐의 사례가 보여주는 것처럼, 뇌에 대해서 모든 것을 안다고 해도 마음에 대해서 모르는 것이 있다. 그러므로 동일론은 잘못되었다는 것이 속성 이원론의 주장이다.

사고실험 080이 말하려고 하는 바도 **사고실험 079**와 같다. 훈이는 이번에는 색채 지각에 대해 모든 것을 알고 있는 신경과학자다. 그런데 지금까지 색깔을 직접 본 적은 한 번도 없다. 색맹은 아니지만 색맹과 다름없이 살아왔다. (도대체 이런 일이 가능하냐고 묻지 마라. 이것은 사고실험이다!) 그런데 색깔을 실제로 처음 보면 어떨까? "이거 내가 연구해서 알고 있던 그대로네."라고 말할까 아니면 "야! 이게 빨간색의 느낌이구나."라고 말할까? 속성 이원론자들은 뭔가 새로운 느낌을 가지게 될 것 같다고 추측한다. 그렇다면 빨강을 볼 때 뇌에서 일어나는 물리적인 사실을 넘어선 어떤 것이 있다는 결론에 이른다. 곧 동일론은 틀렸다는 것이다. (사고실험 080은 오스트레일리아 철학자 잭슨Frank Jackson(1943~)이 처음 제시했는데 거기서는 주인공이 메리다. 흑백방에서 나온 "메리에겐 뭔가 특별한 것이 있다." 캐머런 디아스가 출연한 영화 제목처럼.)

박쥐의 경험과 흑백방에서 나온 훈이의 경험은 동일론자들을 오랫동안 괴롭혀왔다. 그러나 동일론자들도 할 말이 있다. **다른 사람의 마음 문제**라고, 철학에서 유명한 문제가 있다. 이것은 내가 가지고 있는 마음을 다른 사람도 가지고 있는지 의심하는 문제이다. 가령 내가 뜨거운 것을 만지면 나에게는 분명히 뜨겁다는 느낌이 있다. 그러나 다른 사람들도 뜨거운 것을 만지면 정말로 뜨겁다는 느낌이 있을까 의심하는 것이다. 저 사람의 느낌이 나와 같을까? 혹시 저 사람은 뜨거운 것을 만지면 얼른 손을 빼서 귀를 만지면서 "앗, 뜨거!"라고 말하지만, 사실은 아무 느낌이 없거나 차가운 느낌이 있는 것은 아닐까? 저 사람이 거짓말을 하거나 연기를 한다는 뜻이 아니다. 저 사람은 이를테면 나의 차가운 느낌에 해당하는 느낌을 뜨거운 느낌으로 알고 있는 것 아닌가 의심해보는 것이다. 오스트리아 출신 철학자 비트겐슈타인Ludwig Wittgenstein (1889~1951)이 만든 **사고실험 081**이 다른 사람의 마음 문제를 잘 보여준다. 사람들 모두 딱정벌레가 있다고 하지만 남의 것을 볼 수가 없으니 서로 완전히 다른 곤충을 가지고 딱정벌레라고 말하는지 알 수가 없다. 곤충이 아니라 장난감이나 꽃이 들어 있는데 딱정벌레라고 말하는지도 알 수가 없다. 내가 확인할 수 있는 것은 내 상자 안의 딱정벌레와 다른 사람이 "내 상자 안에는 딱정벌레가 있어."라고 말한 것밖에 없고 다른 사람의 상자 안을 들여다볼 수 없기 때문이다. 마찬가지로 나는 다른 사람의 느낌이 나와 같은지, 도대체 그 사람의 느낌이 있기나 한지 알 수가 없다. 내가 확인할 수 있는 것은 나의 느낌 그리고 다른 사람의 행동과 말밖에 없고 다른 사람의 느낌을 직접 경험할 수 없기 때문이다.

다른 사람의 마음 문제는 흔히 다른 사람에게 마음이 있다는 지식을 확실하게 정당화할 수 없다는 회의론(7장을 보라.)의 하나로 소개된다. 그런데 속성 이원론을 반박하는 근거가 되기도 한다. 속성 이원론에 따르면 나의 주관적인 느낌은 물리적 뇌의 작용과 다르다. 그리고 다른 사람의 마음 문제에 따르면 나는 내 마음속에서 무슨 일이 일어나는지만 알 수 있고 다른 사람의 마음에 대해서는 아무것도 알 수 없다. 하지만 우리는 다른 사람이 뜨거운 것을 만졌을 때 나처럼 뜨거운 느낌이 있다는 것을 의심하지 않는다. 그런데도 속성 이원론은 나의 주관적인 느낌이 물질의 작용과 별개의 것이라고 생각하기에 다른 사람에게 마음이 있다는 상식적인 일을 설명하지 못하는 것이다. 주관적인 느낌이 뇌의 작용과 동일하다고 한다면 다른 사람의 마음을 설명하는 데 아무 문제가 없다.

속성 이원론은 또 다른 문제도 있다. **사고실험 082**를 보자. 그것은 영화 〈스파이더맨〉과 같은 상황이다. 메리 제인(커스틴 던스트 분)은 스파이더맨이 정의의 용사라는 것은 알지만, 피터가 정의의 용사라는 것은 모른다(〈스파이더맨 3〉에 가서야 알게 된다.). 그렇다고 해서 피터와 스파이더맨이 다른 사람인 것은 아니지 않은가? 피터와 스파이더맨이 같은 사람이라는 것을 우리가 아느냐 모르느냐와 상관없이 그 둘은 같은 사람일 수 있다. 이렇게 우리가 아는지 모르는지는 정말로 동일한지 아닌지와는 상관없다. 그런데 **사고실험 079**와 **사고실험 080**은 우리가 아는지 모르는지에 관한 실험이다. **사고실험 079**는 박쥐가 된다는 것이 무엇인지 모른다는 것을 보여주고, **사고실험 080**은 빨간색을 느낀다는 것이 무엇인지 모른다는 것을 보여준다. 그렇지만 그렇게 모르더라도 박쥐가 된다는 것은 박쥐에 관한 지식과, 빨간색을 느낀다는 것은 신경과학적 구조와 동일할 수 있다.

앞에서 온도가 분자의 평균 운동 에너지와 동일함을 과학에서의 동일성의 대표적 예로 소개했다. 우리는 어떤 물체의 온도를 만져서 알 수도 있고 온도계로 재서 알 수도 있다. 어떤 물체를 직접 만져 뜨겁고 차가운 느낌을 알아야만 온도를 안다고 아무도 말하지 않는다. 그렇게 아는 것은 온도계로 아는 것에 비해 정확하지도 않다. 손으로 만져 느끼는 것은 온도가 알려지는 한 가지 방법일 뿐이고 그것을 모른다는 사실이 온도와 분자의 평균 운동 에너지의 동일성을 해치지 않는다. **사고실험 079**와 **사고실험 080**은 동일론에 대한 강력한 반론 같아 보이지만, 동일론은 여전히 성립한다.

③

철학적 좀비
기능론

사고 실험 083 훈이는 외계인이다. 그러나 우리와 똑같이 고통을 느낀다. 그의 팔목을 꼬집으면 우리처럼 찡그리고 팔목을 움츠린다. 그러나 그 고통이 물리적으로 구현되는 방식은 우리와 완전히 다르다. 훈이에게는 신경세포가 없다. 대신에 수많은 파이프가 몸을 관통하고 있으며, 그리로 전달되는 물의 수압에 의해 어떤 밸브는 열리고 어떤 밸브는 닫히는 방식으로 고통을 느낀다.

사고 실험 084 훈이는 로봇이다. 그러나 우리와 똑같이 고통을 느낀다. 그의 팔목을 꼬집으면 우리처럼 찡그리고 팔목을 움츠린다. 그러나 그 고통이 물리적으로 구현되는 방식은 우리와 완전히 다르다. 훈이에게는 신경세포가 없다. 대신에 수많은 실리콘 칩과 전선이 몸 속에 있으며, 그것들이 작동하여 고통을 느낀다.

사고실험 085

훈이는 중국의 고위 관리다. 그는 중국 국민 전체를 대상으로 한 시간 동안 실험을 실시했다. 국민 전체에게 무전기를 지급하여 서로 간에 통신이 가능하게 했다. 훈이는 나라 밖에서 그에게 특정한 정보가 주어지면 거기에 맞는 지시를 내린다. 가령 I_{17}이라는 정보가 들어오면 O_{191}이라는 명령을 내린다. 그것은 몇 명의 중국인들에게 어떠어떠한 동작들을 취하라는 것이다.

사고실험 086

훈이의 시각 경험은 아주 특이하다. 그는 색깔을 다른 사람들과 완전히 거꾸로 지각한다. 잘 익은 토마토를 보면 파란색을 지각하고, 구름 한 점 없는 가을 하늘을 보면 빨간색을 지각한다. 그러나 그가 그렇게 지각하는지를 다른 사람들은 전혀 알 수 없다. 훈이는 잘 익은 토마토를 보고 "빨갛게 잘 익었네."라고 말하고 가을 하늘을 보면서 "참 파랗다."라고 말하기 때문이다. 사실 훈이도 자신의 시각 경험이 다른 사람과 다르다는 것을 전혀 알지 못한다.

그러나 또 다른 반론이 동일론자들을 괴롭힌다. **사고실험 083**에 나오는 외계인을 상상하는 것은 가능하다. 그 외계인이 고통을 느낀다는 것은 겉으로 봐서는 우리와 구별할 수 없을 정도로 분명하다. 그도 꼬집히면 "아야!"라고 소리를 지르고 몸을 움츠린다. 그리고 멍도 든다. 그러나 몸 안에서 벌어지는 물리적인 구현은 완전히 다르다. 그의 몸은 우리와 같은 신경세포로 이루어진 것이 아니라 마치 건물의 배관처럼 되어 있다. 그래서 그를 꼬집으면 그 파이프에 적절하게 물이 흐르고 밸브가 열리고 닫혀서 고통을 느끼게 된다. 한마디로 말해서 우리와 정신은 똑같지만 물질은 다른 것이다.

이런 외계인을 상상하기 힘들다면 **사고실험 084**의 로봇을 생각해 보자. 기술이 발전하여 인간과 똑같이 감각을 느끼는 로봇이 발명되는 것을 상상하기는 어렵지 않고, 각종 SF 영화에도 그런 로봇은 자주 나온다. 이 로봇도 꼬집으면 "아야!"라고 소리를 지르고 몸을 움츠린다. 그러나 그 로봇의 몸은 우리와 같은 단백질 세포로 이루어진 것이 아니라 실리콘칩과 전선으로 이루어져 있다. 영화 〈터미네이터〉(1984)에서 터미네이터의 살이 찢어지면서 보이는 복잡하게 얽힌 전선과 합금처럼. 그렇다면 이 로봇도 우리와 정신은 똑같지만 물질은 다르다.

동일론 또는 일원론은 정신 상태는 바로 뇌의 상태와 동일하다는 주장이었다. 그러나 방금 살펴본 외계인이나 로봇은 우리와 정신 상태는 똑같지만 그것을 구현하는 물질은 우리와 같은 뇌가 아니었다. 어쩌면 **사고실험 076**에서처럼 나무와 물만 가지고도 인간과 똑같은 정신 상태를 만들어낼 수 있을지도 모른다. 물론 그 방앗간의 구조가 굉장히 복잡해야겠지만 그래도 상상이 불가능한 것은 아니다. 그렇다면 정신 상태는 뇌의 상태와 동일하지 않다. 그러면 동일론은 잘못된 주장이다.

사고실험 083은 몰라도 **사고실험 084**는 가까운 미래에 실현될 것 같다. 그렇다면 마음은 뇌와 같다는 동일론은 그 입지가 상당히 흔들릴 수밖에 없다. 물론 그 동일론이 틀렸다고 해서 실체 이원론이 부활하는 것은 아니다. 그러나 우리의 정신 상태와 동일한 물리적인 어떤 것이 무엇이라고 꼬집어 이야기할 수 없게 되므로(그야말로 "그때 그때 달라요!"다.) 정신 상태를 특정 물리 상태와 동일시하려는 동일론 또는 일원론은 힘을 잃게 된다. 동일론의 주장과 달리 정신 상태가 어떤 물질로 만들어졌는지는 중요하지 않다. 사람처럼 뇌세포로 만들어졌을 수도 있고 로봇처럼 실리콘 칩으로 만들어졌을 수도 있고 외계인처럼 파이프와 물로 만들어졌을 수도 있다.

시계를 생각해보자. 시계의 재료는 다양하다. 금속 태엽과 톱니바퀴로 움직이는 기계식 시계도 있고, 전자 회로로 움직이는 전자시계도 있고, 물로 움직이는 물시계, 불에 타들어가는 양으로 측정하는 불시계, 해그림자로 측정하는 해시계, 모래시계, 자갈시계(이런 것도 있나?) 등 여러 가지가 있다. 그러므로 시계를 정의할 때 그것이 무엇으로 만들어졌는지는 중요하지 않다. 시계를 시계이게끔 하는 것은 지금 몇 시인지 측정하는 시계의 기능이다. 그 기능을 기계로 할 수도 있고 전자회로로 할 수도 있고 모래로 할 수도 있는 것이다. 마음에 대해서도 똑같이 생각할 수 있다. 마음이 무엇으로 만들어졌느냐는 중요하지 않다. 어떤 기능을 하느냐가 중요하다. 다시 말해서 어떤 마음을 마음으로 만드는 것은 그것이 어떤 인과적 역할을 하느냐다. 정신에 대해서 이렇게 생각하는 주장을 **기능론**이라고 부른다. 기능론은 정신을 어떤 입력이 들어올 때 어떤 출력을 내보낸다는 인과적 역할로써 정의한다. 예를 들어서 고통은 누군가가 꼬집으면(입력) "아야!"라는 소리를 내며 몸을 움츠리는 것(출력)으로 정의할 수 있다. 그 인과적 역할은 뇌의 신경세포에서 구현될 수도 있고 로봇의 실리콘칩에서 구현될 수도 있다. 기능론은 마음이 어떤 물질에 의해 구현된다는 점은 인정한다는 점에서 이원론과 다르지만, 그 물질과 동일함은 인정하지 않는다는 점에서 동일론과도 다르다.

사람처럼 마음이 있는 로봇이 출현할 가능성이 기능론을 등장하게 만들었다. 이렇게 기능론은 인공지능 연구가 전제하고 있는 심신 이론이다. 인공지능을 연구하는 사람들의 목표는 인간과 뇌 구조가 똑같은 로봇을 만드는 것이 아니라 인간과 똑같이 생각하고 느끼는 로봇을 만드는 것이다. 그래서 기능론자는 어떤 마음을 갖는다는 것은 특정 기능의 컴퓨터 프로그램을 실행하는 것이라고 생각한다. 우리 인간은 누가 꼬집으면 뇌의 특정 부위가 작동하여 고통이라는 정신 상태를 느끼게 되고 "아야!"라는 소리를 내고 몸을 움츠리지만, 로봇은 누가 꼬집을 때 "아야!"라는 소리를 내고 몸을 움츠리게 하는 프로그램을 돌리면 된다. 그래서 우리 마음과 몸의 관계는 컴퓨터의 소프트웨어와 하드웨어의 관계와 같다. 특정 소프트웨어가 다양한 하드웨어의 컴퓨터에서 구동될 수 있듯이, 마음도 인간의 몸이든 로봇의 몸이든 다양하게 구현될 수 있다.

그런데 뭔가 이상한 점이 있다고 눈치챌 사람이 있을 것 같다. 우리 인간은 꼬집히면 몸을 움츠리는 입력과 출력만 있는 것이 아니라 분명히 아픔의 느낌이 있다. 그 세 가지, 그러니까 꼬집힘과 아픔의 느낌과 움츠림까지 뭉뚱그려 고통이라고 부른다. 그러나 로봇에게 그중 아픔의 느낌까지 있을까? 꼬집힘과 움츠림은 눈으로 관찰 가능하므로 분명하지만 아픔이라는 주관적 경험까지 있는지 알 수는 없다. **사고실험 085**가 그것을 보여준다. 중국 사람들을 예로 든 것은 다른 이유가 있어서가 아니라 인구가 많아서다. 13억의 인구는 인간의 뇌세포 개수만큼은 아니겠지만 그래도 굉장히 많으므로 뇌세포 하나하나가 하는 역할을 중국 사람 한 명 한 명이 수행한다고 비유적으로 생각하는 것이다. 곧 중국 사람들 전체가 사람 한 명에 해당한다고 보면 된다. 그런데 이 중국 사람들 전체는 사람의 특정 정신 상태에 해당하는 프로그램을 실행할 수 있다. 예컨대

꼬집힘이라는 입력(I_{17})이 들어오면 움츠림에 해당하는 출력(O_{191})을 실현할 수 있다. 그게 바로 기능론이 생각하는 정신이다. 그러나 그 중국 사람들의 움직임 어디에서도 아픔의 느낌을 찾을 수 없다. 중국 사람들이 모여 있는 곳을 돌아다녀 보라. 그런 느낌이 있겠는가? 그러나 우리 인간에게는 분명히 그런 느낌이 있다. 그러므로 기능론은 잘못된 이론이다.

꼬집힐 때의 아픈 느낌, 시디신 자두를 먹었을 때의 신 느낌, 잘 익은 토마토를 봤을 때의 빨간색의 느낌은 우리의 주관적인 경험이다. 2절에서도 보았던 그런 경험을 철학자들은 **감각질**이라고 부른다. 감각질은 다른 사람에게 보여줄 수는 없지만 나에게는 분명히 있는 느낌이다. 그런데 기능론에서처럼 정신 상태를 인과적 역할로 정의한다면, 우리와 인과적 역할은 똑같지만 그런 감각질은 없는 존재를 상상할 수 있다. 우리와 정신의 인과적 역할이 똑같은 로봇이 있다면, 그 로봇이 우리와 같은 감각질을 가질지 안 가질지 확신할 수 없다. 그러나 **사고실험 085**를 볼 때 감각질이 없으면서도 인과적 역할은 똑같게 되는 것이 충분히 가능하다.

서양에는 좀비라는 것이 있다. 살아 있는 시체를 좀비라고 하는데 영화나 게임에 자주 등장한다. 보통 좀비들은 겉으로 보기에도 시체처럼 창백하고 무기력하며 칼에 찔러도 전혀 아파하지 않기 때문에 좀비가 아닌 사람들과 쉽게 구분이 된다. 그런데 철학자들은 감각질이 없는 존재를 좀비라고 부르길 좋아한다. 이때 좀비는 우리와 정신의 인과적 역할은 똑같은데 주관적 경험만 없는 존재를 말한다. 그러니까 철학자의 좀비, 이른바 **철학적 좀비**는 칼에 찔리면 "으악!" 하고 소리를 지르고 피를 흘리지만 사실은 아프다는 느낌이 없다. 그래서 주변에서 누가 그런 좀비이고 아닌지 구분할 수가 없다. 다른 사람에게 아프다는 느낌이 있는지 없는지 나는 알 수 없기 때문이다. 이런 존재를 상상할 수 있다는 것은 기능론이 틀렸다는 것을 보여준다.

사고실험 086도 기능론의 문제점을 보여준다. 훈이는 이번에는 감각질이 없는 것이 아니라 감각질이 뒤집혀 있다. 그러니까 훈이는 남들이 파란색으로 보는 것을 빨간색으로 보고 빨간색으로 보는 것을 파란색으로 본다. 다만 감각질만 그럴 뿐이고 겉으로 드러난 행동은 똑같다. 장기를 둘 때 파란색 말을 보고 파란색이라고 하고 빨간색 말을 보고 빨간색이라고 하며, 신호등이 있는 건널목에서 파란색일 때 건너고 빨간색일 때는 멈춘다. 그러나 훈이는 자기의 감각질이 뒤집혀 있는지 전혀 모른다. 다른 사람들의 감각질과 비교할 방법이 전혀 없기 때문이다. 사실 우리들도 마찬가지다. 내 감각질이 다른 사람의 감각질과 달리 뒤집혀 있을 수도 있다. 만약 그렇다 하더라도 그것을 확인할 방법이 없다. 그리고 뒤집혀 있어도 지금까지 잘 살아온 것처럼 앞으로도 그렇게 살면 된다. 중요한 것은 그렇게 뒤집혀 있는 경우를 상상할 수 있다는 것이다. 영화 〈매트릭스〉(1999)에서도 뒤집힌 감각질을 보여주는 장면이 나온다. 그 영화에서 매트릭스 속의 사람들은 기계가 만들어주는 가상현실을 진짜 경험으로 알고 살아간다(7장의 통 속의 뇌 사고실험을 보라.). 닭고기를 먹을 때도 실제로 먹는 것이 아니라 그런 가상현실만 있을 뿐이다. 그러므로 닭고기 맛이 실제로는 참치 맛이어도 그들은 닭고기 맛으로 알고 있을 것이다.

그러나 감각질이 뒤집혀 있다고 해도 그 정신 상태의 인과적인 역할은 똑같다. 여전히 빨간색을 보고 (파란색을 느끼지만) 빨갛다고 말하고, 닭고기를 맛보고 (참치 맛이 나지만) 닭고기 맛이 난다고 말한다. 만약 감각질이 뒤집힌 존재가 가능하다면 감각질을 배제하고 인과적인 역할만으로 정신 상태를 설명하는 기능론은 잘못된 이론이 된다.

우리는 이미 **사고실험 081**에서 다른 사람이 갖고 있는 딱정벌레가 내 딱정벌레와 비슷하다는 것을 설명을 통해 유추할 수 있는 것처럼, 다른 사람에게 느낌이 있다는 것도 그의 행동을 통해 유추할 수 있다는 것을 알았다. 그런데 **사고실험 085**와 **사고실험 086**은 그런 유추가 잘못임을 보여준다. 느낌이 아예 없거나 다른 느낌이 원인이 되어 그런 행동을 한다는 것이다. 유추는 어디까지나 유추이므로 틀릴 수 있다. 내가 직접 느낀 것이 아니므로 그런 추측은 틀릴 수 있다. 그러므로 감각질이 없는 존재나 감각질이 뒤집힌 존재를 상상하는 데는 아무 문제가 없다.

이 철학적 좀비에 대해 두 가지 방향에서 비판이 가능하다. 하나는 그것이 아예 상상할 수 없다는 것이고 다른 하나는 상상할 수 있다고 해도 동일론에 대한 반론은 못 된다는 것이다. 상상할 수 없다고 말하는 사람들은 의식을 신체에서 떼어낼 수 없다는 이유를 든다. 행동은 우리와 전혀 구별할 수 없게 하는데 의식이 없다고 말하는 것은 마라톤을 몇 번씩 완주하고 병치레 한 번 하지 않았는데 건강하지는 않다고 말하는 것과 똑같다는 것이다. 이번에는 상상 가능하다고 해보자. 우리는 이미 1절에서 데카르트의 실체 이원론을 비판하며 상상 가능하다고 해서 존재하는 것은 아님을 보았다. 유니콘을 상상할 수 있지만 존재하는 것은 아니다. 물이 H_2O가 아닌 경우도 충분히 상상할 수 있다. 물이 H_2O가 아니라 HO_2라고 상상할 수도 있고 우리가 전혀 모르는 원소로(가령 XYZ 로) 이루어졌다고 상상할 수도 있다. 그렇다고 해서 물이 H_2O와 동일하다는 사실이 훼손되는 것은 아니다. 물은 여전히 H_2O다. 무엇인가를 상상할 수 있다는 것이 언제나 반례 역할을 하는 것은 아니다.

④

생각하는 기계

튜링 테스트와 중국어 방 논변

사고
실험
087 훈이는 두 명의 사람과 컴퓨터 채팅을 하고 있다. 그중 한 명은
남자고 다른 한 명은 여자다. 훈이는 채팅을 통해 어느 쪽이 남
자고 어느 쪽이 여자인지 알아맞혀야 한다. 어떤 질문이라도 해서 맞혀야 한
다. 채팅을 하는 상대방 남자는 훈이가 맞힐 수 없도록 여자인 척하는 답변
을 한다. 반면에 상대방 여자는 훈이에게 자신이 진짜 여자라고 설득한다.
훈이는 그들과 충분한 대화를 나눈 후 누가 여자인지 알아맞혀야 한다.

사고
실험
088 훈이는 두 명의 사람과 컴퓨터 채팅을 하고 있다. 정확하게 말
하면 사람 두 명이 아니라 한쪽은 사람이고 다른 한쪽은 기계
다. 훈이는 채팅을 통해 어느 쪽이 사람이고 어느 쪽이 기계인지 알아맞혀야
한다. 어떤 질문이라도 해서 맞혀야 한다. 채팅을 하는 상대방 기계는 훈이
가 맞힐 수 없도록 사람인 척하는 답변을 한다. 반면에 상대방 사람은 훈이

에게 자신이 진짜 사람이라고 설득한다. 훈이는 그들과 충분한 대화를 나눈 후 누가 기계인지 알아맞혀야 한다.

사고실험 089

한자나 중국어를 전혀 모르는 훈이가 어느 방 안에 앉아 있다. 그 방에는 중국어 글자가 가득 들어 있는 바구니들이 있다. 또 그 중국어 글자들을 다룰 수 있는 우리말로 쓰인 매뉴얼도 있다. 그 매뉴얼의 규칙들은 가령 "1번 양동이에서 쏼라-쏼라라는 모양의 기호를 꺼내어 2번 양동이에 있는 쏼라-쏼라라는 기호 옆에 놓아라."라는 식이다. 훈이는 중국어를 전혀 모르므로 중국어의 생긴 모양만 보고 매뉴얼이 시키는 대로 한다. 이제 그 방 밖에서 중국어를 할 줄 아는 봉이가 중국어로 쓰인 쪽지를 방 안으로 집어넣는다. 훈이는 매뉴얼을 보고 그 쪽지에 대한 답변을 역시 쪽지에 적어 방 밖으로 내보낸다.

사고실험 090

훈이는 위에서 말한 바구니에 가득 든 중국어 글자와 매뉴얼을 몽땅 외워버렸다. 그는 이제 질문이 들어오면 더 이상 바구니에 든 글자와 매뉴얼을 찾아서 답변하는 것이 아니라 모든 일 처리를 머릿속에서 한다. 그리고 방 안이 아니라 사람들과 직접 만나 질문과 답변을 주고받는다.

사고실험 091

아인슈타인이 유명해진 이후 여기저기 강의를 하러 다녔다. 그 때마다 맨 뒤에 앉아 강의를 들었던 운전기사는 강의 내용을 모두 외워버렸다. 하루는 아인슈타인에게 이렇게 말했다. "박사님, 이번 강의는 제가 해보겠습니다. 강의 내용도 다 외웠고 이번 강의를 듣는 사람들은 박사님 얼굴도 모르잖아요." 아인슈타인은 허락을 했다. 운전기사는 성공적으로 강의를 마쳤다. 강의가 끝난 후 한 참석자가 질문을 했다. 그러자 운전기사는 맨 뒤에 앉아 있는 아인슈타인을 가리키면서 이렇게 말했다. "그렇게 쉬운 질문은 내 운전기사도 대답할 수 있을 것 같네요."

사고실험092 사고실험090에서 말한 방이 로봇의 머릿속에 들어 있다. 그 로봇에는 입력 장치와 출력 장치가 붙어 있다. 눈에 붙어 있는 카메라를 통해서 질문을 받고 답변을 밖으로 내보내면 거기에 따라 팔과 다리가 움직인다.

과학기술이 발전하면 언젠가 우리와 똑같이 행동하는 로봇이 출현할 것이다. 〈터미네이터〉(1984), 〈AI〉(2001), 〈아이, 로봇〉(2004) 등 SF 영화에는 이미 그런 로봇이 등장한다. 그때 항상 따라나오는 질문은 과연 그 로봇이 생각한다고 볼 수 있느냐다. 인공지능 바둑 프로그램인 알파고도 생각을 하며 바둑을 두는지 사람들은 궁금해한다. 과연 로봇과 같은 기계는 생각할 수 있을까? 우리는 앞에서 그런 로봇이 있다고 해도 인간과 같은 주관적 경험을 할 수 없다는 주장들을 살펴보았다. 우리와 똑같이 행동하는 것처럼 보여도 우리와 같은 느낌은 가질 수 없다는 것이다. 이번에는 그 기계가 생각할 수 있는지 고민해보자.

기계가 생각할 수 있느냐는 물음에 대답하기 위해서는 먼저 무엇을 생각한다고 말할 수 있는지 그 기준을 정해야 한다. 똑같은 것을 보고 한 사람은 생각한다고 말하고 다른 사람은 생각하지 않는다고 말하면 논쟁은 제자리걸음이기 때문에, 이 정도면 생각한다고 볼 수 있다는 기준이 필요하다. **사고실험 087**은 모방 게임이라고 하는 것이다. 훈이는 여자만이 알 수 있는 질문을 상대방에게 던져서 그 사람이 여자인지 알아내야 하고, 상대방은 만약 남자라면 최대한 여자인 척해서 훈이가 알아맞히지 못하도록 할 것이다. 만약 훈이가 어느 쪽이 여자인지 알아맞히지 못한다면 그 남자는 여자를 모방하는 게임을 통과한 것이다.

사고실험 088은 이 모방 게임에서 여자인 척하는 사람을 사람인 척하는 기계로 바꾼 것이다. 채팅을 하는 상대방 기계는 훈이가 맞힐 수 없도록 혼란스러운 답변을 해야 한다. 가령 훈이는 사람만이 알 수 있는 질문을 해서 상대방이 사람인지 알아내야 하고, 상대방은 만약 기계라면 최대한 사람인 척해서 훈이가 맞히지 못하도록 해야 한다. 이 모방 게임은 컴퓨터 과학의 창시자라고 할 수 있는 영국의 튜링Alan Turing(1912~1954)이 고안했기 때문에 **튜링 테스트**라고 부른다. 영화 〈이미테이션 게임〉(2014)의 주인공이 바로 튜링이고 '이미테이션 게임'이 바로 모방 게임이다. 만약 기계가 튜링 테스트를 통과한다면, 다시 말해서 훈이가 상대방이 기계인지 사람인지 알아맞히지 못한다면, 그 기계는 생각할 수 있다는 결론을 내려도 된다고 튜링은 생각했다. 튜링은 그런 말을 하지 않았지만 이 테스트는 마음에 대한 기능론을 전제하고 있다. 대화를 하는 상대방이 사람인지 기계인지 알지 못하지만 입력과 출력만 보고 그 상대방이 생각을 하는지 못하는지 판단하기 때문이다.

튜링이 튜링 테스트를 발표한 것은 1950년인데 그는 2000년이면 튜링 테스트를 통과하는 기계가 나올 것이라고 예측했다. 그러나 아직까지 그런 기계는 없다. 어쨌든 생각할 수 있는 기계만 이 테스트를 통과하고 생각할 수 있는 기계가 이 테스트를 통과하지 못하는 일이 벌어지지 않는다면 튜링 테스트는 생각할 수 있다는 것에 대한 정확한 기준이 될 것이다. 그러나 튜링 테스트가 적절한 기준인가에 대해 여러 반론들이 제기되었다. 그중 대표적인 것이 **사고실험 089**다. 미국의 철학자 설John Searle(1932~)이 만든 이 실험은 기계가 튜링 테스트를 통과해도 생각한다고 볼 수 없는 근거를 제시한다. **사고실험 085**에서도 중국이 나왔는데 여기서 또 중국어가 나온다. **사고실험 085**에서는 인구가 많아서 중국을 예로 든 것이고 여기서는 서양 사람들이 아주 낯설어 하는 글자가 중국 글자이기 때문에 중국어를 예로 든 것이다. 사실 우리나라 사람들은 한자를 어느 정도 알고 있으므로 중국어 대신에 아랍어 정도가 더 적절한 예일 것 같다. 그러나 이 사고실험은 워낙 유명해서 **중국어 방 사고실험**이라는 이름까지 붙어 있으니 그냥 중국어를 예로 들어 이야기해보자.

훈이는 중국어를 전혀 모른다. 그러므로 중국어로 쓰인 쪽지가 방 밖에서 들어와도 무슨 말인지 전혀 모른다. 그래서 글자의 생긴 모양을 보고 거기에 해당하는 매뉴얼을 찾아볼 수밖에 없다. 그리고 매뉴얼은 우리말로 쓰여 있으니까 거기서 하라는 대로 일을 처리하여 적절한 답변을 방 밖으로 내보낼 것이다. 중국어로 답변을 해야 하니까 아마 매뉴얼을 보고 중국어를 '그려서' 답변을 작성해야 할 것이다. 글자 모양을 보고 일을 하려면 시간이 엄청나게 오래 걸릴 것이다. 그러나 오랫동안 이 일에 종사해서 생활의 달인이 되어 질문이 들어오면 재빨리 대답을 내보낸다고 해보자. 그러면 훈이가 중국어를 이해한다고 말할 수 있을까? 그렇지 않다. 글자의 모양만 보고서 대답을 내놓는 사람을 이해한다고 말할 수는 없기 때문이다. 중국어를 모르는데 어떻게 중국어로 쓰인 답변을 할 수 있는지 그래도 이해가 안 되면 식자공을 생각해보라. 지금은 컴퓨터로 조판을 해서 인쇄를 하지만 컴퓨터가 없던 시절에는 식자공이 원고를 보고 활자를 하나씩 뽑아서 판을 짜서 인쇄를 했다. 만약 식자공이 어려운 물리학 책의 조판을 맡았다고 할 때 그 책을 이해하면서 식자를 할까? 식자공들이 쉬는 시간에 토크니 쿼크니 하며 농담을 하며 논다고 해서 그 개념들을 이해했다고 볼 수 있을까? 그러지 못할 것이다. 중국어 방 안에 있는 훈이도 그 식자공과 같은 처지다.

컴퓨터가 정보를 처리하는 방식이 이 중국어 방에서 일어나는 일과 똑같다. 매뉴얼은 프로그램에 해당하고 중국어 글자가 가득 든 바구니들은 데이터베이스에 해당할 것이다. 그리고 컴퓨터는 데이터의 모양만 보고 처리한다. 물론 컴퓨터는 데이터를 1과 0으로만 처리하기 때문에 정확하고 빠르게 처리한다. 그러나 중국어 방 안에 있는 훈이가 중국어를 이해한다고 말할 수 없는 것처럼 컴퓨터도 이해한다고 말할 수 없다. 사람들이 이해하는 과정은 그런 식으로 글자의 모양만 보고 이루어지는 것이 아니라 글자의 의미 또는 내용에 바탕을 두고 이루어지기 때문이다. 컴퓨터는 그런 의미를 모를 뿐 아니라 관심도 없다. 그러므로 기계는 생각할 수 없다는 것이 중국어 방 사고실험이 말하려는 결론이다. 그렇다면 기계가 튜링 테스트를 통과해도 생각한다고 말할 수 없다.

이 사고실험에 대해 여러 가지 반론이 나왔다. 이 중국어 방은 컴퓨터를 비유하고 있다. 컴퓨터가 무언가를 이해할 수 있다면 컴퓨터 안에 있는 부품 하나가 이해하는 것이 아니라 컴퓨터 전체가 이해하는 것이다. 사람으로 치자면 신경세포 하나가 이해하는 것이 아니라 뇌 전체가 이해하는 것이다. 중국어 방 속의 훈이는 컴퓨터로 치자면 컴퓨터 전체가 아니라 부품 하나에 해당한다. 그러므로 그 방 안에 있는 훈이는 중국어를 이해하지 못했다고 할 수 있지만 방 전체는 이해했다고 말할 수 있는 것 아닌가? 설은 이런 반론은 **사고실험 090**과 비슷하다고 대답한다. 훈이가 더 이상 방 안에 있지 않고 매뉴얼과 글자들을 모두 외운다고 해보자. 이것은 중국어 방과 본질적인 차이가 없다. 방 안에 있던 매뉴얼이 훈이의 머릿속으로 들어온 것뿐이다. 그렇다면 (사고실험 089의) 중국어 방 속의 훈이가 중국어를 이해한다고 볼 수 없다면 (사고실험 090의) 놀라운 기억력의 훈이도 중국어를 이해한다고 볼 수 없다는 것이다. 그러나 모든 것을 외워서 사람들과 능수능란하게 질문과 답변을 주고받는 훈이가 정말로 중국어를 이해하지 못한다고 볼 수 있을까? 중국어를 이해하지 못하는 사람이 그렇게 할 수 있을까? 애초에 중국어 방 속의 훈이도 중국어를 이해하지 못한다면 아무리 매뉴얼이 잘되어 있다고 해도 대답을 내놓지 못하는 것 아닐까? 다시 말해서 질문에 대해 대답을 잘 내놓는다면 훈이가 중국어 방 안에 있든 밖에 있든 중국어를 이해한다고 말해야 하지 않을까? **사고실험 091**은 물리학자 아인슈타인의 일화로 전해져 오는데 사실인지는 알 수 없다. 거기서 운전기사가 참석자의 질문에 대답을 못한다면 아인슈타인의 강의를 이해를 못한 채 외웠다고 봐야 한다. 그러나 대답까지 제대로 한다면 이해한다고 말해야 하지 않을까?

중국어 방 논변에 대한 또 다른 반론은 중국어 방이 적절한 답변을 내놓기 위해서는 그런 방만 있어서는 안 되고 적절한 감각과 운동 장치까지 있어야 한다는 것이다. 그러려면 기계가 방 안에 처박혀 있는 것이 아니라 아예 로봇이 되어야 한다. 그 로봇 안에 중국어 방이 들어가 있을 것이다. 마치 로봇 태권 V의 조종석에 훈이가 앉아 있는 것과 같다고 생각하면 된다. 설은 이 반론은 **사고실험 092**와 같다고 말한다. 그가 보기에는 이것도 중국어 방과 본질적으로 다른 점이 없다. 이 로봇은 여전히 중국어 글자의 모양을 보고 대답을 내놓기 때문이다. 그러나 우리 사람도 마찬가지 아닐까? 우리가 글자의 모양을 보거나 듣고 나서 그에 대한 적절한 반응을 몸의 동작이나 목소리를 통해 내보는 것은 이 로봇과 똑같지 않을까? 그런데 우리는 이해했다고 하고 로봇은 이해하지 못했다고 보는 것은 로봇을 차별하는 것 아닐까?

⑤

마음 없는 세계

제거론

사고실험 093
훈이는 체육관 안에 있다. 그런데 그 체육관에는 훈이처럼 한 자나 중국어를 전혀 모르는 사람들 수십억 명이 있다. 그들은 무전기로 서로 연락을 주고받는다. 그 체육관에 중국어로 된 질문이 들어온 다. 그러면 체육관 속의 사람들이 부지런히 움직인 다음에 역시 중국어로 된 답변을 내보낸다.

사고실험 094
훈이는 영어를 모른다. 영어를 읽지도 쓰지도 못한다. 하지만 그는 셰익스피어 전문가로 세계적인 명성을 얻고 있다. 그는 셰익스피어 작품들의 훌륭한 한국어 번역판을 읽었으며, 셰익스피어 희곡 들에 관한 훌륭한 논문들을 한국어로 발표하였다. 이 논문들은 다시 영어로 번역되어 저명한 영문 학술지들에 발표되었고, 그는 셰익스피어 전문 연구 자로서 세계적인 명성을 얻게 된 것이다.

훈이는 캄캄한 방에서 막대자석을 들고 있다. 그는 그 자석을
위아래로 움직였다. 그러나 그 자석에서는 아무런 빛도 나지
않았다.

은하계에서 우리 지구의 반대쪽 끝에 있는 행성에는 우리와 비
슷한 생명체가 산다. 그들도 우리처럼 집을 짓고 폭탄을 만들
고 시를 쓰고 컴퓨터 프로그램을 만든다. 그런데 이들은 자신들에게 마음이
있다는 것을 모른다. 그들은 '바란다', '믿는다', '기쁘다', '따뜻하다', '따갑
다'처럼 마음 상태를 나타내는 말을 쓰지 않는다. 그 대신에 신경과학의 용
어로 자신의 내적 상태를 나타낸다. 가령 누군가가 꼬집었을 때 '아프다'라
는 말 대신에 '나의 C-신경섬유가 작동한다.'라고 말한다.

중국어 방 사고실험에 대한 반론은 계속된다. 그 실험이 비판하려고 하
는 컴퓨터는 우리에게 친숙한 디지털 컴퓨터다. 곧 중앙처리장치CPU가
하나 있고 한 번에 하나씩 일을 직렬적으로 처리한다. 방 안에 있는 훈
이가 중앙처리장치에 해당하고 그가 매뉴얼을 보고 일을 처리하는 것은
직렬처리에 해당할 것이다. 그러나 인공지능을 개발하려는 사람들이 만
드는 컴퓨터는 그런 컴퓨터가 아니다. 그들은 인간의 뇌를 흉내낸 컴퓨
터를 만들려고 한다. 인간의 뇌는 약 천억 개의 신경세포들과 그것들 간
의 시냅스로 이루어졌으며 각 신경세포는 동시에 작용하는 병렬처리 작
용을 한다. 그것을 흉내낸 컴퓨터도 수많은 유닛들과 그것들 간의 연결
로 이루어져 있다. 그래서 이 시스템을 **연결주의 기계** 또는 **병렬분산처**

리 시스템이라고 부른다.

　사실 컴퓨터를 인간의 정신 작용에 비유해왔지만 직렬식 컴퓨터는 인간과 다른 점이 아주 많다. 인간이 못하는 일은 엄청나게 잘하고 인간이 잘하는 일은 오히려 못한다. 가령 우리는 계산이 두 자리만 넘어가도 헤매는데 컴퓨터는 아무리 큰 숫자도 척척 계산해낸다. 반면에 우리는 글자가 약간 흐릿하게 보이거나 일부가 찢겨도 무슨 글자인지 금방 알아보지만 컴퓨터는 점 하나만 빠져도 알지 못한다. 우리는 새로운 것을 배우는 학습 능력이 있지만 디지털 컴퓨터는 그런 능력이 없다. 연결주의 기계는 인간 지능의 이런 특성들을 잘 구현해낸다고 알려져 있다. 그래서 패턴 인식이나 자발적 학습 같은 데서 장점을 보인다고 한다. 인공지능 연구는 이런 기계에 의해서 진행되는 경우가 많으므로 중국어 방 사고실험은 대상을 잘못 잡은 잘못된 인공지능 비판이다.

　사고실험 093은 이런 반론을 다시 논박하고 있다. 이것은 **사고실험 085**와 비슷하다. 사람이 아주 많아야 하기 때문에 방이 아니라 체육관에 모여 있다. 아마 체육관은 말할 것도 없고 돔 경기장이라도 그 많은 사람을 다 수용할 수 없을 테지만 사고실험이니까 그냥 넘어가자. 체육관 안의 사람 한 명 한 명은 연결주의 기계의 유닛에 해당하고 그들 간의 무선 교신은 유닛 간의 연결에 해당할 것이다. 이 '중국어 체육관'도 중국어 방처럼 중국어로 된 질문이 들어오면 중국어로 된 답변을 내보낸다. 그러나 체육관 안에 있는 어떤 사람도 중국어를 이해했다고 볼 수 없다. 그렇다고 해서 체육관이 이해했다고 볼 수도 없다. 설령 컴퓨터가 인간의 뇌와 비슷하게 된다고 하더라도 생각할 수 없다는 것이 이 사고실험의 결론이다.

인간의 뇌의 신경세포는 천억 개이고 그것들 간의 시냅스는 백조 개라고 한다. 그런데 인간의 뇌만큼의 뉴런과 연결을 갖는 기계가 있고 그것들이 적절하게 작동하는데도 그 기계가 생각할 수 없다고 미리부터 단정하는 것 역시 상상력의 한계일 것 같다. **사고실험 077**에서, 뇌 속을 여행할 때 신경세포들과 그것들 간의 전기화학적인 신호밖에 없다고 해서 거기에 정신이 없다고 보는 것은 부분과 전체를 오해하는 것이라고 말했다. 인간의 뇌와 비슷한 연결주의 기계가 만들어진다고 할 때 거기에 정신이 없다고 단정하는 것은 비슷한 잘못을 저지를 가능성이 있다.

아무리 그래도 로봇은 인간이 될 수 없다고 반대하는 사람이 있을 것이다. 로봇이 인간처럼 말을 하고 슬퍼한다고 해도 그것은 진정한 생각이나 느낌이 아니라는 것이다. 유기물로 만들어진 인간과 달리 무기물로 만들어진 로봇은 생각한다고 볼 수 없다고 말이다. 미래 세대에 그런 일이 일어날지 모른다. 인간과 겉모습도 똑같고 행동도 똑같고 감정도 똑같지만 차별받는 종족이 생긴다. 그들은 인공지능을 지닌 인조인간이기 때문이다. 이게 왜 차별인지 이해하기 위해서 **사고실험 094**를 보자. 만약 그런 훈이가 있다면 훈이가 셰익스피어를 이해하지 못했다고 말하는 것은 전혀 말이 안 된다. 그는 누구보다도 셰익스피어를 잘 이해하고 있다. 만약 그가 한국어밖에 못한다고 해서, 다시 말해서 영어를 읽고 쓰지 못한다고 해서 셰익스피어를 이해하지 못했다고 말한다면 그것은 공정하지 못한 차별이 될 것이다. 중국어 방 또는 중국어 체육관도 마찬가지다. 그 안에 있는 누구도 중국어를 읽고 쓰지 못하지만 중국어로 유창하게 의사소통을 하고 있으므로 중국어를 이해했다고 볼 수 있는 것 아닐까? 그런데도 기계가 인간이 아니라고 해서 중국어를 이해하지 못한다고 말한다면 그것 역시 공정하지 못한 차별이 아닐까?

물리학자 맥스웰James Clerk Maxwell(1831~1879)은 1864년에 빛이 전자기파라는 것을 발견했다. 그런데 그 주장에 대해 **사고실험 095**처럼 반대하는 사람이 있다고 해보자. 자석을 위아래로 움직이면 거기서 전자기파가 생길 것이다. 맥스웰의 주장대로라면 빛이 생겨서 캄캄한 방이 밝아져야 할 것이다. 그러나 빛은 전혀 생기지 않는다. 따라서 빛은 전자기파가 아니며 '인공 빛'을 만들려는 시도는 성공하지 못한다는 결론을 내린다. 그렇지만 맥스웰 입장에서는 이 현상을 얼마든지 설명할 수 있다. 자석을 움직이면 전자기파가 생기긴 하지만 우리 눈으로 관찰할 수 있는 파장의 빛이 아니기 때문에 보이지 않는 것이다. 그러므로 이 사고실험은 빛과 전자기파가 동일하다는 주장에 대한 반론이 되지 못한다. 그리고 맥스웰 이후로 실제로 인공 빛이 만들어졌다. '빛나는 방'이 되지 않는다고 해서 빛이 전자기파가 아닌 것은 아니다.

이 '빛나는 방'이 '중국어 방'에 대해 말해주는 것은 빛이 됐든 지능이 됐든 우리의 상식적인 견해로 그것의 가능성을 단정해서는 안 된다는 것이다. 과학자들이 빛은 전자기파라는 가설을 세운 후 어떤 조건에서 전자기파가 빛이 될 수 있는지 연구하는 것에 대해 빛에 대한 상식적인 견해로 왈가왈부해서는 안 된다. 마찬가지로 과학자들이 이러이러한 조건에서 인공지능이 생길 것이라고 연구하는 것에 대해 지능 또는 생각에 대한 상식적인 견해로 반대해서는 안 된다. 인공 빛이 가능한 것처럼 인공지능도 가능하지 않을까?

역사를 돌이켜 보면 사람들이 상식적으로 존재한다고 믿었으나 결국은 존재하지 않는 것으로 드러난 것이 많다. 귀신이나 마녀 같은 것이 그 대표적인 예다. 우리 조상들은 누군가 아프면 귀신이 붙어서 그렇다고 생각해서 귀신을 쫓아내는 굿을 했지만 지금은 귀신을 믿는 사람을 찾아보기 어렵다. 서양의 마녀나 요정도 귀신과 같은 운명에 처해졌다. 철석같이 믿던 존재가 없어진 것은 일반인들에게만 일어난 일은 아니다. 과학자들이 믿던 것들 중에도 그런 것들은 많다. 플로지스톤은 연소를 설명하기 위해서, 에테르는 빛의 전파를 설명하기 위해서, 천구는 천체의 운동을 설명하기 위해서, 생기는 생명을 설명하기 위해서 가정되었지만 결국 모두 존재하지 않는 것으로 드러났다. 심신 문제에 대해 연구하는 철학자들 중에는 마음도 그런 것들과 같은 처지라고 생각하는 이들이 있다. 신경과학이 훨씬 더 발전한다면 정신 상태를 언급하지 않고도 모든 것을 설명할 수 있다는 것이다. **사고실험 096**이 그런 가능성을 보여준다. 신경과학이 발달하면 우리도 '아프다'라는 말 대신에 예컨대 'C-신경섬유가 작동되었다.'라고 신경과학의 용어로 말하는 날이 올지도 모른다. 물론 그렇다고 해서 우리가 안 '아픈' 것은 아니다. 우리는 여전히 누군가 꼬집으면 "아야!"라고 소리를 지르고 팔을 움츠린다. 그러나 우리에게 일어나는 것은 '아픔'이 아니라 'C-신경섬유의 작동'이라는 것을 잘 알므로 '아프다'라는 말을 더 이상 쓰지 않는다. 우리에게 있는 것은 물리적 상태일 뿐이다. 그때에도 우리에게 정신 상태가 있다고 생각하는 사람은 귀신을 믿거나 플로지스톤이 있다고 생각하는 사람과 똑같다.

이런 견해를 우리의 존재 세계에서 마음을 제거했다고 해서 **제거론**이라고 부른다. 동일론 또는 일원론에서는 마음을 없애는 것이 아니었다. 마음은 물리적인 것과 동일한 것으로서 존재했다. 물리적인 것과 동일하므로 물리적인 것이 있으면 마음도 있다. 그러나 제거론에서는 마음을 아예 제거해버린다. 우리도 언젠가는 **사고실험 096**의 생명체처럼 "네가 꼬집으니까 아파. 네가 미워."라고 말하는 대신 "네가 꼬집으니까 내 C-신경섬유가 작동되었어. 그래서 내 D-신경섬유도 작동되었어."라고 말할지도 모른다. 개그맨 서경석과 이윤석이 데뷔 초기에 "부신피질 호르몬이 뇌의 전두엽을 강타하고 거기서 나온 임펄스가 나의 심장에 난 털을 건드려…" 같은 개그로 인기를 끈 적이 있었는데, 제거론자가 꿈꾸는 미래도 그런 개그의 한 장면 같다. 정말 그런 날이 올까?

▶ 정리하기

심신 문제는 정신과 물질의 관계에 관한 철학적 문제이다. 데카르트는 정신과 물질은 별개라는 실체 이원론을 주장하는데, 정신과 물질의 상호 영향을 설명하지 못한다는 문제점이 있다. 동일론 또는 일원론은 과학에서의 사례에 빗대어 정신과 물질은 동일하다고 주장한다. 이에 비해 속성 이원론은 그 둘은 실체로서는 하나이지만 속성으로는 별개라는 이론이다. 속성 이원론은 박쥐 사고실험이나 흑백방 사고실험을 근거로 물질은 주관적 경험을 설명할 수 없기에 정신은 물질과 동일하지 않다고 주장한다. 그러나 동일론은 속성 이원론으로는 다른 사람의 마음 문제를 설명할 수 없다고 비판한다.

기능론은 정신 상태가 물리적으로 다양하게 구현될 수 있다고 주장함으로써 동일론에 반대한다. 그러나 기능론은 감각질이 없거나 감각질이 뒤집힌 경우를 설명할 수 없다는 문제점이 있다. 기능론에 토대를 두고 있는 튜링 테스트는 기계가 생각할 수 있느냐는 물음에 대한 기준이 된다. 그러나 중국어 방 사고실험은 기계가 튜링 테스트를 통과해도 생각한다고 말할 수 없음을 보여준다. 중국어 방 사고실험은 인간과 기계가 똑같은 기능을 해도 기계라는 이유로 차별을 한다는 비판을 받는다.

한편 귀신이나 마녀를 한때 믿었지만 지금은 아무도 믿지 않는 것처럼, 마음도 언젠가는 우리의 존재 세계에서 사라지고 신경과학의 설명만이 남을 것이라고 주장하는 제거론도 있다.

▶▶ 생각 다지기

1. 데키르트적 이원론은 어떤 주장이고, 어떤 문제점이 있는가?
2. 일원론의 주장은 무엇이며 지지하는 근거는 어떤 것이 있는가?
3. 속성 이원론은 어떤 주장인가?

4. 주관적 경험이 물질로 설명되지 않는다는 주장 두 가지를 설명하라.

5. 기능론은 어떤 주장인가?

6. 감각질에 근거해서 기능론을 반대하는 두 가지 논변은 어떤 것인가?

7. 튜링 테스트란 무엇인가?

8. 중국어 방 사고실험은 무슨 내용이고 이 사고실험에 대해 어떤 반론이 가능한가?

9. 제거론은 어떤 주장인가?

▶▶▶ 생각 키우기

1. 일상생활에서 "정신 차려!", "의식이 깨어 있다.", "마음이 따뜻한 사람." 따위의 말이 종종 쓰이고, 정신, 의식, 마음 등의 개념은 우리의 신체나 물질과 다르다고 생각되는 경향이 있다. 그런 개념은 단순히 언어적인 수사로 쓰이는가, 아니면 독립적인 실체로서 존재한다고 볼 만한 근거가 있는가?

2. 동일론에 따르면 우리가 죽은 후에는 우리의 신체가 없어지므로 정신도 존재하지 않는다. 사후 세계를 인정하지 않는 것은 동일론의 약점일까, 아니면 동일론이 사후 세계를 인정하지 않으므로 사후 세계는 없을까?

3. 다른 사람에게 마음이 있다는 것은 대체로 나의 행동과 다른 사람의 행동 사이의 유비에 의해서 증명된다. 다른 사람의 행동이 나에게 마음이 있을 때의 행동과 유사하므로 그 사람에게도 마음이 있다고 추론하는 것이 정당하다는 것이다. 이 유비 추론은 어느 정도로 강한지 생각해보자.

4. 우리 인간과 전혀 구별할 수 없는 행동을 하는 로봇이 등장했을 때 로봇에게도 인간과 같은 권리를 주는 것이 옳을까? 그래도 로봇은 인간과 다르다고 차별한다면, 단지 피부색이 다르다는 이유로 차별하는 인종 차별과 어떻게 다른지 생각해보자.

5. 제거론이 주장하듯이 정신은 결국은 귀신처럼 제거될까? 만약 그러면 정신을 가리키는 우리의 용어들은 어떻게 변할지 생각해보자.

7장

확실한 지식이 있을까?

여는
대화

훈이   송이

(훈이와 송이는 학교 식당에서 만났다.)

🧑‍🦰 훈이야, 어서 와. 여기 앉아.

😊 그래, 고마워.

(훈이가 잠시 머뭇거린다.)

🧑‍🦰 왜 그래? 어서 앉아.

😊 어디에 앉으라는 거지?

🧑‍🦰 이 의자에 앉으라고. 의자 여기 있잖아.

😊 의자가 거기 있어? 어디?

🧑‍🦰 여기! 안 보여?

😊 보이긴 하지. 그치만 나에게 보이는 것은 네모난 모양과 갈색이라는 색깔이야.

🧑‍🦰 얘가 무슨 소릴 하는 거야? 네가 말한 네모난 모양과 갈색이라는 색깔을 갖고 있는 것이 바로 의자야.

😊 그래? 너는 그걸 어떻게 알지?

🧑‍🦰 얘가 배가 고파서 헛소리를 하나? 왜 자꾸 이상한 소리를 해! (의자를 발로 톡톡 치며) 여기 의자가 있는 것이 분명하잖아.

😊 아, 그 소리! 발로 차니까 톡톡 나는 소리도 있지. 그러니까 내가 있다고 확신할 수 있

는 것은 네모난 모양과 갈색이라는 색깔과 찼을 때 톡톡 나는 소리뿐이야. (손으로 만져보며) 음, 한 가지 더. 손으로 만져보니까 매끈매끈한 감촉도 있네.

왜, 혀로 맛도 보시지. 네 말은 보고 듣고 만지고 하는 그런 감각들만 확실히 있다는 거지?

이제야 내 말을 이해했군. 그 감각들 말고는 있는지 없는지 알 수가 없어.

너 무슨 수업 듣고 오는 거야?

철학.

그래서 그런 소리를 하는구나.

응, 철학 수업 시간에 배운 건데 듣고 보니 맞는 말 같아. 나도 상식에 어긋난다는 것은 알지만, 따지고 보면 그런 감각들 말고 확실히 아는 게 뭐가 있어?

그치만 그 감각이 있기 위해서는 무엇인가가 있어야 하잖아. 아무것도 없이 그런 감각이 생길 수 있겠어?

네 말이 일리는 있어. 그러나 그것은 어디까지나 추측이야. 감각이 저 혼자 생길 수는 없을까? 만약 무엇인가가 있어야 한다고 해도 왜 그것이 하필 의자야?

아무것도 없는데 어떻게 감각이 생길 수 있어?

너 어제 휴대전화 안 가지고 왔을 때 벨 소리가 들리는 것 같은 착각에 빠졌다고 했잖아?

정말 그래. 만날 휴대전화를 들고 다니다가 하루 안 가지고 오니까 그러네. 환청이었나 봐.

그것 봐. 환청도 무슨 소리가 들리는 것 같은 감각이야. 그런데 아무것도 없어도 그런 감각이 생기잖아.

그러니까 네 말은 지금 여기 있는 의자도 헛것을 본 것일 수 있다는 거야?

아니, 꼭 그렇지는 않아. 내 말은 헛것을 봐서 감각이 생기는 경우와 진짜 의자가 있어서 감각이 생기는 경우를 구분할 수 없다는 거야. 우리에게 있는 것은 오직 감각밖에 없어. 그런데 진짜 의자가 있어서 그 감각이 생긴 것인지, 아니면 잘못 봐서 감각이 생긴 것인지 어떻게 구분하느냐 이거지.

아냐, 구분할 수 있어. 물론 가끔 의자가 없는데 있는 것으로 착각할 때가 있지. 그치만 그것은 그때뿐이야. 다시 한 번 확인해보면 사실은 착각이었다는 것을 알 수 있어. 그치만 진짜 의자가 있을 때는 언제 봐도 항상 똑같아.

정말 항상 똑같을까? 내가 의자를 이쪽에서 보면 좀 진한 갈색으로 보여. 그러나 저쪽 밝은 쪽에서 보면 밝은 갈색으로 보여. 감각이 항상 똑같지는 않아. 그런데도 착각인 경우와 다를까?

그래? 그래서 여기에 의자가 없다는 거야? 그럼 앉지 마.

(훈이가 살그머니 의자에 앉는다.)

야, 의자가 없는데 어떻게 앉니?

나는 의자에 앉은 게 아니라 갈색 빛이 나고 네모나게 생기고 발로 차면 톡톡 소리가 나고 만지면 매끄러운 느낌이 나는 것에 내 엉덩이를 댔을 뿐이야.

전지전능한 악마
방법적 회의

사고실험 097

훈이는 아이돌 스타인 송이를 만났다. 송이에게서 사인도 받고 함께 사진도 찍었다. 그는 너무 기뻐서 꿈만 같다고 생각했다. 그러나 정말 꿈이었다. 꿈속에서 송이를 만난 것이었다. 그런데 오늘 정말로 우연히 송이를 만났다. 정말로 송이에게서 사인도 받고 함께 사진도 찍었다. 그는 이것도 꿈이 아닌가 생각했다.

사고실험 098

전지전능한 악마가 있다. 다시 말해서 이 악마는 모르는 것이 없고 못하는 것이 없다. 단 악마이기 때문에 착하지는 않아서 사람들을 속인다. 훈이는 2 더하기 3은 5라고 믿고 있지만, 사실은 4다. 그런데 훈이가 2 더하기 3을 계산할 때마다 악마가 5가 답이라고 속이는 것이다. 훈이만 속이는 것이 아니라 세상 모든 사람이 2 더하기 3을 계산할 때마다 5가 답이라고 속인다.

사고실험 099 훈이는 의심이 많은 사람이다. 모든 것을 의심하고 회의한다. 자신이 앉아 있는 의자도 사실은 없는 것 아닌가 의심하고, 자신과 이야기하는 봉이도 사실은 없는 것 아닌가 의심한다. 더 나아가서 자신도 사실은 없는 것 아닌가 의심한다. 자신의 손과 발과 몸이 사실은 없지만 있는 것처럼 악마가 속일 수 있기 때문이다.

사고실험 100 스무 살 훈이는 이 세상이 존재한다는 것을 의심하지 않는다. 가족, 친구들, 나무, 산, 집 등이 분명히 있다고 믿는다. 그러나 이 세상은 사실 겨우 5분 전에 만들어진 것이다. 훈이는 자신이 이십 년 동안 살았다고 생각하지만 그 기억도 5분 전에 만들어진 것이고, 어제 날짜의 신문과 낡은 청바지도 5분 전에 그렇게 보이도록 만들어진 것이다.

우리는 세상에 대해 많은 것을 알고 있다. 내가 지금 학교나 직장으로 걸어가고 있다는 사실, 저 앞에 있는 나무가 푸르다는 사실, 아름다운 새소리가 들린다는 사실 등등, 우리가 아는 것은 한두 가지가 아니며, 우리는 그것들을 의심하지 않는다. 내가 아는 것들이 모여서 지식이 된다. 그런 지식은 어떻게 해서 생겼을까? 바로 우리의 다섯 가지 감각, 곧 보고 듣고 냄새 맡고 느끼고 맛을 보는 것이 지식이 생기는 가장 기본적인 통로다. 우리는 나무를 보고 푸르다는 것도 알고 상쾌한 냄새가 난다는 것도 안다. 더 나아가서 그런 시각 또는 후각 자극을 제공해주는 나무가 있다는 것을 전혀 의심하지 않는다. 나무가 정말로 있어야만 나무의 푸른 빛도 느끼고 상쾌한 냄새도 느끼는 것 아니겠는가? 나무는 정말로 있고, 우리는 그것이 있다는 것을 감각을 통해서 잘 **안다.**

　감각은 세상의 존재와 그 존재에 대한 우리의 인식을 확신하게 만드는 통로다. 그런데 그런 감각이 잘못된 것이라면 어떨까? 우리는 실제로 그런 잘못을 자주 저지른다. 휴대전화를 안 가져왔는데도 전화벨 소리가 들린다거나 유리컵에 든 젓가락이 휘어져 보인다거나 하는 착각은 누구나 한다. 물론 그런 사례들에 근거해서 우리의 인식을 확신하지 못한다고 결론을 내리면 성급하긴 하다. 그런 착각은 특수한 경우에 일어날 뿐이고, 내 손에 들고 있는 휴대전화에서 울리는 전화벨 소리를 듣는 감각이나 상에 올려진 젓가락을 곧게 보는 감각은 확실해 보인다. 그러나 우리는 꿈속에서도 그런 감각을 하는데 꿈속의 감각과 현실에서의 감각을 구분할 수 있을까? **사고실험 097**의 훈이는 꿈속에서 송이를 보는 감각을 하지만, 그것은 어디까지나 꿈일 뿐이다. 정말로 송이가 존재해서 감각을 한 것은 아니다. 이번에는 꿈에서 깨어나서 정말로 송이를 보았다. 그러나 그 경험도 꿈이 아니라는 보장이 있는가? 현실의 훈이는 송이를 만난 것이 너무 믿기지 않아 꿈만 같다고 생각하지만 정말 꿈인 것은 아니다. 그러나 그것은 꿈속의 훈이도 마찬가지였다. 훈이는 꿈속에서도 송이를 만난 것이 꿈만 같다고 생각했지 정말 꿈이라고 생각한 것은 아니었다. 그렇다면 꿈과 현실을 구분할 수 있는 방법이 있을까? 꿈에서나 현실에서나 감각 경험은 똑같은데.

　이 사고실험은 데카르트의 **꿈의 논증**이다. 데카르트의 목적은 현실이 사실은 꿈에 불과하다는 것을 보여주려는 것이 아니었다. 오히려 아무리 의심해봐도 도저히 의심할 수 없는 확실한 것을 찾으려는 것이 그의 목적이었다. 그는 지식의 체계를 전혀 의심할 여지가 없는 확실한 토대 위에 올려놓으려고 했다. 그러기 위해서 의도적으로 더 이상 의심할 수 없을 때까지 모든 것을 의심해보았다. 참다운 인식의 출발점을 얻기 위한 방법으로 의심을 하는 것이기 때문에 그의 의심을 **방법적 회의**라고 한다. 그렇게 회의한 끝에, 우리의 감각으로 알게 된 것은 현실에서 생긴 것인지 꿈에서 생긴 것인지 구분할 수 없기 때문에 믿을 수 없다는 결론에 이른다. 우리가 세상이 있다는 것을 아는 것은 바로 이 감각 때문인데, 그 감각을 믿을 수 없다면 세상에 대한 우리의 앎을 의심할 수밖에 없다. 내가 아는 것이 맞는지 틀리는지 알 수 없다는 주장을 철학자들은 **회의론**이라고 부른다. 이제 회의론이 올바른 이론인 것처럼 보인다.

그런데 우리는 감각 경험에 의해서만 아는 것은 아니다. 예를 들어 2 더하기 3이 5라는 사실이나 사각형은 변이 4개라는 사실은 경험에 의해 아는 것이 아니다. 감각이 동원되지 않는, 오직 머릿속에서만 처리되는 지식이다. 이런 지식은 감각 경험에 의한 지식과 달리 현실에서나 꿈속에서나 똑같이 성립한다. 꿈속에서 2 더하기 3이 5라고 생각했다고 해도 2 더하기 3은 5이다. 이제 무엇에 의해서도 의심받지 않는, 절대적으로 확실한 지식을 찾은 것 같다. 수학의 지식이 바로 그것이다.

그러나 **사고실험 098**과 같은 악마의 가설은 그런 지식도 확실하지 않다는 것을 보여준다. 수학의 지식처럼 확실한 것도 사실은 거짓인데 악마가 참인 것처럼 속이는 것이라고 상상해볼 수 있다. 확실하다고 생각되는 수학의 지식마저 참인 것으로 속일 수 있으니 다른 지식을 속이는 것은 일도 아니다. 사실은 내 앞에 컴퓨터가 없는데 있는 것처럼, 내가 사실은 화성의 비밀요원인데 한국의 평범한 시민인 것처럼, 사실은

블레이드 러너 (복제인간 추격꾼)

이 세상이라는 것이 없는데 있는 것처럼 속일 수 있다. 악마의 가설도 데카르트가 제시한 것이다. 그의 의도는 우리가 악마에게 정말 속는다는 것이 아니라, 악마에게 속고 있지 않다고 확신할 수 없음을 보여주려는 데 있다.

자, 그렇다면 데카르트는 회의론이 맞는다고 인정하는 것일까? 그렇지 않다. **사고실험 099**의 훈이는 곧 데카르트다. 훈이가 의심에 의심을 거듭하여 결국 자신도 사실은 존재하지 않는다는 결론에 이르렀다고 해보자. 그러나 속으려면 속는다는 생각을 해야 한다. 다시 말해서 악마에게 속으려면 적어도 생각하는 훈이는 꼭 있어야 한다. 물론 훈이의 몸뚱이는 없어도 상관없지만 '생각하는 훈이'는 꼭 있어야 한다. (6장에서 데카르트가 몸과 마음은 구분된다고 주장했음을 상기해보라. 마음은 생각하는 곳이다.) 모든 것을, 심지어는 내가 없는 것 아니냐고 의심하려고 해도 그 의심하는 나는 있어야 하지 않겠는가? 그런데 그 나는 바로 생각하는 나다. 그래서 누구나 한 번은 들어봤을 데카르트의 유명한 말이 나오게 되었다. "나는 생각한다. 고로 나는 존재한다."

데카르트는 "나는 생각한다. 고로 나는 존재한다."라는 명제를 의심의 여지가 없는 가장 확실한 지식이라는 의미에서 **명석판명한 지식**이라고 부른다. 그리고 이 지식에서 다른 지식들이 따라나온다고 생각했다. 그렇다면 데카르트는 회의론에서 벗어난 것일까? 애석하게도 그렇지 않다. 데카르트가 방법적 회의를 거쳐 도달한 결론은 의심하거나 생각하는 누군가는 반드시 있어야 한다는 것이었다. 그러나 그 생각하는 누군가가 항상 같아야 한다는 보장이 있을까? 내가 했다고 생각되는 5분 전의 생각을 내가 했다고 확신할 수 있는가? 내가 했다고 생각되는 10분 전의 생각을 내가 했다고 확신할 수 있는가? 내가 했다고 생각되는 15분 전의 생각을 내가 했다고 확신할 수 있는가? 지금 이 순간의 생각은 내가 하고 있는 것이 확실하지만 과거의 생각도 내가 했다는 보장이 어디에 있는가? 세상은 우리가 아는 것처럼 존재하지 않고 사실은 생각만 있는지도 모른다. 세상이 있다고 하더라도 매 순간 완전히 달라질지도 모른다. 지금 생각의 주체는 나이고 5분 전의 생각의 주체는 다른 사람이라면 말이다.

그 생각을 더 밀고 나가면 **사고실험 100**처럼 생각할 수도 있다. 우리가 믿어 의심치 않는 이 세상이 사실은 5분 전에 만들어진 것이라고 상상하는 데에는 아무런 논리적 모순도 없다. 이 세상의 역사가 5분이 넘는다는 어떤 증거를 제시해도 그 증거는 5분 전에 그렇게 보이도록 만들어졌다고 상상할 수 있다. 어쩌면 세상은 매 순간 없어졌다가 다시 만들어지는 과정을 반복하는지도 모른다. 우리는 그렇지 않다는 증거를 제시할 수 없다. 데카르트는 회의를 하다 말았다.

통 속의 뇌

현대의 회의론

때는 2110년. 훈이는 불의의 사고를 당하여 신체가 모두 훼손되었다. 과학자들은 그의 뇌를 떼어내, 뇌가 계속 살아 움직일 수 있도록 배양액이 담긴 통 속에 넣어둔다. 그리고 그의 뇌에서 사고가 났다는 기억과 뇌를 떼어냈다는 기억을 모두 지워버린다. 과학이 엄청나게 발전할 미래이니 그 정도쯤이야. 이제 훈이의 뇌는 복잡한 선으로 슈퍼컴퓨터에 연결되어 있다. 슈퍼컴퓨터는 훈이의 뇌에 자극을 보내 훈이가 정상적으로 활동할 때와 똑같은 경험을 심어준다. 그는 여전히 가족과 함께 지내고 직장에 다닌다. 그러나 그 모든 것은 컴퓨터가 만들어낸 환상이다. 훈이는 없다. 훈이의 뇌만 있을 뿐. 그러나 훈이는 그 사실을 알지 못한다.

때는 2010년, 훈이는 평범한 회사원이다. 아침에 회사에 지각해서 혼나기도 하고 퇴근 후 직장 동료들과 소주 한잔을 기울이기도 하는, 그런 평범한 회사원이다. 어느 날 훈이 앞에 선글라스를 끼고 바바리코트를 입은 이상한 사람이 나타났다. 그 사람은 훈이에게 약 두 알을 보여주며 진실을 알고 싶으면 빨간 약을, 거짓을 알고 싶으면 파란 약을 먹으라고 말한다. 어릴 적에 들은, 빨간 종이 줄까 파란 종이 줄까 하던 귀신 이야기가 문득 생각났지만, 어쨌든 빨간 약을 먹은 훈이는 엄청난 비밀을 알게 된다. 훈이가 그동안 살았던 인생과 경험했던 세계는 모두 가짜였다. 사실 인간들은 태어나자마자 액체로 가득 찬 커다란 탱크 속에 둥둥 떠서 사이보그들의 생명 연장을 위한 에너지원으로 이용된다. 그리고 슈퍼컴퓨터는 인간들의 뇌와 연결된 선을 통해 뇌에 자극을 주어 시뮬레이션된 현실을 입력한다. 훈이도 실은 탱크 속에 둥둥 떠 있을 뿐이다. 한 번도 의심하지 않았던 지금까지의 경험과 세상은 모두 컴퓨터가 조작해낸 가상현실일 뿐이다.

사고실험 103 때는 2010년, 훈이는 방금 전의 그 평범한 회사원이다. 역시 바바리코트 아저씨가 빨간 약과 파란 약 중 하나를 선택하라고 말한다. 빨간 약을 먹은 훈이는 놀라 자빠질 만한 비밀을 알게 된다. 갑자기 눈앞이 흐려지더니 썰렁한 방에 통 하나와 그 통과 복잡한 선으로 연결된 커다란 컴퓨터만 보인다. 통에는 어떤 액체가 담겨 있고 그 속에 뇌가 둥둥 떠 있다. 컴퓨터에서 나온 선들은 그 뇌와 연결되어 있다. 그게 세상의 전부였다. 훈이가 그동안 살았던 인생과 경험했던 세계는 모두 가짜였다. 슈퍼컴퓨터는 통 속에 든 뇌에 적절한 자극을 보내 세상이 있는 것처럼 경험하게 한다. 그래서 내 몸뚱이도 있고 다른 사람들도 있고 자연도 있다고 경험하게 만든다. 그러나 그 모든 것은 컴퓨터가 만들어낸 가상현실일 뿐이다. 통 속에 든 뇌에 불과한 훈이는 엄밀히 말하면 통과 슈퍼컴퓨터가 있는 방을 볼 수 없다. 다만 빨간 약을 먹은 그에게 슈퍼컴퓨터가 뇌에 자극을 주어 그런 모습을 보여준 것뿐이다.

사고실험 104

천문학자인 훈이는 우리 지구와 똑같이 생긴 쌍둥이 지구를 발견했다. 쌍둥이 지구는 지구와 모든 것이 똑같다. 딱 한 가지만 빼고. 그것은 쌍둥이 지구 사람들이 '물'이라고 부르는 것의 화학 구조가 H_2O가 아니라 XYZ라는 것이다. 그러나 화학 구조만 다르지 쌍둥이 지구에서도 물이 강을 채우고 있고, 목이 마르면 물을 마시고, 물이 하늘에서 비로 내린다.

약간씩 다른 위 이야기들 중에서 **사고실험 102**는 어디서 많이 본 것 같다고 생각하는 사람들이 많을 것이다. 바로 영화 〈매트릭스〉(1999)와 비슷한 설정이다. 〈매트릭스〉에서 주인공 네오(키아누 리브스 분)는 모피어스(로런스 피시번 분)가 준 빨간 약을 먹고 믿기 힘든 사실을 알게 된다. 사람들은 탱크 속에 떠 있는 채 뇌가 슈퍼컴퓨터에 연결되어 있으며, 자신이 그동안 경험했던 사실들은 그 슈퍼컴퓨터가 만들어낸 가상현실에 불과하다는 것을.

데카르트를 따라 전지전능한 악마가 있다고 가정해보면 우리 감각으로 경험하는 현실이 사실은 악마가 꾸며낸 거짓이라고 상상할 수 있었다. 그러나 그런 전지전능한 악마가 실제로 있다고 생각하는 사람은 거의 없을 것이다. 그렇게 상상하는 데 아무런 논리적인 모순이 없다는 것을 보여줄 뿐이었다. 그러나 위 사고실험들은 과학기술이 발전하면 실제로 실현 가능해 보인다. 사실은 세상에 아무것도 없는데 누군가가 조작해서 나에게 그런 감각이 있는 것처럼 착각하게 만든다. 다만 그 조작하는 누군가가 전지전능한 악마에서 컴퓨터로 바뀐 것뿐이다. 위와 같은 사고실험을 **통 속의 뇌** 사고실험이라고 부르는데, 악마의 가설의 현대적인 버전인 셈이다.

철학자들이 이 실험을 통해 통 속의 뇌가 정말로 가능하다는 것을 주장하는 것은 아니다. 컴퓨터 기술의 발달로 지금도 어느 정도의 가상현실을 만들어내고 있고, 미래 세계에는 현실과 전혀 구분할 수 없는 가상현실을 만들어낼지도 모른다. 그러나 그렇다고 해도 어디까지나 진짜 현실이 있고, 그 안에 가상현실이 있을 뿐이다. 미녀와 데이트하는 가상현실 기계가 있다고 해보자. 그 기계 속에 빠져 있을 때는 이게 현실인지 가상현실인지 구분하지 못할 수도 있지만, 그 가상현실에서 빠져나오는 순간 지금까지의 경험이 가상현실인지 아닌지를 분간할 수 있다.

통 속의 뇌는 그런 구분조차 불가능한 상황을 가정한다. 내가 지금 가상현실 기계 속에 들어가서 미녀와 데이트를 했다. 결정적인 순간(?)에 가상현실은 멈추고 나는 쩝 하고 입맛을 다시면서 ('돈을 더 넣었어야 했나?') 현실로 돌아왔다. 그런데 현실이라고 생각한 세상마저도 가상현실이 만들어낸 환상이 아니라고 장담할 수 있을까? 내가 현실에서 느끼는 감각과 슈퍼컴퓨터가 조작한 감각은 전혀 차이가 없다. 차이가 있다고? 철학자들은 우리가 감각으로 경험하는 세계를 우리 감각의 밖에 있다고 해서 '외부 세계'라고 부른다. 현실에서 느끼는 감각은 이 외부 세계가 실제로 존재하고 그 외부 세계가 원인이 되어 생기지만, 가상현실이 만드는 감각은 외부 세계 없이 생기는 감각이라는 차이가 있다고 주장할

사람이 있을지 모르겠다. 그러나 외부 세계가 있다는 것을 어떻게 아는가? 우리에게 주어진 감각을 통해서 외부 세계가 있을 것이라고 추측할 뿐인데, 위에서 말한 사고실험들은 그런 추측이 꼭 옳은 것은 아님을 보여준다. 우리가 확실하게 아는 것은 우리가 감각을 하고 있다는 사실이다. 그러나 외부 세계가 정말로 있어서 그 감각의 원인이 되었는지, 아니면 컴퓨터가 그 감각을 만들어냈는지 알 도리가 없다. 다시 한 번 말하지만 우리에게 있는 것은 감각 경험뿐이다. 그 감각 경험으로부터 외부 세계가 있다고 추론해내는 것이다. 그러나 그 추론이 제대로 되었는지 안 되었는지 확인할 수가 없다. 외부 세계는 글자 그대로 우리 '외부'에 있으니까.

왜 외부 세계가 없다고 하는지 아직도 이해가 안 된다고? 그러면 다음 세 경우를 비교해보자.

- 나무가 사실은 없는데 있는 것으로 착각했다.
- 나무를 보았다고 생각했는데 정말로 나무가 있다.
- 나무를 보았다고 생각했는데 사실은 컴퓨터가 그렇게 생각하도록 조작한 것이다.

세 경우의 공통점은 나무를 보는 감각 경험을 했다는 것이다. 그것만은 분명하다. 그러나 그 이상, 그러니까 착각인지 정말로 나무가 있어서 그런 것인지 컴퓨터가 조작해서 그런 것인지 알 수가 없다. 두 번째 경우에는 정말로 나무가 있다고 말하고 싶겠지만 정말로 있는지 어떻게 아는가? 가까이 가서 눈으로 보고 손으로 만져보고 코로 냄새 맡아서 아는 것 아닌가? 그러나 그것 또한 감각 경험이다. 우리는 여전히 감각 경험을 벗어날 수 없다. 그러나 그 감각 경험을 컴퓨터가 조작해내지 않았다는 보장이 없다. 그래서 통 속의 뇌는 회의론을 지지하는 아주 좋은 실험이다.

사고실험 101은 나의 지식만을 의심하는 회의론이다. 여기서는 그래도 나머지 사람들과 세상은 온전히 있고 오직 훈이만 뇌만을 가지고 있다. 나를 제외한 다른 사람들은 나처럼 전면적인 착각을 하지 않는다. 그에 비해서 〈매트릭스〉 상황인 **사고실험 102**는 대부분의 인간이 조작된 지식을 가지고 있다. 그러나 모피어스처럼 매트릭스 밖에서 활동하는 소수의 인간들은 진실, 곧 매트릭스 밖의 세상이 진짜 세상이고 매트릭스 안의 세상은 조작된 지식이라는 것을 알고 있다. 곧 **사고실험 102**는 소수의 그들을 제외한 사람들에 해당하는 회의론이다. 철학자들은 이런 식의 선택적인 회의론을 주장하는 것이 아니다. 세상 모든 사람의 지식을 의심하는 **사고실험 103**이 진정한 회의론으로 이끈다.

철학자라고 해서 회의론을 선뜻 받아들이는 것은 아니다. 스스로 제기한 회의론에서 빠져나오기 위해 무척 애쓰고 있다. **사고실험 104**와 같은 실험은 미국의 철학자 퍼트넘Hilary Putnam(1926~2016)이 제시한 것인데, 회의론을 지지하기 위해서가 아니라 반박하기 위해서 내놓은 것이다. 그는 우선 **의미론적 외재주의**라는 의미 이론을 주장한다. 어떤 낱말의 의미는 우리가 머릿속에서 생각하는 것에 의해서만 결정되는 것이 아니라 머리 밖에 있는 세계의 대상에 의해 결정된다는 이론이다. 쌍둥이 지구 사람들과 지구 사람들이 머릿속으로 생각하는 '물'은 똑같다. 강을 채우는 것이고 목이 마르면 마시는 것이고 하늘에서 비로 내리는 것이라고. 그러나 쌍둥이 지구 사람들이 가리키는 '물'과 지구 사람들이 가리키는 '물'은 서로 다른 대상이다. 머릿속으로 생각하는 것은 똑같지만 머리 밖에 있는 대상은 분명히 다르다. 그러므로 두 '물'의 의미는 다르다는 결론이 나온다.

퍼트넘은 이 결론을 통 속의 뇌 논증에도 적용한다. 통 속의 뇌가 나무를 생각하고 있다고 해보자. 그 나무는 무엇을 가리키겠는가? 나무의 이미지? 아니면 컴퓨터가 뇌에 전달한 전기 자극? 아니면 그렇게 생각하도록 만든 컴퓨터 프로그램? 어쨌든 세상에 있는 나무는 아니다. 그러나 우리는 분명히 세상에 있는 나무를 생각한다. 이렇게 통 속의 뇌가 생각하는 나무와 우리가 생각하는 나무는 다르다. 따라서 우리는 통 속의 뇌가 아니라는 것이 퍼트넘의 결론이다.

회의론 자체가 상식적인 것이 아니어서 그 주장을 이해하는 것은 만만치 않은 일이다. 그런데 그 회의론을 비판하는 주장을 이해하고 그 문제점이 어디 있는지 알아내는 것은 더 곤혹스러운 일일 것이다. 그러나 끈기를 가지고 따라가 보자. 퍼트넘처럼 회의론을 비판하는 사람이 보여주어야 할 것은 우리가 진짜 나무를 생각하고 있다는 점이다. 그는 어떤 논증을 통해서 우리가 컴퓨터가 만들어낸 가짜 나무가 아니라 진짜 나무를 생각하고 있음을 보여주어야 한다. 그러나 그가 그것을 보여주었는가? 아니다. 그는 우리가 진짜 나무를 보고 있음을 보여준 것이 아니라, 오히려 그것을 당연하게 전제하고 그것을 이용해서 우리는 통속의 뇌가 아니라고 주장하고 있다. 이것은 마치 남자와 여자를 차별해 도 된다는 것을 보여주기 위해서 남자는 담배를 피워도 되지만 여자는 피워서는 안 되기 때문이라고 말하는 사람과 같다. 남자는 담배를 피워도 되지만 여자는 피우면 안 된다는 것은 당연하게 전제하고 이용할 수 있는 주장이 아니라, 오히려 남자와 여자를 차별해도 된다는 것을 보여 주기 위해 입증해야 할 사실이다. (이런 논증은 8장에서 말하는 선결 문제 요구의 오류이다.)

퍼트넘의 좀 더 복잡한 논증을 살펴보자. 통 속의 뇌가 '나는 통 속의 뇌다.'라고 생각한다고 해보자. 정말로 통 속에 있는 뇌가 위와 같이 말하면 이 말은 참말일까? 퍼트넘에 따르면 거짓말이다. 왜냐하면 통 속의 뇌는 진짜 통 속의 뇌를 가리킬 수 없기 때문이다. 통 속의 뇌는 항상 컴퓨터가 만들어놓은 가짜 이미지만 떠올린다. 그러므로 통 속의 뇌가 '통 속의 뇌'라는 말로 가리키는 것은 진짜 통 속의 뇌가 아니라 가짜 '통 속의 뇌'다. '통 속의 뇌'로 통 속의 뇌를 가리키지 못하는 모순이 생기는 것이다. 물론 통 속에 살지 않는 뇌(보통 사람들의 뇌)가 위와 같이 말하면 이 말은 당연히 거짓말이다. '나'는 통 속의 뇌가 아니니까. 퍼트넘은 '나는 통 속의 뇌다.'는 이렇게 언제나 거짓이므로, 우리가 통 속의 뇌라는 가정은 올바르지 않다고 주장한다. 따라서 통 속의 뇌 논증에 의존하는 회의론도 성립할 수 없다는 것이다.

그러나 이 논변도 그렇게 강력해 보이지는 않는다. 일단 '통 속의 뇌'는 진짜 통 속의 뇌를 가리켜야만 의미가 생긴다는 그의 의미론적 외재주의가 맞는다는 전제에서 위와 같은 반론이 성립한다. 아쉽게도 의미론적 외재주의는 여러 의미론 중 하나일 뿐이다. 특히나 의미가 있기 위해서는 우리 밖에 있는 무엇인가를 가리켜야 한다는 생각 자체가 회의론이 반대하는 것이다. 남이 틀렸다고 말하는 것을 옳다고 말할 수는 있다. 그러나 그러기 위해서는 근거가 필요하다. 그런데 아무 근거 없이 그냥 옳다고 가정만 하고 있으니까 문제다.

③

동굴에 비친 그림자
이성론과 경험론

사고 실험 105
훈이는 태어날 때부터 동굴 안에서만 살고 있다. 그런데 훈이
를 비롯해서 동굴에서 사는 사람들은 동굴의 바깥쪽은 볼 수
없고 안쪽의 벽만 볼 수 있다. 동굴 밖에서는 수많은 사물들이 지나가는데,
그 사물들의 그림자가 동굴의 벽에 비친다. 훈이와 동굴에 사는 사람들은 평
생 그 그림자밖에 볼 수 없다. 그리고 자기들이 보는 것이 다른 어떤 것의 그
림자라는 생각은 한 번도 해보지 않았다.

사고 실험 106
훈이는 밀랍 덩어리 하나를 가지고 있었다. 색깔은 옅은 노란
색이었다. 손으로 만져보니 차갑고 딱딱했다. 손가락으로 두드
려보니 독특한 소리가 났다. 그런데 이 밀랍을 불 옆으로 가져갔더니 밀랍이
가지고 있던 맛도 없어지고 향기도 사라지고 색깔도 변했다. 모양도 흐트러
지면서 액체 상태로 변했다. 이제 그것은 더 이상 손으로 쥘 수 없고, 차갑지

않고 따뜻하며, 두드려보아도 어떤 소리도 들을 수 없다.

사고실험 107

훈이는 성경의 아담처럼 성인인 채로 이 세상에 태어났다. 그래서 이성은 완전히 갖추고 있지만 경험한 것은 아무것도 없다. 훈이를 도와줄 사람도 전혀 없다. 훈이는 강가에 갔다. 그 강을 건너야 한다. 그런데 훈이는 물속에 들어갔을 때 숨을 쉬어야 하는지, 아니면 멈춰야 하는지 알까? 강가에는 마침 갈대가 타고 있어서 불길이 훈이 쪽으로 번지고 있었다. 훈이는 불을 피해야 한다는 것을 알까? 어떤 사람이 훈이에게 빵을 줬다. 훈이는 그 빵이 먹어도 되는 것임을 알까?

사고실험 108

훈이는 태어날 때부터 시각장애인이었다. 그러나 손으로 공과 주사위를 만져서 어느 쪽이 공이고 어느 쪽이 주사위인지 구별하는 법을 배웠다. 그러던 어느 날 훈이는 수술로 시력을 갖게 되었다. 훈이는 수술이 끝나 붕대를 풀고 눈을 뜨기 직전에, 만져보지 않고서 보는 것만으로 공과 주사위를 구별할 수 있을지 궁금했다.

감각 경험이 세상에 대한 믿을 만한 정보가 되지 못한다는 것은 앞에서 살펴보았다. 시각을 예로 들어보자. 눈으로 '본다'는 것은 눈이라는 기관을 통해 빛이라는 물리적 대상을 보는 과정이다. 이것은 과학적으로 설명할 수 있긴 하지만 방법적 회의를 통해 의심할 수 있는 부분이다. 그러나 데카르트가 주장하듯이 우리가 무엇을 본다고 '생각하는' 것은 의심할 수가 없다. 비록 잘못 본다고 하더라도 본다고 생각은 하기 때문이다. 이때 보는 것은 눈이라는 물리적 기관을 이용하지만 생각은 무엇으로 할까? 뇌로? 좋다. 그럼 뇌를 이용해서 생각한다는 생각은 무엇으로 할까? 역시 뇌로? 데카르트는 이성이 생각의 도구라고 생각했다. 우리는 이 이성에 의해서 무엇인가를 알게 되는 것이다. 이런 의미에서 데카르트의 인식론을 **이성론(합리론)**이라고 부른다.

감각보다 이성을 우위에 두는 전통은 멀리 플라톤까지 거슬러 올라간다. **사고실험 105**는 유명한 **동굴의 비유**다. 이 비유에 따르면 우리는 동굴 속에 사는 사람과 같다. 우리는 평생 동굴의 벽에 비친 그림자만 볼 수 있고 그것이 진짜라고 생각한다. 철학자들은 진짜를 '실재'라고 부른다. 그러나 그림자는 실재가 아니라 실재를 불완전하게 닮은 짝퉁이다. 그 그림자를 경험하는 것은 감각이므로 감각은 믿을 수 있는 인식 도구가 아닌 것이다. 결국 실재를 인식하기 위해서는 감각보다는 이성을 이용해야 한다. 그러면 어떻게 해야 이성을 이용할 수 있을까? 동굴 밖의 진품, 곧 실재를 보고 온 사람들의 말을 들어야 한다. 그 사람들이 곧 철학자다. 플라톤에 따르면 철학자의 말에 귀 기울이고 가르침을 받아야 참다운 인식을 할 수 있다.

사고실험 106은 데카르트의 **밀랍의 비유**다. 이것은 플라톤의 동굴의 비유와 비슷한 역할을 한다. 밀랍은 불 가까이 가져가면 녹는다. (밀랍이 뭔지 모르는 사람은 양초를 생각하면 된다.) 곧 단단함, 색깔, 냄새, 모양 등의 성질을 잃는다. 그렇지만 녹은 밀랍도 밀랍은 밀랍이다. 따라서 감각만 가지고서는 불 가까이에 가져가기 전의 밀랍과 후의 밀랍이 같은 밀랍이라는 것을 설명할 수 없다. 우리는 사물을 이성을 통해 이해해야만 하는 것이다. 감각 경험에 의존해서 세상에 대한 지식을 얻는다고 할 때,

감각 경험에는 아무리 조심한다고 해도 언제나 실수의 위험이 도사리고 있다. 그리고 감각에 의한 것은 실수가 아니라고 해도 순간적이다. 밀랍이 녹으면 밀랍에 대해 가지고 있던 감각은 모두 바뀌고 만다. 그러면 우리가 확실하게 알 수 있는 것은 무엇이 있을까? 아마도 데카르트가 회의 끝에 이르렀던 내가 존재한다는 지식이나, 수학 또는 논리학의 지식 정도가 실수의 가능성이 없는 확실한 지식일 것이다. 이런 지식들은 감각 경험에 의해서 생기는 것이 아니다. 바로 합리적이라고 생각되는 우리의 이성에 의해서 생기는 것이다. 이렇게 이성론자들은 이성에 의해 얻은 지식이 가장 확실하며, 따라서 다른 모든 지식이 그 지식에 토대를 두고 형성되어야 한다고 생각한다.

물론 이성론자라고 해서 우리의 모든 지식이 이성을 통해서만 생긴다고 주장하는 것은 아니다. 또 지식을 얻을 때 감각 경험이 아무런 구실도 못한다고 주장하는 것도 아니다. 아무리 엄격한 이성론자라고 하더라도 까마귀는 검다거나 2002년에 한국에서 월드컵이 열렸다는 지식이 이성의 힘만으로 생긴다고는 생각하지 않는다. 그것들은 직접 보거나 들어야 알 수 있는 지식이다. 이성론자들이 주장하는 것은 우리의 지식들 중 일부는 그리고 아마도 가장 중요한 지식들은 감각 경험과 독립된 이성에 의해 알려진다는 것이다.

이성론과 달리 **경험론**은 지식의 근원이 감각 경험에 있다고 생각하는 이론이다. 나에게 나의 감각 경험보다 더 확실한 것이 어디 있겠는가? 그것 말고 무엇을 믿겠는가? 경험론은 이런 상식에서 출발한다. 경험론자들이 감각 경험이라고 말하는 것은 보고 듣고 느끼고 맛보고 냄새 맡는 오감이다. 따라서 경험론자들이 경험이 지식의 근원이라고 말하는 것은 오감이 우리의 모든 지식의 토대라는 뜻이다. 그런데 위에서 말한 대로 우리의 감각이 잘못될 수도 있다. 너무 배가 고파서 사과가 없는데 있는 것으로 잘못 보는지도 모르고 꿈을 꾸고 있는지도 모르고 악마에게 속는 것인지도 모른다. 그래서 사과가 정말 있는지는 확신할 수 없다. 사과가 없다고 장담하지는 못하지만 있다고 확실히 말할 수는 없다. 그러나 정말로 확실한 것이 있다. 그것은 내가 감각 경험을 하고 있다는 사실이다. 설령 착각을 일으키거나 악마에게 속임을 당하여 빨간 사과가 있는 것으로 보일지라도 빨갛게 보이는 것은 사실 아닌가? 정말로 사과가 있어서 빨갛게 보이든 착각으로 빨갛게 보이든 빨갛게 보이는 경험을 하고 있는 것은 분명하다. 진짜 빨간 사과가 있는지는 모르겠다. 그러나 사과의 빨간색과 동그란 모양과 반질반질한 느낌은 분명히 내가 느끼고 있다.

데카르트 같으면 이것을 "나는 사과의 빨강을 보고 있다."라고 말할 것이다. 그러나 정말로 확실한 것만 말하자면 "빨갛고 동그랗고 반질반질한 게 보인다."라는 것이다. 빨강을 보고 있는 '나'가 있는지도 확실하지 않기 때문이다. 정말로 확실한 것은 빨갛고 동그랗고 반질반질함을 경험한다는 사실뿐이다. 이런 식의 생각을 한 철학자들은 17, 18세기 영국의 경험론자들이다. 그들에 따르면 우리의 모든 지식의 원천은 경험이다. 경험만큼 확실한 것은 없기 때문이다. 로크, 버클리George Berkeley(1685~1753), 흄으로 대표되는 경험론은 데카르트, 스피노자Baruch Spinoza(1632~1677), 라이프니츠의 이성론과 함께 서양 근세 철학을 지탱하는 두 기둥이다.

경험론의 주장은 "우리 마음은 백지와 같다."는 로크의 비유에서 잘 드러난다. 이 비유는 감각이 주어지기 전에는 마음에 아무것도 없음을 표현한 것이다. 경험론자들은 어떤 관념이나 인식 구조가 태어날 때부터 마음에 새겨져 있다는 생각을 부정한다. 우리가 태어날 때부터 가지고 있다고 생각되는 관념을 **본유관념**이라고 부른다. 로크는 아주 확실하다고 알려진 본유관념인 동일률("A이면 A이다.")과 모순율("A는 A가 아니라는 것은 말이 안 된다.")마저도 보편적으로 동의되지도 않고 어린이들에게는 알려지지 않았다는 이유를 들어 본유관념 이론을 반박한다. 마음은 태어날 때 깨끗한 백지상태이며, 오감으로 거기에 비로소 무엇인가를 쓰는 것이다. 감각은 우리가 무엇인가를 아는 유일한 수단이다.

흄은 **사고실험 107**과 같은 질문을 던진다. 경험론자에 따르면, 만약 완벽한 이성은 있지만 경험이 전혀 없는 아담과 같은 사람이 있다면 그는 아무것도 알지 못할 것이다. 무엇인가를 알기 위해서는 경험을 통해 시행착오를 거쳐야 하기 때문이다. 물속에서는 숨을 멈춰야 한다는 것, 뜨거운 불은 피해야 한다는 것, 빵을 먹으면 영양분을 섭취한다는 것은 경험을 통해 배우는 것이다. 본유관념이라는 것은 없다.

좀 더 구체적인 **사고실험 108**도 보자. 시력을 갖게 된 훈이가 시력만으로 공과 주사위를 구별할 수 있을까? 경험론 철학자들은 그럴 수 없다고 대답한다. 훈이는 물리적 대상을 보고서 어떻게 시각 경험을 하는지 아직 배우지 못했기 때문이다. 이성론자들이라면 훈이는 태어날 때부터 감각 경험과 상관없이 가지고 있던 본유관념이 있어서 방금 본 것을 그것과 연관시켜 구별할 수 있을 것이라고 대답할 것이다. 그러나 경험론자에 따르면 우리는 그런 본유관념이 없고 오직 감각 경험만으로 인식하므로 학습하기 전에는 구별할 수 없다. 이 사고실험은 18세기 영국 경험론자들이 제시한 것이다. 현대 과학은 이 실험에 대답할 수 있지 않을까? 몇몇 실험은 경험론자들의 편을 드는 실험 결과를 내놓는다. 곧 시력이 생겨도 사물을 구별하는 시각 경험을 곧바로 할 수는 없다고 말이다. 그러나 복구된 시각 체계가 완벽하지 않기 때문에 구별하지 못할 수도 있다. 반면에 **사고실험 108**에서는 훈이의 시각 체계가 완벽하게 복구되었다고 가정한다. 사고실험은 사고실험일 뿐이다.

④

아무도 없는 숲
실재론과 관념론

**사고
실험
109**

훈이는 전화교환원이다. 외부에서 걸려온 전화를 받고 전화를
건 사람의 목소리를 듣고 요청하는 번호를 기록하고 걸려온 전
화를 그 번호의 회로에 연결하는 일을 한다. 그런데 그는 태어난 후 한 번도
전화교환실 밖으로 나가본 적이 없다. 전화를 건 사람이나 그와 비슷한 사
람도 본 적이 없다. 그가 알고 있는 것은 오로지 전화를 통해 들은 목소리뿐
이다.

**사고
실험
110**

훈이가 살고 있는 마을의 숲은 아주 울창하고 깊어서 아무도
들어가본 적이 없다. 심지어는 동물도 살지 않는다. 그 숲에서
는 소리가 날까? 물론 숲에 아무도 없어도 바람에 나뭇잎은 움직이고 떨어
지기도 할 것이다. 소리는 공기의 움직임이면서 동시에 동물의 청각기관을
자극하는 것이다. 숲에 아무도 없으면 공기의 움직임은 있겠지만 동물의 청

각 기관을 자극하는 일은 없다. 그 숲에서는 소리가 난다고 할 수 있을까? 그리고 숲이 보인다고 할 수 있을까? 본다는 것은 특정 빛의 파장을 반사하는 것이면서 동시에 동물의 시각기관을 자극하는 것이다. 숲에 아무도 없으면 숲은 빛의 특정 파장은 반사하겠지만 동물의 시각기관을 자극하는 일은 없다. 그 숲이 보인다고 할 수 있을까? 그러면 숲이 도대체 존재한다고 할 수 있을까?

지금 내 앞에 빨간 사과가 한 알 있다고 하자. 나는 이 사과를 볼 수 있고 만질 수 있다. 우리가 그렇게 할 수 있는 것은 사과가 분명히 거기에 있기 때문이다. 사과가 분명히 존재하는 것을 의심하는 사람은 별로 없다. 철학에서는 이런 입장을 **상식 실재론**이라고 부른다. 실재론은 외부 세계의 사물들이 정말로 존재한다는 주장인데, 대부분의 상식인들이 품고 있는 실재론이기 때문에 상식 실재론이라고 부른다.

우리는 사과를 보고 여러 가지 감각 경험을 한다. 빨간색이고 모양이 둥글고 먹어보면 새콤달콤한 맛이 난다는 등의 경험을 한다. 그런데 우리의 감각이 잘못될 수도 있다. 데카르트가 상상한 것처럼 너무 배가 고파서 사과가 없는데도 있는 것으로 잘못 보는지도 모르고, 꿈을 꾸는 것인지도 모르고, 악마에게 속는 것인지도 모른다. 그래서 상식 실재론이 생각하는 것처럼 사과가 정말 있는지는 확신할 수 없다. 사과가 없다고 장담하지는 못하지만 있다고 확실히 말할 수는 없다. 그러나 정말로 확실한 것은 있다. 그것은 내가 감각 경험을 하고 있다는 사실이다. 설령 착각을 일으키거나 악마에게 속임을 당하여 빨간 사과가 있는 것으로 보일지라도 빨갛게 보이는 것은 사실 아닌가? 정말로 사과가 있어서 빨갛게 보이든 착각으로 빨갛게 보이든 빨갛게 보이는 경험을 하고 있는 것은 분명하다. 진짜 빨간 사과가 실재하는지는 모르겠다. 그러나 사과의 빨간색과 둥그런 모양과 반질반질한 느낌은 분명히 내가 느끼고 있다.

철학자들은 그렇게 감각으로 경험한 내용을 **표상**이라고 부른다. 우리는 외부 세계에 있는 대상을 직접 경험할 수는 없다. 우리가 직접 경험하는 것은 표상이고 이 표상을 통해서 간접적으로 그 대상이 있다고 경험하는 것이다. 그리고 위에서 말한 상식 실재론은 이런 표상의 매개 없이 대상을 직접 경험한다고 주장하기 때문에 **직접 실재론**이라고도 부른다. 철학자들 중에 이런 상식 실재론을 받아들이는 사람은 거의 없다. 어떤 형태로든 표상의 존재를 인정한다. 누구나 다 생각을 하고 감각 경험을 하는데 이 생각이나 감각 경험이 곧 표상이므로 표상이 있다는 것을 부인하기는 힘들기 때문이다. 그런데 문제는 표상의 원인이 되는 외부 세계가 존재하느냐다. 여기서 표상적 실재론과 관념론이 나뉜다. 먼저 외부 세계의 대상이 우리 마음과 독립적으로 존재한다고, 곧 실재한다고 생각하는 철학 이론을 **표상적 실재론**이라고 한다. 표상적 실재론자들은 외부 세계가 정말로 있는데 우리가 그것을 직접 경험할 수 없으니까 표상을 통해서 간접적으로 경험한다고 주장한다. 외부 세계를 우리가 직접 경험할 수는 없지만 확실한 표상으로부터 외부 세계의 존재를 추정해내는 것이다. 곧 나 — 표상 — 대상의 3단계 구조를 받아들인다. 경험론자 가운데 로크가 표상적 실재론자다. 반면에 **관념론**은 표상이 있는 것은 분명하지만 우리의 마음과 독립적인 외부 세계가 있는지는 알 수 없다는 주장이다.

사고실험 109를 보자. 만약 그런 전화교환원 훈이가 있다면, 그는 전화 통화를 통해서가 아니고서는 방 밖의 세계와 직접 접촉한 적이 없을 것이다. 그는 전화교환실 밖의 세계를 직접 경험한 적이 없고, 전화선에 의해 생긴 목소리라는 경험을 통해 간접적으로 방 밖의 세계에 대해 추론할 수밖에 없다. 이것은 마치 우리의 감각 경험과 비슷하다. 우리에게 주어진 것은 오감에 의한 감각 경험밖에 없다. 그러므로 우리는 그 감각 경험을 넘어서 외부 세계에 접근할 수 없고, 외부 세계가 있기나 한지 의심스럽다. 물론 외부 세계가 있기 때문에 감각 경험이 생기는 것 아니냐고 추측할 수 있다. 전화교환실 밖에 사람이 있으므로 전화교환이 가능한 것처럼 말이다. 그러나 추측은 어디까지나 추측이며 확실한 것이 아니다. 확실한 것은 우리가 감각 경험을 한다는 사실뿐이다.

표상적 실재론처럼 표상과 외부 세계를 구분하고 감각 경험만 믿을 수 있다는 경험론의 원칙에 충실하면 회의론에 빠질 수밖에 없다. 감각 경험을 넘어선 외부 세계가 실재한다는 것은 추측에 불과하고 확실한 것이 아니기 때문이다. 18세기 아일랜드 출신 경험론자 버클리는 경험론도 버리지 않으면서 회의론에도 빠지고 싶지 않았다. 그래서 "존재하는 것은 지각되는 것이다."라는 유명한 말을 남겼다. 지각은 감각 경험과 같은 말이다. 그러면 이 말은 세상은 감각으로 경험되는 한에서, 곧 지각되는 한에서 존재하고, 지각되는 것만이 존재하는 것이라는 뜻이다. 전화교환실의 훈이는 전화 속의 목소리로만 세상을 경험한다. 그 목소리가 곧 세상이다. 그 경험은 우리 머릿속에서 일어나는 것이므로 관념이라고 할 수 있다. 그러면 세상은 나의 관념으로만 있다. 곧 외부 세계의 대상들은 관념이라는 결론이 나온다. 외부 세계의 대상들이 존재하지 않는 것은 아니다. 다만 우리와 독립적인 물질로서 존재하는 것이 아니라 우리의 관념으로서 존재하는 것이다.

존재가 지각되는 것이라면 세상은 나에게 지각될 때만 존재할 것이다. 어떤 것이 지각되지 않고 존재한다는 것은 말이 안 된다. 예컨대 사과는 내가 볼 때만 존재한다. 그것도 독립적인 외부 세계에 사과가 있는 것이 아니라 내가 지각하는 시각 경험, 촉감 경험 등으로만 존재한다. 그래서 버클리는 그것을 '지각의 다발'이라고 말한다. 그렇다면 사과는 내가 지각하고 있지 않는 동안에는 존재하지 않는다는 이상한 결론이 나온다. **사고실험 110**을 보자. 아무도 살지 않는 숲에서는 지각은 전혀 일어나지 않는다. 버클리에 따르면 지각되지 않는 것은 존재하지 않는 것이므로 숲은 존재하지 않는다는 결론이 나온다. 그러다가 숲에 누군가 들어가서 숲의 나무들을 보고 나뭇잎이 바람에 흔들리고 떨어지는 소리를 듣는다면, 곧 지각이 생기면 숲이 다시 존재한다. 이것은 아주 이상하지 않은가?

이 이상한 결론을 따를 사람은 많지 않을 것 같다. 버클리도 세상이 우리가 지각할 때만 존재한다는 것을 어떻게든 설명해야 했다. 우리가 보지 않을 때 숲이 없다는 것은 아무리 생각해도 이상하다. 우리가 보지 않을 때는 숲이 존재하지 않는 것일까? 우리가 알기로는 이 세계는 꽤나 규칙적이고 질서가 있다. 어떻게 숲이 있다가 없다가 할까? 버클리는 바로 신을 끌어들여 그 문제를 해결한다. 신이 내려다보고 계시니까 세상의 존재에 대해 걱정할 필요가 없다. 세상은 우리가 지각할 뿐만 아니라 신이 항상 지각하고 있기 때문에 우리가 지각하지 않는 동안에도 계속해서 존재하는 것이다. 신은 세상이 계속 존재하게 하는 역할을 할 뿐만 아니라 관념이 생기는 원인을 설명해주기도 한다. 나에게 나무의 관념이 생겼다. 표상적 실재론자들 같으면 외부 세계에 나무가 있기 때문에 그 관념(표상)이 생겼다고 말하면 된다. 그런데 우리와 독립된 외부 세계를 인정하지 않는 버클리는 왜 이 관념이 생겼다고 말할까? 그리고 사과에 대한 내 관념과 친구의 관념이 같은 이유를 어떻게 설명할 수 있을까? 버클리는 바로 신이 그 관념들의 원인이기 때문이라고 말한다. 신을 끌어들이면 우리가 지각하지 않아도 세상이 존재함을 보일 수 있어서 회의론을 피할 수 있을 뿐만 아니라, 무신론도 피할 수 있으므로 일거양득이다. 버클리는 영국 국교회의 성직자였다.

그러나 나에게 주어지는 경험만을 믿는 엄격한 경험론자인 버클리가 어떻게 신의 존재를 입증할 수 있을까? 마음과 독립적인 물질의 존재도 받아들이지 않는 그가 신은 어떻게 받아들일까? 많은 사람들은 세상의 존재는 받아들이지만 신의 존재는 받아들이지 않는다. 그 사람들을 어떻게 설득할 수 있을까? 설득에 실패한다면 버클리에서도 회의론은 해결되지 않는다.

⑤

찍어서 알기
지식의 정의

 **사고
실험
111** 훈이는 시험을 치르고 있다. 다른 문제들은 모두 답을 알겠는
데, 마지막 문제는 답을 모르겠다. 시간도 부족해서 2번이 답이
라고 찍었다. 그런데 시험을 치른 후 확인해보니 마지막 문제의 답이 정말로
2번이었다.

**사고
실험
112** 훈이는 집에 있을 때는 주로 벽에 걸려 있는 시계를 보고 시간
을 안다. 어느 날 벽시계를 보니 3시 40분이었다. 자신이 좋아
하는 아이돌이 나오는 프로그램이 방송되는 시간이었다. TV를 켜니 그 프로
그램이 막 시작하였다. 그러나 그 시계는 정확히 12시간 전에 건전지가 다
닳아 멈추었다.

사고 실험 113

훈이는 봉이와 송이와 오랜 친구 사이다. 어느 날 봉이가 빨간색 스포츠카를 샀다고 훈이에게 말했다. 이튿날 송이도 빨간색 스포츠카를 샀다고 훈이에게 말했다. 훈이는 봉이나 송이의 말을 의심할 이유가 없었다. 그래서 훈이는 '내 친구 중 적어도 한 명은 빨간색 스포츠카를 가지고 있다.'라고 생각한다. 그러나 봉이가 빨간색 스포츠카를 산 것은 맞지만 송이는 거짓말을 한 것이었다.

사고 실험 114

훈이는 아들 봉이와 함께 시골길을 운전하며 가고 있다. 훈이는 봉이에게 이것저것을 가리키며 설명을 했다. "소가 저기 있네." "저것은 경운기야." 훈이는 시력이 좋은 편이다. 그리고 그날 날씨도 맑았다. 훈이는 초가집 여러 채를 발견하고 그중 한 초가집을 가리키며 "저기 초가집이 있네."라고 말했다. 훈이가 가리킨 초가집은 진짜 초가집이었다. 그러나 나머지 초가집들은 합판에 그림으로 그려놓은 가짜 초가집이었다. 다만 워낙 정교하게 그려서 멀리서 보면 진짜 초가집과 구분할 수 없었을 뿐이다.

사고 실험 115

훈이는 바위에 머리를 부딪혀서 뇌 수술을 받게 되었다. 유명한 과학자인 봉이는 마침 정확하게 측정한 온도를 생각으로 바꿔주는 장치를 발명했다. 그 장치는 크기가 핀 머리만큼밖에 되지 않았다. 그리고 봉이는 뇌 수술을 할 때 훈이 모르게 머릿속에 그 장치를 장착했다. 그래서 훈이는 지금 기온이 몇 도인지, 이 물의 온도가 몇 도인지 정확하게 맞힌다. 그야말로 인간 온도계다. 훈이는 자기가 어떻게 그런 능력을 갖게 되었는지 모르지만 자신의 능력을 신기하게 생각한다.

회의론에서 벗어나려는 철학자들의 시도는 성공하지 못한 것 같다. 무언가를 안다는 것, 외부 세계가 우리가 아는 대로 존재한다는 것을 확신할 수 없다. 그렇다면 우리는 회의론을 받아들여야 하는가? 회의론에 대한 가장 솔직하고 효과적인 공격은 애초에 철학자들이 '안다'라는 말을 너무 엄격하게 쓴다는 것이다. 그들은 확실한 증거가 있을 때 또는 의심의 가능성이 전혀 없을 때 우리가 무언가를 안다고 말한다. 그러나 그것은 너무 강한 요구가 아닐까? 그렇게 확실한 증거가 없어도 안다고 할 수 있지 않을까?

그렇다면 지식의 정의부터 확실하게 해두어야 할 것 같다. 지식이 뭔지 정확히 정의해야 우리가 안다고 할 수 있을지 없을지 말할 수 있을 것이다. 지식의 정의에 처음으로 관심을 기울인 철학자는 플라톤이었다. 그는 무엇인가를 안다고 말할 수 있으려면 세 가지 조건을 만족해야 한다고 말했다. 일단은 그것을 믿어야 한다. 가령 지구가 둥글다는 것을 믿지 않고서는 지구가 둥글다는 것을 안다고 말할 수 없다. 그다음에 그 믿음이 참이어야 한다. 지구가 평평하다고 생각하는 사람은 믿음은 가지고 있지만 그 믿음이 거짓이므로 안다고 말하지 않는다. 그 사람은 잘못 알고 있다. 그러므로 지식이 되려면 **참된 믿음**이라는 조건을 만족해야 한다.

그런데 참된 믿음이면 안다고 말할 수 있을까? **사고실험 111**의 훈이는 참된 믿음을 가지고 있다. 마지막 문제의 답이 2번이라고 믿고 있고, 또 답은 실제로 2번이었기 때문이다. 그러나 우리는 그런 경우에 훈이가 답을 '안다'고 말하지 않는다. 그는 순전히 요행수로 답을 맞혔기 때문이다. 다시 말해서 그는 왜 2번이 답인지 정당화하는 이유 없이 2번이라고 맞힌 것뿐이다. 우리는 이런 것을 보고 '찍어서 맞혔다.'라고 말한다. 따라서 무엇인가를 안다고 말하려면 참된 믿음이어야 할 뿐만 아니라 적절한 근거를 가지고 믿어야 한다. 곧 그 믿음을 정당화할 수 있어야 한다. 그래서 플라톤은 **정당화된 참인 믿음**을 지식의 조건으로 내세운다.

정당화된 참인 믿음이라는 지식의 정의는 플라톤 이후 오랫동안 지식의 정의로 의심받지 않아왔다. 그런데 20세기 들어 그 정의에 심각한 문제가 있음이 드러났다. **사고실험 112**를 보자. 훈이는 '지금은 3시 40분이다.'라는 믿음을 가지고 있다. 이 믿음은 참임이 드러났다. 실제로 지금은 3시 40분이기 때문이다. 그리고 이 믿음은 정당화되기도 한다. 훈이의 믿음은 시계를 보고 생겼고 그 시계는 평소에 믿을 만한 믿음을 제공해주기 때문이다. 그러나 이 경우에 훈이가 '지금은 3시 40분이다.'라는 것을 안다고 말할 수 없음은 분명하다. 시계는 우연히 3시 40분이었기 때문이다. 훈이는 정당화된 참인 믿음을 가지고 있지만 안다고 말할 수 없다. 따라서 정당화된 참인 믿음이라는 전통적인 지식의 정의는 잘못되었다. 미국의 철학자 게티어Edmund Gettier(1927~)가 **사고실험 112**와 비슷한 사고실험을 제시했다. 그래서 정당화된 참인 믿음인데 지식이 아니게 되는 문제를 게티어의 문제라고 부른다.

어디에 문제가 있는 것일까? 게티어의 문제에 대한 몇 가지 해결책을 살펴보자. **사고실험 112**와 같은 상황을 지식의 정의에서 제외하기 위해서는 정당화된 참인 믿음이라는 지식이 정의만 가지고는 안 되고 거기에 제4의 조건을 추가해야 할 것 같다. '지금은 3시 40분이다.'라는 믿음에 훈이가 도달한 것은 벽시계를 보았기 때문이다. 그러나 벽시계는 고장이었으므로 벽시계가 알려주는 시각은 거짓이다. 따라서 훈이의 믿음은 거짓 전제에 의존하고 있기 때문에 지식이 될 수 없다. 곧 지식이 되려면 정당화된 참인 믿음이어야 할 뿐만 아니라 그 믿음을 정당하게 하는 전제들 중에 거짓이 없어야 한다는 조건도 필요하다. 그러면 **사고실험** 112의 상황은 지식의 정의에서 제외될 것이다.

그러나 **사고실험** 113을 보자. 방금 말한 새로운 지식 조건에 따르면 '내 친구 중 적어도 한 명은 빨간색 스포츠카를 가지고 있다.'라는 훈이의 믿음은 지식이 되지 못한다. 그 믿음은 봉이가 한 말뿐만 아니라 송이가 한 말에도 근거하고 있는데, 송이의 말은 거짓이므로 거짓 전제가 포함되어 있기 때문이다. 그러나 훈이가 자기 친구 중 적어도 한 명은 빨간색 스포츠카를 가지고 있다고 아는 것이 아니라고 말하기는 어렵다. 비록 송이의 말이 거짓이었다고 해도 봉이의 말은 진실이고, 봉이의 말을 전제로 해서 그런 믿음에 이르렀다면 충분히 지식이라고 말할 수 있기 때문이다. 그러면 거짓 전제가 없어야 한다는 조건은 너무 강한 조건이다. 그 조건은 **사고실험** 112와 같은 상황을 지식이 아닌 것으로 제외한다는 점에서는 올바르지만, **사고실험** 113과 같은 상황까지 지식에서 제외해버렸다는 점에서는 잘못되었기 때문이다. 서양 사람들은 이런 경우를 두고 목욕물을 버리려다가 아기까지 버린다거나 끓는 그릇에서 튀어나왔는데 불 속으로 들어가는 꼴이라고 말한다.

게티어의 문제에 대한 또 다른 해결책은 어떤 믿음이 지식이 되기 위해서는 그 믿음과 그 믿음을 참이게 하는 사실이 적절한 인과적 관계를 맺고 있어야 한다는 것이다. 예컨대 내가 내 앞에 있는 사과를 보고 사과가 빨갛다는 믿음을 갖게 된다고 해보자. 사과가 있기 때문에 나는 사과를 지각하게 되었고, 내가 사과를 지각했기 때문에 나는 사과에 대한 믿음을 갖게 되었다. 다시 말해서 사과는 내가 사과를 지각함의 원인이 되고, 내가 사과를 지각함은 사과에 대한 나의 믿음의 원인이 되었다. 이렇게 어떤 사실에 대한 믿음이 지식이 되기 위해서는 그 사실과 믿음 사이에 적절한 인과적 관계가 있어야 한다. 그런데 **사고실험 112**에서 '지금은 3시 40분이다.'라는 믿음을 훈이가 갖게 된 것은 벽시계가 정상적으로 시각을 알려준다고 믿었기 때문이다. 반면에 그 믿음이 참이된 것은 벽시계가 우연히 시각을 옳게 알려주었기 때문이다. 그러나 훈이는 '지금은 3시 40분이다.'라는 믿음을 벽시계가 정상적으로 시각을 알려준다고 믿었기 때문에 갖게 된 것은 아니다. 곧 훈이의 믿음과 그 믿음을 참이 되게 하는 사실 사이에는 인과적 관련이 없다. 그러므로 인과적 관계에 의한 지식의 정의에 따르면 이 믿음은 지식이 아니다.

그런데 인과적 관계에 의한 지식의 정의도 문제가 있다. **사고실험 114**를 살펴보자. 거기서 "저기 초가집이 있네."라는 훈이의 믿음은 지식이 된다. 그의 믿음과 사실 사이에는 적절한 인과적인 관련도 있기 때문이다. 진짜 초가집이 있다는 사실이 그가 그런 믿음을 갖게 만든 원인이므로 그의 믿음과 사실 사이에는 인과관계가 엄연히 성립하는 것이다. 그러나 상식적으로 보면 훈이의 믿음을 지식이라고 말할 수 없다. 거기 있는 여러 채의 초가집 중 훈이가 가리킨 초가집은 진짜 초가집이었다. 그러나 훈이가 그 사실을 알고 그 초가집을 가리킨 것은 아니다. 그냥 우연히 가리켰을 뿐이다. 그러므로 "저기 초가집이 있네."라는 훈이의 믿음은 비록 인과적 관계는 있지만 우연히 참이므로 지식이라고 말할 수 없다. 인과적 관계에 의해 게티어의 문제를 해결하려는 시도도 성공하지 못한다.

그렇다면 훈이는 초가집에 대한 믿음을 신빙성 있게 얻은 것이 아니기 때문에 그 믿음은 지식이 아니라고 생각할 수 있다. 신빙성이 있다는 것은 진짜 초가집이 있을 때는 초가집이 있다고 말하고, 가짜 초가집이 있을 때는 초가집이 없다고 말하는 것이다. 멀리서, 그것도 자동차를 운전하면서 관찰하는 것은 어떤 것이 초가집이라는 믿음을 얻기 위한 신빙성 있는 방식이 아니다. 훈이는 진짜 초가집이 있을 때도 초가집이 있다고 말할 것이고, 가짜 초가집이 있을 때도 초가집이 있다고 말할 것이기 때문이다. 그래서 어떤 철학자들은 인과적인 지식 이론에 신빙성이 있어야 한다는 조건을 하나 더 붙여 지식의 조건을 정한다. 곧 우리의 믿음이 신빙성 있는 방식으로 인과적으로 생겼고 참이기도 하면 지식이 된다는 것이다. **사고실험 112**에서 '지금은 3시 40분이다.'라는 훈이의 믿음은 참이긴 하지만 신빙성 있는 방식으로 생긴 것이 아니다. 순전히 우연히 참이 되었기 때문이다. 그러므로 훈이는 '지금은 3시 40분이다.'라는 것을 아는 것이 아니다.

그러나 이런 해결책도 지식에 대해 완벽하게 설명해내지 못한다. **사고실험 115**를 보자. 훈이의 머릿속에 든 장치는 온도에 대해 참인 믿음을 만들어낸다. 그리고 그 믿음이 생기는 과정은 아주 신빙성이 있다. 온도계는 더할 나위 없이 신빙성 있는 장치다. 외부 환경의 상태를 오차 없이 그대로 기록하기 때문이다. 그러나 이때 훈이가 온도를 안다고 말할 수 있을까? 그럴 것 같지 않다. 그는 자신의 믿음이 어떻게 생겼는지 그 과정을 알지 못하기 때문이다. 그 과정을 알지 못하고서 온도를 맞힌다는 것은 온도가 몇 도인지 추측했는데 운이 좋아 맞히는 것과 다를 바 없다.

    게티어의 문제에 대해 완전히 만족스러운 해결책을 찾기는 쉽지 않은 것 같다. 그러나 게티어의 문제가 주는 교훈은 참인 믿음이 정당화되더라도 그 정당화가 우연히 이루어지면 아는 것이 아니라는 점이다. 그리고 그 이후의 해결책들은 적절한 정당화 근거가 있는 것 같은데도 우연히 참이 되는 것을 지식에서 배제하려는 시도들이었다. 사람이 무엇인지도 완벽하게 정의하기가 힘들다. 생각하는 동물이 사람이라고 하면 생각하지 못하는 어린아이나 식물인간은 사람이 아니게 된다. 지식이 무엇인지 완벽하게 정의하기도 그것 못지않게 쉽지 않은 일 같다.

▶ 정리하기

우리는 감각 경험을 통해 세계에 대한 지식을 얻는다. 그러나 내가 아는 것이 맞는지 틀리는지 알 수 없다는 회의론이 제기된다. 데카르트는 아무리 의심해도 의심할 수 없는 확실한 지식을 찾기 위해 방법적 회의라는 방법을 이용하는데, 꿈의 논증과 악마의 가설이 그 핵심 내용이다. 그 결과 "나는 생각한다. 고로 나는 존재한다."라는 명석판명한 지식은 의심할 수 없다는 결론에 이르나, 회의론에서 완전히 벗어나지 못한다는 비판을 받는다.

악마의 가설의 현대적인 형태인 통 속의 뇌 사고실험도 회의론을 주장한다. 가상현실이 만드는 감각은 외부 세계 없이 가능하고 오직 분명한 것은 감각 경험을 하고 있다는 사실뿐이라면, 외부 세계가 있다는 것을 알 수 없다는 회의론을 인정해야 한다. 쌍둥이 지구 사고실험은 통 속의 뇌 사고실험을 비판한다. 그러나 그 비판은 외부 세계가 존재한다는 것을 증명하지 않고 당연히 전제하고 있다는 문제가 있다.

이성론은 지식의 근원이 이성에 있다고 생각하고 경험론은 감각 경험에 있다고 생각하는 이론이다. 이성론과 달리 경험론은 태어날 때부터 가지고 있다고 생각되는 본유관념을 인정하지 않는다.

상식 실재론(직접 실재론), 표상적 실재론, 관념론은 세계가 실제로 있느냐는 질문에 대해 서로 다른 주장을 한다. 상식 실재론과 표상적 실재론은 모두 외부 세계의 존재를 인정하는데, 다만 상식 실재론은 그것을 직접 경험한다고 말하고, 표상적 실재론은 그것을 표상을 통해 간접적으로 경험한다고 말한다. 반면에 관념론은 표상이 있는 것은 분명하지만 우리의 마음과 독립적인 외부 세계가 있는지는 알 수 없다고 주장한다. 관념론은 회의론에 이를 수밖에 없는데, 대표적인 관념론자인 버클리는 이를 피하기 위해 세상은 지각되는 것으로 존재하며, 우리가 지각하지 않을 때는 신이 지각하므로 세상은 존재한다고 주장한다.

플라톤 이래로 지식은 정당화된 참인 믿음이라고 정의되어왔다. 그러나 게티어는 지식의 그런 조건을 만족하는데도 지식이 아닌 반례를 제시했다. 이 문제를 해결하기 위해 어떤 믿음이 지식이 되려면 믿음과 믿음을 참이 되게 하는 사실 사이에 적절한 인과관계가 있어야 한다거나 신빙성 있게 믿음이 생겨야 한다는 해결책이 제시되었다.

▶▶ 생각 다지기

1. 회의론은 어떤 주장인가?

2. 데카르트는 왜 방법적 회의를 하는가? 그리고 그 내용은 무엇인가?

3. 데카르트의 "나는 생각한다. 고로 나는 존재한다."라는 진술은 무슨 의미이고 왜 명석판명하다고 하는가?

4. 데카르트가 도달한 명석판명한 지식은 회의론에서 벗어났는가?

5. 통 속의 뇌 사고실험은 어떤 주장인가?

6. 쌍둥이 지구 사고실험은 어떻게 해서 통 속의 뇌 사고실험을 비판하는가? 그리고 그 비판은 성공하는가?

7. 이성론은 어떤 주장이고, 그 주장을 지지하는 논증은 어떤 것이 있는가?

8. 경험론은 어떤 주장이고, 그 주장을 지지하는 논증은 어떤 것이 있는가?

9. 상식 실재론, 표상적 실재론, 관념론의 주장은 어떻게 다른가?

10. 버클리는 왜 자신의 관념론이 회의론과 무신론을 극복할 수 있다고 생각했는가? 그리고 그런 생각은 옳은 생각인가?

11. 게티어는 플라톤의 지식의 정의에 어떤 문제점이 있다고 지적했고, 그 문제점에 대한 해결책은 어떤 것이 있는가?

▶▶▶ 생각 키우기

1. 지금 우리는 통 속의 뇌가 아니라는 것을 확신하는가? 만약 그렇다면 그것을 어떻게 보여줄 수 있는가?

2. 의심이 많은 사람은 까탈스럽다고 생각된다. 회의론자도 그런 사람일까? 우리가 막상 회의론자가 되면 세상을 사는 방식이 지금과 달라질지 생각해보자.

3. 경험론은 경험에 근거하지 않은 수학이나 논리학의 지식을 설명할 수 있는 방법이 있을까? 그리고 이성론은 수학이나 논리학의 지식을 모르는 사람이 있다는 것을 설명할 수 있는 방법이 있을까?

4. 존재가 지각되는 것이라면 세상은 나에게 지각될 때만 존재할 것이라는 문제를 해결하기 위해 버클리는 신을 끌어들였다. 신을 가정하지 않고 이 문제를 해결할 방법이 있을까?

5. 사고실험 112를 게티어가 직접 제시한 사례 형식으로 바꾸면 다음과 같다.

훈이가 가입한 동아리에서 회장을 뽑기로 했다. 뽑는 방식은 회원들이 각자 투표 용지에 회장이 되었으면 하는 사람의 이름을 적어내는 것이었다. 훈이는 개표 장소 옆을 지나가다가 봉이가 회장이 되었다는 말을 얼핏 들었다. 그는 봉이가 그동안 회원들에게 인기가 높아서 회장이 될 만하다고 생각했다. 마침 봉이를 보니 파란색 모자를 쓰고 있었다. 그래서 훈이는 회장이 될 사람은 파란색 모자를 쓰고 있다고 생각했다. 그런데 투표 결과 회장은 봉이가 아니라 훈이 자신이었다. 훈이는 봉이가 차점자이기 때문에 부회장이 되었다는 말을 회장이라는 말로 잘못 들었던 것이다. 그리고 훈이는 그날 자신이 빨간색 모자를 쓰고 있는 줄 알았는데 실제로는 파란색 모자를 쓰고 있었다.

게티어의 사고실험이 성립하는 것은 이 사례가 지식의 전통적인 정의를 만족하지만 상식적으로는 지식이 아니기 때문이다. 그러나 최근에 문화에 따라 이 사례를 지식으로 보기도 하고 지식이 아니라고 보기도 한다는 연구 결과가 나왔다. 여러분의 상식으로는 이 사례는 여전히 지식인가 아니면 지식이 아닌가?

8장

과학적 지식은 왜 특별할까?

여는
대화

훈이   송이

(훈이와 송이는 함께 대학로에서 길거리 공연을 보고 있다.)

하하하. 저 사람 되게 웃겨.

지난번에 했던 말이랑 토씨 하나 안 다르고 똑같아. 레퍼토리 좀 바꾸지.

그래? 너 기억력 대단하다. 너 혹시 혈액형이 O형 아니니?

혈액형은 왜 물어봐?

O형은 기억력이 비상하잖아.

너는 혈액형에 따라 성격이 다르다는 것을 믿니?

그럼 아냐?

그건 아무런 과학적인 근거도 없는 거야. 일본의 어느 작가가 자기 주변 사람 이삼백

명을 조사해서 책으로 낸 것을 지금 우려먹는 것뿐이야.

왜 과학적인 근거가 없어? 혈액형은 과학자들이 만든 것인데.

혈액형이 과학적인 근거가 없다는 것이 아니라, 혈액형에 따라 성격을 나누는 것이

과학적인 근거가 없다는 거야.

왜 과학적인 근거가 없는데?

과학적이라면 혈액형에 따라 성격을 잘 설명해내야 하잖아?

그렇지. 내가 보기에는 혈액형에 따라 성격을 잘 맞히던데 뭘.

방금도 틀렸잖아. 미안하게도 나는 O형이 아니라 A형이야.

어, 이상한데? 그렇지만 내가 아는 사람은 모두 혈액형과 성격이 일치했어.

그건 네가 일치하는 경우만 기억하니까 그런 거야. 나처럼 일치하지 않는 사람이 훨씬 많은데, 그 사람들이 나처럼 문제 삼지 않으니까 그런 거지.

아냐. 네가 O형이 아닌 것을 보니 너는 기억력이 대단하지 않아.

하하하. 그런 게 어딨냐? 아까는 기억력이 대단하다고 하더니 이제는 대단하지 않다고 하고. 그러고 보면 넌 미신을 믿는 것 같아. (길가에 있는 점치는 테이블을 가리키며) 너 지난번에도 저기에서 점 보고 가자고 했잖아.

점치는 사람 중에도 잘 맞히는 사람이 많아. 우리 엄마가 자주 찾는 점쟁이는 얼마나 용한데. 아, 글쎄 지난번에는 엄마가 새언니랑 점 보러 갔더니 아이가 안 생겨서 왔느냐고 딱 맞혔다지 뭐야.

하하하. 그건 나도 맞히겠다. 시어머니가 며느리랑 같이 찾아오면 당연히 아이가 안 생기거나 아들 낳으려고 오는 거지.

너는 왜 매사를 그렇게 삐딱하게 보니? 그러면 너는 왜 사람들이 저렇게 점 보려고 줄 서 있다고 생각하니?

글쎄, 심심풀이로 보는 사람도 있을 테고. 그치만 기본적으로 사람들이 비과학적으로 생각하니까 그래.

그렇지 않아. 오늘 아침에 신문에서 오늘의 운세를 보니까 "가까운 친구일수록 서로에 대한 예의를 지키려고 하지만 오히려 다툼이 생긴다."라고 하던데, 딱 맞았지 뭐야. 너랑 지금 다투고 있으니까.

이게 뭐 다투는 거니? 네가 해석하고 싶은 대로 해석한 거야. 너 어제 본 오늘의 운세는 기억 못하지? 어제는 안 맞았으니까 그런 거야. 네가 맞는다고 생각한 날만 기억한 거지. 그리고 그 신문의 오늘의 운세는 나이별로 하는 거지? 그러면 너랑 나이가 같은 사람은 다 가까운 친구랑 다퉈야 하는데 정말 그러겠어? 점이 과학적이라면 조건이 같은 사람은 모두 같은 결과가 나와야 하는데 그렇지 않잖아.

뭐, 예외가 있을 수도 있지. 과학이라고 해서 다 맞니? 과학자들은 담배 피우면 일찍 죽는다고 하지만 담배 피우면서 오래 사는 사람도 많아.

물론 과학의 법칙도 예외가 있어. 그러나 그럴 때는 이러이러한 상황에서는 예외가 생긴다고 미리 단서조항을 달아놓아야 해. 담배 피우는 사람마다 유전적인 차이나 몸 관리 상태가 다르니까 좀 더 일찍 죽는 사람도 있고 좀 더 늦게 죽는 사람도 있는 것뿐이야.

그럼 너는 점을 전혀 안 믿는 거야?

당연하지. 점은 좋게 말하면 미신이고 나쁘게 말하면 사기야.

너 혈액형이 A형 분명하네. A형이 원래 따지기 좋아하고 의심이 많아.

흰 까마귀
과학과 미신

사고실험 116

훈이는 과학자들에게 연구비를 지급하는 기관에서 연구비를 심사한다. 그는 두 과제를 심사하고 있었다. 연구계획서를 읽어보니 그중 하나는 사람들의 별자리가 무엇인가에 따라 그 사람의 운명이 달라진다고 주장했고, 다른 하나는 사람들의 혈액형이 무엇인가에 따라 그 사람의 성격이 달라진다고 주장했다.

사고실험 117

아이돌인 훈이는 팬들로부터 학 천 마리 대신에 천 개의 상자를 선물로 받았다. 그중 한 개를 열어보니 까마귀 모양의 인형이 들어 있었는데 검은색이었다. 다른 상자를 열어보니 역시 까마귀 모양의 인형이 들어 있었고 역시 검은색이었다. 열 개의 상자를 더 열어보았는데 모두 마찬가지였다. 그래서 훈이는 천 개의 상자에는 모두 검은색 까마귀 인형이 들어 있다고 결론 내렸다.

사고실험 118 봉이의 어머니는 대입 재수생인 아들의 입시가 걱정이 되어 용하다고 소문난 점집을 찾아갔다. 점쟁이는 "올해 대운이 들었어. 그 집 큰아들한테."라고 말한다.

사고실험 119 훈이는 키가 작다는 열등감이 있다. 그는 자신의 모든 행동이 이 열등감 때문이라고 생각한다. 어느 날 위험한 강둑에 서 있던 훈이는 얼마 떨어지지 않은 곳에서 어린아이가 물에 빠진 것을 보았다. 훈이는 어린아이를 구하기 위해 물로 뛰어들까 말까 고민했다. 그는 자신의 열등감을 극복하기 위해 위험을 무릅쓰고 뛰어들어 용감함을 보여줘야 한다고 생각했다. 그러나 또 한편 어린아이가 물에 빠져 죽어가는 현장에서도 침착하게 강둑에 서 있을 수 있는 담력을 사람들에게 보여준다면 자신의 열등감을 극복할 수 있을 것이라고 생각했다.

현대의 가장 믿을 만하고 가치 있는 지식이 과학 지식이라는 것은 아무도 의심하지 않는다. 우리는 과학 덕택에 우주 탐사도 하고 질병도 치료하고 휴대전화로 실시간으로 정보를 검색한다. '과학적'이라는 꼬리표는 지식의 보증수표로 통한다. 침대도 과학이라고 하면 더 그럴듯해지지 않는가? 화장품 광고를 하면서도 '피부 과학'이라는 말을 강조한다. 진화론과 반대되는 주장을 하는 창조론자들도 자신들의 이론을 '창조 과학'이라고 부른다. 침대나 화장품을 개발하면서 과학이 이용되지 않았다는 말이 아니다. 과학이라는 말이 그만큼 사람들에게 신뢰감을 준다는 뜻이다.

거꾸로 '비과학적'이라는 말은 과학적인 방법을 사용하지 않아 믿을 수 없는 지식에 붙이는 말이다. 미신이나 점쟁이의 말은 비과학적이다. 성경의 주장도 비과학적인 것이 많다. 의사들은 민간의학이 비과학적이라고 비판한다. 이 책에 나오는 사고실험들이 비과학적이라고 생각하는 사람도 있을 것이다. **사고실험 116**을 보자. 훈이는 이 연구들에 연구비를 주어야 할까? 사람들의 별자리가 무엇인가에 따라 그 사람의 운명이 달라진다는 주장은 점성술에서 하는 것이다. 개인적인 신념으로 점성술을 믿는 사람은 비과학적이라고 비난받을 수는 있지만 누가 간섭할 일은 아니다. 그러나 공적인 자금의 지원을 받는다면 문제가 달라진다. 많은 사람들은 그런 미신에는 세금을 지원할 수 없다고 생각하기 때문이다. 혈액형에 따라 성격을 판단하는 사람도 많다. 그러나 그것도 과학적인 근거가 없는 속설일 뿐이다.

지식을 탐구 대상으로 하는 철학자들은 자연스럽게 **과학의 지식**으로 관심이 옮겨간다. 과학의 지식에는 미신과 다른 어떤 특별한 점이 있기에 확실하다고 받아들여지는가? 우리는 어떤 점 때문에 과학의 방법을 신뢰하는가? 왜 과학은 공적인 연구 지원을 받을 수 있지만 미신은 받지 못하는가?

과학의 지식은 관찰과 실험을 통해 얻은 경험적 사실에 엄격한 방법을 적용해서 이끌어낸 것이라고 사람들은 보통 생각한다. 그래서 과학은 그 지식을 토대로 어떤 현상을 설명할 수도 있고 어떤 현상이 일어날 것이라고 예측할 수도 있다. 실험이나 예측을 통해 어떤 지식이 옳은지 그른지 확인하는 것을 **검증**한다고 말한다. 과학의 지식은 그 검증 과정을 통과한다. 예를 들어 물이 100℃에서 끓는다는 지식은 훌륭한 과학적 지식이다. 왜냐하면 우리는 여러 번의 실험을 거쳐서 물이 정말로 100℃에서 끓는다는 것을 검증했기 때문이다. 아직 검증하지 않았더라도 어떻게 하면 검증하는지 알 수 있다면 그것도 과학적 지식이라고 볼 수 있다. 우주선이 촬영한 사진은 화성에 물이 있다는 증거가 된다. 그래서 화성에 물이 있다는 주장은 검증된 지식이다. 그런데 누군가 태양계와 가장 가까운 외계 행성에도 물이 있다고 주장한다고 해보자. 지금까지의 과학기술로는 태양계와 가장 가까운 외계 행성을 탐사할 우주선을 보낼 수 없으므로 증거 사진을 찍을 수 없다. 그러나 과학기술이 더 발전하면 그 주장이 옳은지 그른지 검증할 수 있다. 그러므로 태양계와 가장 가까운 외계 행성에도 물이 있다는 주장은 비록 틀릴지 모르지만 과학적 지식의 후보인 것은 맞는 말이다.

사고실험 117을 보자. 훈이는 천 개의 상자 중 열 개 정도를 열어보았는데 모두 검은색 까마귀 인형이 들어 있었다. 그러면 훈이는 천 개의 상자에 모두 검은색 까마귀 인형이 들어 있다고 생각할 것이다. 이런 생각을 가설이라고 부른다. 이 가설은 옳을 수도 있고 틀릴 수도 있다. 그러나 어떻게 검증할 수 있는지 우리는 알고 있다. 나머지 상자를 모두 열어보면 된다. 지금 당장은 천 개의 상자를 열어볼 수 없다고 하더라도, 열어보면 그 가설을 검증할 수 있다는 것은 안다. (6장의 딱정벌레 사고 실험은 단 한 개의 상자만 볼 수 있고 다른 상자들은 볼 방법이 아예 없다는 점에서 이 사고실험과 다르다.)

과학이 지식을 쌓아가는 과정은 바로 이런 식이다. 먼저 몇 번의 관찰을 통해서 가설을 세운다. 가령 까마귀 몇 마리를 봤더니 모두 검은색이었다. 그래서 '까마귀는 모두 검은색이다.'라는 가설을 세운다. 그리고 나서 이 가설이 정말로 맞는지 검증한다. 세계 여러 곳을 돌아다니면서 더 많은 까마귀를 관찰해서 그 가설이 맞는지 검증하는 것이다. 그리고 어느 정도 검증이 되면 그 지식은 과학의 **원리** 또는 **법칙**이 된다. '까마귀는 모두 검은색이다.'라는 지식은 검증을 통과한 생물학의 법칙이다. 이 법칙을 통해 새로운 현상을 **설명**하기도 하고 **예측**하기도 한다. 까마귀와 까치를 구분할 줄 모르는 사람에게 이 새는 검은색이므로 까마귀라고 설명하기도 하고, 아직 조사를 하지 않은 남미의 오지에 까마귀가 산다면 그 까마귀도 검을 것이라고 예측하기도 하는 것이다. 가설 설정—관찰과 실험에 의한 검증—법칙 제시—설명과 예측, 이것이 과학의 기본적인 구조다. 과학은 이런 구조를 가지고 있고, 그래서 설명과 예측을 잘 해내므로 사람들은 그 지식에 대해 신뢰를 보낸다.

검증 과정을 좀 더 자세하게 살펴보자. 만약 검은색 까마귀가 발견되면 '까마귀는 모두 검은색이다.'라는 가설은 검증된다. 반면에 흰색 까마귀가 발견되면 그 가설은 틀렸음이 드러난다. 이 경우에는 그 가설이 **반증**되었다고 말한다. 우리는 그 가설을 검증하는 방법을 알고 있다. 검은 까마귀는 그 가설을 검증하고, 검지 않은 까마귀는 그 가설을 반증한다. 그러나 점쟁이의 지식은 검증할 수 없다. 점쟁이들은 보통 **사고실험 118**에서처럼 말한다. 그 '대운'이 뭔지 정확히 말하지 않는다. **사고실험 118**은 드라마 〈응답하라 1988〉(2015)의 한 장면이다. 아들의 입시가 격정되는 어머니는 당연히 입시에서 대운大運이 있다는 말로 해석하겠지만 아들은 입시에 실패하고 만다. 만약 어머니가 점쟁이를 찾아가 항의를 하면 점쟁이는 "내가 언제 입시에서 대운이 들었다고 말했어?"라고 대꾸할 것이다. "올해 대운이 들었어."라는 점쟁이의 주장도 일종의 가설이다. 그러나 우리는 어떻게 하면 그 가설을 검증할 수 있을지 아니면 반증할 수 있을지 알 수가 없다. 어머니의 바람대로 대학에 합격해야 대운이 든 건가? 드라마에서 아들은 과자를 한 봉지 더 주는 뽑기를 즐겨 하는데 거기서 당첨되면 대운이 든 건가? 연애를 잘 하면 대운이 든 건가? 도대체 알 수가 없다. 드라마에서 아들은 연애에 성공하게 되어 시청자들은 그게 대운이라고 생각하지만 그것은 사후에 꿰어 맞춘 것뿐이다. 바로 이러한 점 때문에 점쟁이가 하는 말은 과학이 아니다.

그래도 미신을 과학이라고 생각하는 사람은 많지 않다. 그런데 과학인지 아닌지 의심스러운 지식들이 있다. 열등감이 인간 행동의 동기라고 주장하는 이론이 있다고 해보자. 우리 모두는 각자 나름대로 어떤 열등감을 가지고 있다. 누구나 키가 작다는 열등감이나 말을 잘 못한다는 열등감처럼 한두 가지 열등감이 있는데, 우리가 하는 행동은 그런 열등감 때문에 생긴다는 이론이다. 이런 이론이 과학인지 아닌지 살펴보기 위해서 **사고실험 119**를 보자. 훈이에게도 열등감이 있다. 그런데 이열등감으로 서로 반대되는 두 행동을 설명할 수 있다. 물에 빠진 어린아이를 구하러 물에 뛰어드는 행동도 설명할 수 있고 뛰어들지 않는 행동도 설명할 수 있다. 만약에 검은 까마귀도 있고 흰 까마귀도 있다면 '까마귀는 모두 검은색이다.'라는 가설은 더 이상 법칙의 지위를 유지하지 못한다. 그러므로 이 가설은 검증이 가능하다. 그러나 열등감이 인간 행동의 동기라고 주장하는 이론은 완전히 반대되는 두 현상을 모두 설명해낸다. 두 가지 다 설명해내므로 좋은 이론이라고 생각해서는 안 된다. '까마귀는 모두 검은색이다.'라는 가설이 검은 까마귀에도 들어맞고 흰 까마귀에도 들어맞겠는가? 모든 것을 다 설명한다는 것은 아무것도 설

명하지 못한다는 뜻이다. 이것은 두루뭉술하게 말하는 점쟁이의 말과 비슷하다. 그래서 열등감을 가지고 인간의 행동을 설명하는 이론은 검증이 불가능하다. 곧 과학이 아니다.

　미신과 달리 이런 이론들은 스스로 과학인 척한다. 그래서 그런 이론을 과학과 구분해서 **사이비 과학**이라고 부른다. 철학자 포퍼Karl Popper(1902~1994)는 프로이트의 정신분석학, 마르크스의 변증법적 유물론을 사이비 과학의 대표적인 예로 들었다. 그 이론의 주장이 맞는지 틀리는지 검증할 방법이 없기 때문이다.

②

헛똑똑이 닭
귀납의 정당화

사고실험 120 훈이가 속한 부족은 자연이 한결같다고 믿지 않는다. 예전에 같은 일이 자주 반복해서 나타났더라도 이번에 또 그러리라는 보장은 없다고 생각한다. 그래서 산에 있는 독버섯을 먹고 여러 명이 죽었지만 이번에는 다를지 모른다며 똑같은 독버섯을 먹어본다. 그리고 높은 바위에서 여러 명이 떨어져 죽었지만 이번에는 다를지 모른다며 뛰어내려 본다. 그리고 뜨거운 것을 맨손으로 만지고 여러 명이 데었지만 이번에는 다를지 모른다며 뜨거운 것을 맨손으로 만진다.

사고실험 121 훈이 집에서는 닭을 기른다. 닭들 중에서 한 마리는 사람처럼 생각할 줄 안다. 이 닭은 훈이가 오전 9시에 모이를 준다는 것을 알았다. 월요일이든 일요일이든, 따뜻한 날이든 추운 날이든, 언제나 오전 9시에 모이를 준다는 사실을 확인했다. 이 닭은 충분히 많은 관찰 자료가 모였다는 판단 끝에 오전 9시에 항상 모이를 먹는다는 결론을 내렸다. 어느 날 훈이 집에 훈이의 사위가 찾아왔다. 훈이가 그날도 오전 9시에 닭장에 들어오자 그 닭은 또 모이를 주는구나 하고 생각했다.

<table>
<tr><td>사고
실험
122</td><td>봉이는 훈이의 추종자다. 훈이가 말하는 것은 팥으로 메주를 쑨다고 해도 믿고 따른다. 어느 날 송이가 봉이에게 왜 그렇게 훈이의 말을 무조건 믿느냐고 물었다. 그러자 봉이는 훈이가 "나는 믿을 만한 사람이다."라고 말했기 때문이라고 대답했다.</td></tr>
</table>

<table>
<tr><td>사고
실험
123</td><td>훈이는 재주가 많은 목공이다. 훈이에게 봉이가 책상을 만들어 달라고 했다. 훈이는 재주가 많아서 어떤 책상이든 만들 수 있었다. 훈이는 이 세상에서 가장 훌륭한 책상을 만들었다. 그 책상이 너무나 훌륭했기 때문에 훈이는 자기가 가질 수도 있었지만 그는 착하기까지 했다. 그래서 봉이에게 그 책상을 주었다.</td></tr>
</table>

과학의 지식은 관찰과 실험을 통해 가설을 세우고 그 가설을 검증할 수 있다는 점에서 믿을 만하다고 했다. 관찰과 실험을 통해 가설을 세우는 과정에는 **귀납의 원리**가 전제되어 있다. 귀납의 원리는 어떤 일정한 형식의 연속이나 공존이 이제까지 자주 반복되었다면 같은 조건에서는 언제나 그런 연속이나 공존이 일어날 것이라고 생각하는 것이다. 예컨대 여러 번 관찰해보니 순수한 물은 평지에서 항상 100℃에 끓었다. 그래서 순수한 물은 평지에서 언제나 100℃에 끓는다는 가설을 세운다. 이

가설을 세우는 데에는 귀납의 원리가 개입되었다. 귀납의 원리는 미래에도 이와 같은 연속이나 공존이 반복될 것이라고 예측하게 해준다. 곧 순수한 물을 평지에서 가열하면 100℃에 끓을 것이라고 예측할 수 있다. 이런 예측이 여러 번 성공하면 가설이 검증된 것이고, 그러면 순수한 물은 평지에서 100℃에 끓는다는 것은 법칙이 된다.

귀납의 원리가 꼭 과학에서만 쓰이는 것은 아니다. 우리는 일상생활에서도 귀납의 원리를 받아들이기 때문에 생존해나갈 수 있다. 태양이 내일 다시 떠오를 것이라고, 배고플 때는 돌보다 밥을 먹어야 한다고, 이 의자가 내 몸무게를 지탱할 것이라고 믿는 것이다. 동물들도 귀납의 원리를 받아들인다. 사육되는 동물들은 항상 먹을 것을 주는 주인을 볼 때 먹을 것을 예상한다. 사람이나 동물 모두 귀납의 원리를 받아들이지 않는다면 개인적이고 일회적인 경험을 넘어 지식을 확장할 수 없을 것이다. 곧 귀납의 원리에는 자연이 한결같다는 생각이 전제되어 있다. (철학자들은 자연의 한결같음을 어려운 말로 자연의 '제일성齊一性'이라고 부른다.) 자연이 한결같다는 전제는 같은 조건에서는 우리가 이미 경험한 일과 똑같은 일이 반복해서 나타날 것이라는 생각이다. 자연의 한결같음을 믿지 않는다면 어떻게 될까? **사고실험 120**에 나오는 부족으로 미루어 예상할 수 있듯이 당연히 멸종할 것이다. 자연이 한결같다는 믿음과 귀납의 원리는 우리를 살아남게 만드는 원동력이다.

그러나 과학과 상식이 기초하고 있고 우리를 생존 가능하게 만드는 귀납이 정말로 믿을 만한 지식 획득이 방법일까? 노벨 문학상 수상자이기도 한 영국 철학자 러셀Bertrand Russell(1872~1970)의 **사고실험 121**은 귀납적 방법의 난점을 아주 잘 보여주는 재미있는 이야기다. '닭대가리'라

는 말이 있을 만큼 닭은 지능이 낮다고 알려져 있지만 그래도 어느 정도
는 귀납 추론을 할 수 있다고 가정해보자. 영화 〈치킨 런〉(2000)에 나오
는 닭들 정도면 추론을 할 수 있을 것이다. 훈이의 닭은 오랜 관찰에 근
거한 귀납 추론을 통해 '훈이는 언제나 오전 9시에 모이를 준다.'라는 법
칙을 만들었다. 그리고 훈이의 집에 사위가 찾아온 날 오전 9시에 훈이
가 들어오자 '오늘도 모이를 준다.'라고 예측한다. 그러나 다들 예상했겠
지만 훈이는 모이를 주는 대신 사위를 위해 닭의 목을 비틀어버린다. 귀
납에 의한 닭의 예측은 잘못된 것으로 드러난 것이다.

어쩌면 닭의 귀납 추론 자체는 문제가 없는데 닭이 그것을 잘못 이
용했는지도 모른다. 곧 닭이 더 충분하고 신중하게 관찰했다면 그렇게
실패하지 않았으리라고 생각할 수도 있다. 그렇다면 귀납 자체에는 문
제가 없을까? 닭의 귀납 추론 대신 태양이 내일 다시 떠오를 것이라는
예측을 예로 들어보자. 우리는 태양이 내일 다시 떠오를 것이라고 확신
한다. 그런데 왜 그렇게 믿느냐고 물어본다면 "태양이 수십억 년 동안
매일 아침 떠올랐기 때문이다."라고 대답할 것이다. 이 지식은 훈이 집
닭의 추론과는 비교도 안 될 만큼 탄탄한 경험과 관찰에 토대를 두고 있
다. 이 믿음은 과거 경험으로부터 그저 맹목적으로 나온 것이 아니라 타
당한 믿음으로서 정당화될 수 있을 것 같다.

그런데 문제는 귀납의 원리 그 자체가 정당화될 수 있느냐는 것이
다. 흄은 귀납은 합리적으로 정당화될 수 없다고 주장했다. 앞에서 말
했듯이 우리는 귀납의 원리에 따라 추론할 때마다, 곧 경험하지 못한
것들에 대해 예측할 때마다 자연이 한결같다고 가정한다. 우리가 자연
이 한결같다고 믿지 않는다면, 우리의 경험상 태양이 매일 떠올랐다

는 것이 사실이라고 해도 우리는 태양이 계속해서 떠오를 것이라고 기대하지 않을 것이다. 이때 자연이 한결같다는 가정은 우리가 아직 경험하지 않은 것까지 포함해서 모든 시간과 장소에 대해 성립해야 한다. 그런데 우리는 자연이 한결같다는 점을 경험에 의존하지 않고서는 알 수가 없다. 우리는 자연이 우리 주변에서 그리고 현재 시점에서 한결같다는 점을 관찰한 다음에 다른 모든 시간과 장소에서도 한결같을 것이라고 추론한다. 그런데 이러한 정당화 자체가 귀납적이다. 우리는 정당화해야 하는 바로 그 원리를 사용해서 그 원리의 근거를 대고 있는 것이다. 이것은 **사고실험 122**와 비슷한 상황이다. 송이는 봉이에게 훈이의 말을 믿는 근거를 제시해보라고 요구했다. 그러면 훈이가 "나는 믿을 만한 사람이다."라고 말한 것도 정당화해야 할 대상이다. 그런데도 봉이는 정당화해야 할 바로 그 말을 이용해서 자신이 훈이의 말을 믿는 근거를 제시하고 있다. 철학자들은 이런 논증 방법을 **선결 문제 요구의 오류**라고 하는데, 이것은 잘못된 정당화 방법이다. 귀납의 원리를 정당화하려는 시도도 바로 이 선결 문제 요구의 오류를 저지르므로 잘못이다.

　흄에 따르면 지금까지 관찰해온 것들은 미래에 일어날 일들에 대해 아무런 단서도 제공하지 않는다. 물론 똑같은 방식의 일이 계속 일어날 수도 있다. 태양은 아마 계속해서 떠오를 것이다. 그 점을 부정하는 것은 아니다. 다만 그 사실을 믿을 만한 정당화가 전혀 없는 것이다. 흄에 따르면 우리는 그렇게 믿을 수밖에 없는데, 그런 믿음은 합리적이라기보다는 무릎반사와 같은 일종의 무의식적인 반응이다. 과거에 일어났던 일이 미래에도 일어날 것이라고 기대하는 것은 우리 정신의 습관일 뿐이다. 곧 과학을 특별하게 만드는 귀납에 대해서 어떤 특별한 정당화를 내놓을 수 있는 것이 아니라 기껏해야 우리 인간이 그런 습관을 가지고 있다는 심리적인 설명을 내놓을 수 있을 뿐이다.

귀납을 옹호하는 사람들은 흄이 귀납에 대해 너무 강한 요구 조건을 부과하고 있다고 대꾸한다. 귀납은 참인 전제로부터 개연성이 높은 결론을 도출하려는 데 견줘 연역은 참인 전제로부터 반드시 참인 결론을 도출하려는 논증이다. 귀납을 사용할 때는 결론이 거짓일 가능성을 인정하고 되도록이면 참일 확률이 높은 결론을 도출하려는 것이지, 연역처럼 반드시 참인 결론을 입증하려는 것은 아니다. 그런데 연역에나 요구하는 논리적 정당성을 귀납에 요구하는 것은 지나치다는 것이다.

이성론자들은 귀납을 어떻게 설명할까? 라이프니츠는 우리는 신이 만든 법칙을 이성을 통해 파악해서 미래를 예측한다고 설명한다. 우리는 신의 계획을 안다면 미래를 예측할 수 있다. 그런데 신은 가장 좋은 것이 이 세상의 법칙이 되도록 만들었다. 신은 **사고실험 123**의 훈이처럼 못하는 것이 전혀 없고 착하기까지 하다. 그러므로 이 세상을 만들 때 다르게 만들 수도 있었지만 가장 좋게 만들었던 것이다. 그리고 규칙이 있고 질서가 있고 한결같은 것이 가장 좋은 것이다. 따라서 태양은 내일도 떠오르게 만든 것이 신의 의도이므로 우리는 그것만 읽어내면 미래를 예측하는 데 아무 문제가 없다.

그러나 신의 존재를 증명해야 하는 문제(9장을 보라)는 둘째로 치더라도, 가장 좋은 것이 무엇인지 알기가 쉽지 않다. 변화가 없고 규칙적인 것이 꼭 가장 좋은 것일까? 그러면 왜 세상에는 지진이나 해일이 일어날까? 그런 격변도 세상을 가장 좋게 만드는 신의 계획에 포함될까? 완벽하기 위해서는 얼마만큼의 질서와 얼마만큼의 변화가 필요한지 우리는 알기 어렵다.

③

초록과 초랑

귀납의 새로운 수수께끼와 관찰의 이론 의존성

사고실험 124

훈이는 보석상이다. 그는 에메랄드 하나를 검사한다. "아, 또 초록 에메랄드군요. 제가 이 사업에 종사한 긴 세월 동안 제가 본 에메랄드가 아마도 수천 개는 될 겁니다. 그런데, 전부 초록색이었지요." 봉이도 역시 보석상이다. 그런데 봉이가 속한 보석상 협회의 보석상들은 자신들만의 은어를 쓴다. 그중 하나가 '초랑'과 '파록'이다. 그들은 초록색은 초랑색이라고 부르고 파란색은 파록색이라고 부른다.

사고실험 125

봉이는 보석상이다. 그런데 그는 에메랄드의 색깔과 관련해서 독특한 은어를 쓴다. 그에게는 초록색 자체를 나타내는 말은 없고 대신 '초랑'이라는 단어를 쓴다. '초랑'은 이렇게 정의할 수 있다. 어떤 것이 2099년 12월 31일 자정 이전에는 초록이거나 그 이후에는 파랑이면, 그것은 초랑이다.

327

훈이와 봉이는 대학 입학을 위한 시험을 치렀다. 훈이는 문제를 보자마자 척척 풀었지만 봉이가 아는 것이라고는 검은 것은 글씨고 흰 것은 종이라는 것이었다. 20년 후 봉이는 몸이 아파 의사가 된 훈이를 찾아갔다. 훈이는 엑스선 사진을 보여주며 어디가 아픈지 설명했지만, 봉이에게 그 사진은 검고 희게만 보일 뿐이었다.

귀납은 현대에 들어서도 여전히 골칫거리다. 에메랄드라는 보석은 초록색이다. 이 지식도 귀납에 의해서 알게 되었다. 사람들이 에메랄드를 관찰할 때마다 초록색이었고, 그런 관찰이 여러 번 반복되어 '모든 에메랄드는 초록색이다.'라는 법칙을 세우게 된 것이다.

사고실험 124의 훈이는 그런 귀납 추론을 하는 보석상이다. 그러면 훈이에게 예측을 하도록 해보자. 훈이에게 "2100년에 이 에메랄드는 무슨 색일까?"라고 묻는다고 하자. 훈이는 에메랄드가 지금과 다른 색이 된다는 것은 상상도 할 수 없다고 말할 것이다. 그는 자신만만하게 그 에메랄드는 2100년에도 여전히 초록색일 거라고 말한다. 이것은 당연하다. 훈이는 그동안 초록색 에메랄드를 수천 개 관찰했고, 그것을 바탕으로 에메랄드는 모두 초록색이라는 법칙을 만들었으며, 그 법칙에 따라 에메랄드는 2100년에도 초록색일 것이라고 예측했기 때문이다. 그는 훌륭하게 귀납 추론을 했다. '모든 에메랄드는 초록색이다.'라는 법칙은 잘 검증되었다.

사고실험 124의 봉이는 자신만의 은어를 사용한다. 다른 말은 훈이와 똑같은 것을 사용하는데, '초록'과 '파랑'에 해당하는 말만 다르다. 그는 초록색이라고 해야 할 때는 초랑색이라고 하고, 파란색이라고 해야 할 때는 파록색이라고 한다. 에메랄드는 초랑색이고, 하늘은 파록색이라고 말할 것이다. 이것은 별로 문제가 안 된다. 봉이나 그의 동료 보석상들은 '초랑'이나 '파록'이라는 말을 일관적으로 사용한다. 그러므로 봉이가 하는 말을 처음 들을 때는 무슨 말을 하는지 잘 모르겠지만, 오랫동안 듣다 보면 이해할 수 있을 것이다.

그런데 문제는 **사고실험 125**와 같은 경우다. 이때 봉이는 '초랑'이라는 말을 쓰기는 쓰는데 독특하게 쓴다. 어떤 것이 2099년 12월 31일 자정 이전에는 초록이거나 그 이후에는 파랑이면 그것은 초랑이라고 말한다. 자, 그러면 봉이에게도 "2100년에 이 에메랄드는 무슨 색일까?"라고 묻는다고 가정해보자. 봉이도 훈이처럼 에메랄드가 지금과 다른 색이 된다는 것은 상상도 할 수 없다고 말할 것이다. 그는 자신만만하게 그 에메랄드는 2100년에도 '초랑색'일 거라고 예측한다.

봉이의 예측이 맞을까? 그렇다. 봉이의 예측도 훌륭한 귀납 추론이다. 왜 그런가 보자. 봉이도 에메랄드를 수천 개 관찰했다. 그런데 모두 '초랑색'이었다. 그의 언어에 따르면 어떤 것이 2099년 12월 31일 자정 이전에는 초록색이거나 그 이후에는 파란색이면 초랑색이다. 2099년 12월 31일 자정은 아직 오지 않았고 지금까지 관찰한 에메랄드는 당연히 모두 초록색일 것이므로 에메랄드는 초랑색이라고 말해도 된다. 2099년 12월 31일 자정 이후, 그러니까 2100년에 파란색이 될지 안 될지는 아무 상관이 없다. 2099년 12월 31일 자정 이전에 초록색이라는 조건을 만족했으니까 에메랄드는 '초랑색'이다.

이런 관찰에 바탕을 두고 에메랄드는 모두 초랑색이라는 법칙을 만들었으므로 거기에는 아무 문제가 없다. 그리고 이 법칙으로부터 2100년의 에메랄드는 초랑색이라고 예측하는 데에도 역시 문제가 없다. 훈이가 '모든 에메랄드는 초록색이다.'라는 법칙으로부터 2100년의 에메랄드도 초록색일 것이라고 예측하는 데에 아무 문제가 없는 것과 마찬가지다. 그러나 2100년은 2099년 12월 31일 자정 이후이므로 그때의 '초랑'은 무엇을 뜻할까? 봉이에게는 '초랑'은 '초랑'일 뿐이다. 훈이나 우리에게 '초록'은 '초록'일 뿐인 것과 마찬가지다. 그러나 훈이나 우리에게 2100년의 '초랑'은 무슨 뜻일까? 바로 파랑을 뜻한다. 여기에서 문제가 생긴다. 2100년에는 똑같은 에메랄드가 한 사람에게는 초록색인데 다른 사람에게는 파란색이 되는 역설이 생기고 만다.

　문제는 훈이와 봉이가 에메랄드에 대한 동일한 경험을 갖고 있고 모두 귀납 추론을 사용했는데 그 둘의 예측이 서로 다르다는 데에 있다. 둘 다 똑같은 에메랄드를 관찰했고, 거기에 바탕을 두고 법칙을 만들었으며, 그것으로부터 예측을 했다. 그런데 서로 다른 예측이 나왔다. 서로 다른 관찰을 가지고 서로 다른 예측을 했다면 예측이 달라도 아무 문제가 없다. 한 사람은 에메랄드를 관찰해서 그 보석은 2100년에도 초록색일 것이라고 예측하고, 다른 사람은 사파이어를 관찰해서 그 보석은 2100년에도 파란색일 것이라고 예측했다면 거기에 무슨 문제가 있겠는가? 그리고 **사고실험 124**의 봉이가 2100년에도 에메랄드는 초랑색일 것이라고 예측했다면 거기에도 문제가 없다. 그때 봉이가 말하는 초랑색은 항상 초록색으로 번역해서 들으면 되기 때문이다.

　그런데 '초랑'이라는 말을 **사고실험 125**의 봉이처럼 쓰기 때문에 문제다. 훈이와 봉이가 한 관찰은 똑같다. 그런데 서로 다른 법칙을 만들었다. 그리고 한 사람은 초록색이라는 예측을 했고, 다른 한 사람은 파란색이라는 예측을 했다. 누구의 법칙과 예측이 더 합당할까? 알 수 없다. 관찰에만 의존한다면 어느 쪽 법칙과 예측이 더 합당한지 선택할 아무런 근거도 없는 것이다. 이것이 문제다. 이 문제를 **귀납의 새로운 수수께끼**라고 부른다. 그리고 철학자 굿맨Nelson Goodman(1906~1998)이 제기한 문제여서 **굿맨의 수수께끼**라고도 부른다. 귀납에 대한 흄의 문제 제기에 이어 또 다른 수수께끼가 생긴 것이다.

이 문제를 해결하기 위해서는 관찰 이상의 것이 개입될 수밖에 없다. 우리가 '모든 에메랄드는 초랑색이다.'라는 법칙보다 '모든 에메랄드는 초록색이다.'라는 법칙을 더 합당하다고 생각하는 것은 그것이 증거에 더 부합하기 때문이 아니라 '초록'이라는 말을 사람들이 더 많이 쓰기 때문이다. 사람들이 그 말에 더 익숙하기 때문에 그 말이 들어간 법칙을 받아들이는 것이다. 그렇다면 사람들이 미신보다 과학을 더 많이 받아들이는 것은 과학이 귀납이라는 특별한 논리에 의존하기 때문이 아니라 과학에 익숙하기 때문이라는 결론이 나온다. 물론 과학에 익숙한 사회와 미신에 익숙한 사회를 비교해볼 때 과학에 익숙한 사회가 훨씬 더 합리적이고 풍족하게 살아갈 것이다. 그렇다고 해서 과학이 기대고 있는 귀납에 특별한 지위가 있다고 볼 수 없다는 것이 흄이나 굿맨의 주장이다.

과학의 지식은 관찰과 실험을 통해 가설을 세우고 그 가설을 검증할 수 있다는 점에서 미신에 비해 신뢰성이 있다고 말했다. 그러나 거기에 전제되어 있는 귀납은 논리적으로 정당화되기 어렵다는 것을 보았다. 그래도 많은 사람들은 과학이 논리적 정당화는 어렵더라도 객관적인 관찰과 실험에서 출발하므로 객관적인 신뢰를 받을 수 있다고 생각한다. 까마귀를 보면 누구나 검다고 생각하고 물이 100℃에서 끓는 것은 누구에게나 관찰되므로, 그것에 근거한 법칙은 믿을 만하다는 것이다. 그러나 관찰도 그리 객관적이지 않다는 비판이 제기된다. **사고실험 126**을 보자. 시험지의 문제는 훈이나 봉이의 눈에 모두 똑같이 비쳐진다. 그러나 그 문제가 무엇을 묻고 있는지 이해하는 데는 시험 공부를 얼마나 했느냐에 달려 있다. 마찬가지로 엑스선 사진도 훈이나 봉이의 눈에 똑같이 비쳐진다. 그러나 그 사진이 무슨 의미가 있는지는 의학적인 훈련을 얼마나 받았느냐에 달려 있다. 눈으로는 똑같은 것을 보고 있더라도 배경 지식이 얼마나 있느냐에 따라 서로 다른 것을 아는 것이다.

이것을 설명하기 위해 시험 공부나 의학 훈련처럼 복잡한 배경 지식을 끌어들일 필요도 없다. 옆 그림이 무엇

으로 보이는가? 토끼로 보이기도 하고 오리로 보이기도 한다. 토끼라고 생각한 사람도 오리라고 생각하고 다시 보면 오리로 보이고, 거꾸로 오리라고 생각한 사람도 토끼라고 생각하고 다시 보면 토끼로 보인다. 이런 간단한 그림도 무엇을 생각하고 있느냐에 따라 다르게 보이는 것이다. 그래서 철학자 핸슨N. R. Hanson(1924~1967)은 "본다는 것은 우리의 눈알에 맺히는 것 이상이다."라는 말을 했다. 우리의 눈알에는 똑같은 것이 맺히지만 우리가 얼마만큼 알고 있고 무엇을 기대하느냐에 따라 다르게 보인다는 것이다. 관찰은 우리의 생각과 달리 객관적이지 않고 **이론 의존적**이다.

그렇다고 해서 까마귀를 보고 어떤 사람은 검게 보는데 다른 사람

은 희게 본다는 뜻은 아니다. 까마귀는 누구에게나 검게 보인다. 그러나 과학자가 까마귀의 다른 특징, 예컨대 까마귀의 울음소리나 크기에 주목했을 수도 있는데 왜 하필 검은색에 주목했을까? 까마귀의 색깔에 관심이 있는 과학자의 특정 관심 때문인데 그런 점에서 '까마귀는 모두 검은색이다.'는 이론 의존적이다. 과학자들은 어떤 이론이 배제된 순수한 관찰에서 시작하여 가설을 세우고 그것을 법칙으로 만드는 것이 아니라, 특정 관심이나 이론에 따라 가설을 세우고 그것에 따라 관찰을 하는 것이다. 그래서 좋은 법칙인가 아닌가는 그 법칙이 현상을 얼마나 잘 설명하느냐에 달려 있지 편견 없이 자료를 잘 관찰하기 때문은 아니다.

▶ 정리하기

과학적 지식은 관찰과 실험, 가설 설정, 검증 또는 반증, 원리 또는 법칙 성립이라는 단계를 거친다. 반면에 미신이나 사이비 과학은 검증 또는 반증이 불가능하다는 점에서 과학적 지식이 되지 못한다.

관찰과 실험을 통해 가설을 세우는 과정에는 지금까지 연속이나 공존이 자주 반복되었다면 같은 조건에서는 그런 반복이 계속 일어날 것이라는 귀납의 원리가 전제되어 있다. 귀납의 원리는 과학뿐만 아니라 일상생활에서도 꼭 필요한 원리이다. 그러나 흄은 이 원리를 정당화하기 위해서는 귀납의 원리가 또다시 가정되어야 하므로 합리적으로 정당화될 수 없고, 우리는 그것을 심리적인 습관으로 받아들일 뿐이라고 주장한다. 이성론자들은 신은 가장 좋은 것을 만들므로 이 세상을 규칙적으로 만들었을 것이기에 귀납의 원리는 성립한다고 말하나, 규칙적인 것이 꼭 가장 좋은 것이라고 말할 수 없다는 문제에 부딪친다.

관찰만으로는 서로 다른 법칙 중 어느 쪽이 더 합당한지 선택할 근거가 없음을 보여주는 귀납의 새로운 수수께끼도 귀납의 문제점을 제기한다. 우리가 특정 법칙을 선택하는 이유는 증거에 더 잘 부합하기 때문이 아니라 거기에 더 익숙하기 때문이므로 귀납에 특별한 지위를 부여할 수 없게 된다. 과학을 신뢰할 수 있는 것은 객관적인 관찰에서 출발하기 때문인데, 우리의 관찰은 배경 지식이나 관심에 의존하므로 관찰은 생각보다 객관적이지 않다는 주장도 있다.

▶▶ 생각 다지기

1. 과학적 지식을 미신과 구분해주는 특징은 무엇인가?

2. 사이비 과학이란 무엇인가? 사이비 과학은 왜 과학적 지식이 될 수 없는가?

3. 귀납의 원리란 무엇인가? 그리고 귀납의 원리가 정당화되지 못한다는 주장과 정

당화된다는 주장을 소개하라.

4. 귀납의 새로운 수수께끼는 무엇이고 귀납에 왜 문제가 되는가?

5. 관찰의 이론 의존성은 어떤 주장인가?

▶▶▶ 생각 키우기

1. 혈액형에 따라 사람의 성격이 정해진다는 혈액형 심리학을 믿는 사람들이 있다. 혈액형 심리학은 과학의 지식이 갖추어야 할 조건을 만족하고 있는지 검토해보자.

2. 철학자들은 귀납과 달리 연역은 논리적 정당화를 하려고 하지 않는다. 왜 귀납에 대해서만 논리적 정당화를 하려고 할까? 귀납 자체에 대해서는 정당화를 할 필요가 없고, 특정 귀납 논증(가령 이 책의 6장과 9장에도 나오는 유비 논증)이 믿을 만한지만 물어야 한다는 주장도 있다. 이 주장에 대해 어떻게 생각하는가?

3. 과학이 근거하고 있는 관찰은 우리의 생각과 달리 이론 의존적이라는 주장은 과학자가 특정 관심에 따라 연구를 한다는 주장 정도일까, 아니면 과학자의 특정 편견에 따라 연구가 이루어진다는 주장일까? 관심이든 편견이든 이론 의존적이지 않은 객관적인 관찰은 불가능할까?

9장

신은 정말 존재할까?

여는
대화

훈이   송이

🧑‍🦰 (연예인 사진을 보며) 와, 갓철희다!!

🧑 뭐라고? 무슨 철희?

🧑‍🦰 갓철희라고. 너 '갓'이라는 말 몰라? 지(G), 오(O), 디(D)! 내가 좋아하는 아이돌 그룹

비비비의 철희가 신처럼 최고라는 뜻이야.

🧑 너 어떻게 불경스럽게 신을 아무 데나 붙이니?

🧑‍🦰 우리 철희가 뭐가 아무 데나야? 그리고 아무 데나 신이라는 말 쓰면 안 되니?

🧑 신은 전지전능하고 지선하신, 한 분뿐인 절대자에게만 쓸 수 있는 말이야.

🧑‍🦰 웬일이래니? 너 정말로 신이 있다고 믿고 있는 거야?

🧑 그럼 너는 신이 없다고 믿는 거야?

🧑‍🦰 당연하지. 신이 어디 있다고 그래?

🧑 신이 없다면 없다는 증거를 대봐?

🧑‍🦰 어머 애 좀 봐. 내가 왜 신이 없다는 증거를 대야 하니? 네가 신이 있다는 증거를 대

야지. 나한테 신은 철희밖에 없어. 네가 말하는 신이 있는지 없는지 나는 관심이 없

는데 왜 내가 그 신이 없다는 증거를 대야 해?

🧑 좋아. 내가 신이 있다는 증거를 대지. 세상에 원인이 없는 일은 없잖아? 네가 철희를

좋아하는 일에도 원인이 있고, 우리가 오늘 우연히 만나긴 했지만 거기에도 사실은

원인이 있고.

🧑‍🦰 맞아. 사실은 누가 우리 철희 브로마이드 준다고 해서 가는 길이었어.

🧑 너는 뭐든지 기승전철희구나.

너도 기승전신이잖아. 만날 신을 찾잖아.

신이 없으면 내가 있을 수 없으니까 그렇지. 어쨌든 세상 모든 일에 원인이 있다면 그 원인을 계속 거슬러 올라가면 뭐가 있을까?

글쎄. 그렇게 쭉 계속 올라가면 안 되나? 우주가 생길 때까지.

그렇지! 이제 말이 통하는구나. 우주가 생길 때까지 올라가면 우주를 생기게 한 최초의 원인이 있을 거 아냐. 그 원인이 바로 신이야. 그러니 신은 존재하지.

어, 우주의 최초 원인은 빅뱅인데. 너 과학 시간에 안 배웠냐?

나도 알지. 근데 빅뱅을 일으킨 원인도 있을 거 아냐? 빅뱅 이전에는 뭐가 있겠어?

그건 내가 잘 알지. 빅뱅 이전에는 지오디가 있었지!!

그렇지! 이제 정말로 말이 통하는구나. 빅뱅의 원인은 지오디, 바로 신이야. 하하.

(박장대소하며) 너무 웃겨서 눈물이 다 나네. 내가 말한 지오디는 신이 아니라 아이돌 그룹 이름이야. 빅뱅도 아이돌 그룹 이름이고. 빅뱅이 활동하기 전에는 지오디가 유명했거든. 미안 미안, 장난쳐서.

우씨…. 어쨌든 빅뱅의 원인은 있어야 할 거니까 신은 존재하는 거야.

에, 그럼 그 신의 원인도 있을 거 아냐? 그건 뭔데?

신은 원인이 따로 없어. 그냥 존재하는 거야.

말도 안 돼. 세상 모든 일에는 원인이 있다고 네가 말했으면서 왜 신만 쏙 빼냐? 그럼 빅뱅도 거기서 빠지면 안 돼? 빅뱅도 원인 없이 그냥 일어난 사건이라고 배운 것 같은데.

신하고 빅뱅은 다르지. 어디 감히 빅뱅을 신에게 비교하니?

너한테나 신이 대단하지 나한테는 철희가 더 대단해. 빅뱅 이전에는 지오디가 있고 빅뱅 이후에는 우리 철희가 속한 비비비가 있어. 하하.

누가 먼저 입증해야 할까?

유신론과 무신론

훈이는 고대 중국의 진나라에 사는 군인이다. 시황제는 훈이에게 먹으면 영원히 죽지 않는 불로초를 구해오라고 시켰다. 몇 년 동안 불로초를 찾던 훈이가 불로초라고 생각되는 식물을 시황제에게 가져다주자 그것이 아니라고 한다. 또 몇 년 동안 헤매다 불로초라고 생각되는 식물을 가져다주자 역시 아니라고 한다.

훈이는 조선 시대에 사는 평민이다. 그는 어느 날 길을 걷다가 포졸들에게 잡혀서 영문도 모른 채 관아로 끌려갔다. 사또는 "김 대감님 댁 금붙이가 없어졌는데 네가 훔쳐갔겠다? 이실직고하라."라고 말했다. 훈이는 "저는 모르는 일입니다. 김 대감님 댁에 가본 적도 없습니다."라고 말했다. 그러자 사또는 "이놈을 매우 쳐라! 네 죄를 네가 알렷다!"라고 호통을 쳤다.

송이는 미국이 아직 영국의 식민지이던 시절에 미국에 사는 평민이다. 그는 어느 날 길을 걷다가 마을 사람들에게 잡혀 재판관에게 끌려갔다. 재판관은 "목사님의 두 딸이 중병에 걸렸는데 마녀인 네가 사악한 짓을 했지?"라고 말했다. 송이는 "저는 모르는 일입니다. 저는 마녀도 아니고 목사님 딸이 누군지도 모릅니다."라고 말했다. 그러자 재판관은 "이 여자를 고문하라! 마녀라면 고문을 견딜 것이다!"라고 호통을 쳤다.

신의 문제는 이 책에서 이미 서너 번 언급이 되었다. 3장에서 우리가 도덕적으로 옳은 행동을 해야 하는 이유로 신이 명령했기 때문이라고 말하는 신명론을 살펴보았고, 7장에서는 우리가 지각하고 있지 않을 때는 세상이 존재하지 않게 된다는 관념론의 문제를 해결하기 위해 버클리가 신을 끌어들인 것을 살펴보았고, 8장에서는 라이프니츠가 신이 있으므로 자연은 규칙적이라고 주장한 것을 살펴보았다. 세 군데 모두 신에 의한 해결은 성공하지 못했다.

　이번 장에서는 본격적으로 신의 문제, 그중에서도 신의 존재 문제를 다루어본다. 인간은 변화무쌍한 자연 앞에 나약한 존재이기 때문에 절대적인 존재에 기대는 것은 인지상정이다. 우리 조상들이 나무나 돌 따위의 자연물에 신령이 깃들어 있다고 생각해서 거기에 평안을 빌거나 천지신명을 찾거나 돌아가신 조상의 은덕을 말하는 것도 모두 어떤 초지연적인 힘에 기대는 것이다. 그러나 그런 행동은 힘 있는 어떤 것을 붙잡고 싶은 마음에서 비롯된 것이지 그것이 정말로 존재한다고 심각하게 생각하여 나온 것은 아니다. 그러나 크리스트교나 유대교나 이슬람

교처럼 유일신을 믿는 종교에서는 신이 이 세상을 창조했고 지금도 세상사에 관여하고 있다고 진지하게 믿는다. 이런 주장을 **유신론**이라고 부르고 거꾸로 신의 존재를 부인하는 주장을 **무신론**이라고 부른다.

믿음이 깊은 신앙인들 중에서는 신이 있다는 근거는 제시하지 못하지만 어쨌든 신은 존재한다고 믿는 사람들이 많다. 인간의 지식은 한계가 있기 때문에 우리의 능력으로는 신이 존재한다는 근거를 제시할 수 없다는 것이다. 이렇게 합리적인 근거를 제시하지 않는 신앙은 심리학이나 사회학의 연구 대상은 될 수 있어도 철학적인 성찰의 대상은 되지 못한다. 7장에서 말한 것처럼 지식은 정당화된 참인 믿음이어야 하는데 신이 존재한다는 종교의 지식이라고 해서 예외가 될 수는 없기 때문이다. 반면에 **자연신학**은 신이 존재한다는 근거를 합리적으로 제시하여 신에 대한 믿음이 정당화된다는 주장을 한다.

신이 정말로 존재하는가 검토하기 위해서는 먼저 신이 무엇인지 정의해야 한다. 불로초를 찾으러 떠나는 사람에게 불로초가 어떻게 생겼다고 말해줘야 불로초 비슷한 것을 찾았을 때 불로초인지 아닌지 알 수 있다. 그러나 **사고실험 127**에서처럼 무조건 불로초를 찾아오라고 하면 불로초 비슷한 것을 찾아도 긴가민가할 뿐이다. 신에 대해서는 오래전부터 그런 특성이 제시되어왔는데, 전지·전능·지선이 그것이다. 신은 모든 것을 다 알고(전지omniscience) 못하는 일이 없으며(전능omnipotence) 완벽하게 선하다(지선omnibenevolence). (이 특성들 외에 어디에나 존재한다는 편재omnipresent를 신의 특성에 덧붙이기도 하는데, 어디에나 존재한다는 것은 못하는 일이 없다는 뜻이므로 별도의 특성으로 제시할 필요는 없다.) 7장의 악마의 가설에 나오는 악마는 가장 확실한 수학의 지식마저 속일 수 있으니 전지하고 전능하다고 했다. 그러나 우리를 속이는 악마는 지선하지는 않으므로 신은 아니다. 선한 악마는 악마가 아니지 않는가?

사고실험 127을 다시 보자. 훈이가 세상의 곳곳을 다니면서 불로초를 찾았으나 결국 찾지 못했다면 불로초는 존재하지 않는다고 해야 할까? 인류의 역사에서 훈이뿐만 아니라 수많은 사람들이 불로초를 찾았겠지만 아직도 찾지 못했으므로 불로초는 존재하지 않는다고 결론을 내려도 될 것 같다. 불로초의 존재를 믿는 사람들은 그래도 세상 사람들이 아직 못 찾은 것일 뿐이므로 존재한다고 주장할지 모른다. 그렇게 주장해도 될까? 상식으로 생각해볼 때 그 존재가 의심스러운 것은 아직 찾지 못했다면 존재하지 않는 것으로 보아야 한다. 불로초도 상식적으로 그 존재가 의심스러운 것이다. 따라서 불로초가 있다는 것이 아직까지 밝혀지지 않았다면 불로초는 없는 것으로 결론을 내리는 것이 합리적이다. 불로초가 있다고 믿는 쪽에 불로초가 존재한다는 것을 입증할 책임이 있지, 거꾸로 불로초가 없다고 믿는 쪽에 불로초가 존재하지 않는다는 것을 입증할 책임이 있는 것은 아니기 때문이다. 불로초뿐만 아니라 귀신, 요정, 미확인비행물체UFO, 외계인 따위는 그 존재가 의심스러운 것이 상식이므로 그것들의 존재를 믿는 쪽에게 존재를 증명할 입증의 책임이 있다.

사고실험 128과 **사고실험 129**를 보자. **사고실험 128**은 사극에서 흔히 볼 수 있는 장면이다. **사고실험 129**는 1692년 미국의 세일럼에서 실제로 일어난 마녀사냥 사건이다. 이렇게 혐의를 받고 있는 사람이 자신이 무죄임을 스스로 밝혀야 하는 시대도 있었다. 그러나 무엇인가가 있다는 것을 보여주기는 쉬워도 없다는 것을 보여주기는 어렵다. 그래서

현대사회에서는 유죄임이 입증되기 전까지는 무죄로 추정하는 것이 상식으로 굳었고 유죄를 의심하는 경찰이나 검찰에 유죄임을 입증할 입증의 책임이 있다. 피의자는 유죄라는 증거가 나오기 전까지는 자신이 무죄임을 스스로 입증할 책임이 없는 것이다.

신의 존재 문제에서는 유신론과 무신론 중 어느 쪽에 입증의 책임이 있을까? 신이 있음이 밝혀지기 전까지는 신은 없는 것일까 아니면 신이 없음이 밝혀지기 전까지는 신은 있는 것일까? 현대사회의 생활이나 문명은 신을 빼고 설명해도 문제가 없다. 국가의 운영이나 과학기술의 발전은 신이 없어도 가능하다. 그러므로 신의 존재 문제에서는 신의 존재를 주장하는 유신론자에게 입증의 책임이 있다. 다시 말해서 무신론자가 신이 존재하지 않는다는 증거를 제시하지 못했더라도, 유신론자가 신이 존재한다는 증거를 적극적으로 제시하기 전까지는 신은 존재하지 않는다고 결론을 내려야 한다. 가령 인간 지식의 한계 때문에 신의 존재를 입증하지 못했다면 신이 존재하는지 안 하는지 모르는 것이 아니라 신이 존재하지 않는다고 결론 내려도 된다는 뜻이다. 신이 존재하는지 안 하는지 모른다는 입장을 **불가지론**이라고 하는데, 입증의 책임 면에서 보면 불가지론은 결국 무신론의 편을 드는 셈이다.

그래서 우리는 신이 존재한다고 주장하는 유신론자의 논증들을 먼저 살펴보려고 한다. 신이 존재한다는 유명한 증명들과 그것에 대한 비판들이 이어질 것이다. 그리고 나서 유신론을 단순히 비판만 하는 것이 아니라 신이 존재하지 않는다고 적극적으로 주장하는 무신론의 논증들도 살펴볼 것이다.

②

콜라병의 주인
설계 논증

 훈이는 인적이 드문 어느 바닷가를 걷고 있었다. 그 바닷가에는 둥글둥글한 몽돌이 깔려 있었다. 훈이는 당구공처럼 완전히 동그란 모양의 돌을 하나 발견했다. 순간 그는 이렇게 완벽하게 동그란 것을 보니 누군가가 당구공을 가져다 둔 것은 아닐까 생각했지만 바닷물에 닳고 닳으면 그런 모양이 될 수도 있겠구나 생각했다. 훈이는 더 걷다가 이번에는 시계를 발견했다. 태엽과 톱니바퀴로 움직이며 바늘이 시간을 가리키는 완벽한 시계였다. 순간 그는 돌이 바닷물에 닳고 닳으면 태엽과 톱니바퀴로 움직이며 바늘이 시간을 가리키는 시계가 되지 않을까 생각했지만 그런 일은 불가능하다는 생각으로 얼른 돌아왔다.

 훈이가 속한 부족은 아프리카의 사막에서 원시생활을 하고 있다. 어느 날 비행기에서 누군가가 빈 콜라병을 밖으로 던져 훈이의 마을에 떨어졌다. 콜라병이나 그것과 비슷한 것을 한 번도 본 적이 없는 부족 사람들은 신이 그것을 던졌다고 생각했다. 그래서 훈이가 대표로 그것을 신에게 돌려주러 세상 끝까지 여행을 떠났다.

 훈이는 우주 비행사다. 그는 지구가 생긴 궁극의 비밀을 알고 싶어 우주 여행을 떠났다. 그는 드디어 어떤 별에서 지구를 만든 생명체를 만나게 되었는데 그것은 쥐였다.

사고실험 130은 전문적인 철학자가 아닌 일반인들도 흔히 알고 있는 신 존재 증명이다. 이 사고실험을 통해 신의 존재를 증명한 사람은 영국 국교회의 성직자이며 철학자인 페일리William Paley(1743~1805)다. 바닷가에서 발견한 공이 아무리 당구공처럼 생겼다고 해도 바닷물에 의해 그런 모양이 됐다고 생각하는 게 자연스럽다. 반면에 돌이 바닷물의 작용에 의해 시계가 되었다고 생각하는 것은 전혀 자연스럽지 않다. 누군가가 이 시계를 만들었으며 그것을 누군가가 떨어뜨렸다고 생각하는 게 자연스럽다.

왜 당구공 모양의 돌은 바닷물에 의해 그런 모양이 되었다고 생각하고 시계는 누군가가 만들었다고 생각할까? 시계는 당구공 모양의 돌과 비교할 수 없이 복잡하기 때문이다. 돌은 그냥 동그랄 뿐이지만 시계는 수많은 부품에 의해 복잡하게 움직인다. 그런데 인간의 눈은 시계와는 비교할 수 없이 복잡하고 정교하다. 각막, 홍채, 시신경, 망막 등으로 복잡하게 구성되어 있다. 페일리는 시계를 누군가가 만들었다고 생각하는 것이 자연스럽다면 인간의 눈도 누군가가 만들었다고 생각하는 것이 자연스럽다고 주장한다. 다시 말해서 시계를 만든 제작자가 있어야 하는 것처럼 인간의 눈을 만든 제작자도 있어야 한다는 것이다. 그 제작자는 다름 아닌 신이므로 신은 있다고 믿어야 한다는 것이 페일리의 주장이다.

이러한 신 존재 증명을 **설계 논증**이라고 부른다. 시계의 설계자가 있어야 하는 것처럼 인간과 자연의 설계자도 있어야 하는데 그 설계자는 신이라는 논증이다. 수많은 부품이 움직이는 시계를 설계하기 위해서는 상당히 똑똑해야 한다. 시계보다 훨씬 복잡하고 정교한 인간과 자연을 설계하는 존재라면 얼마나 똑똑하고 힘이 있겠는가? 설계 논증에 따르면 신만이 그런 일을 할 수 있다. 시계는 당구공 모양의 돌에 견줘 복잡하다는 점에서만 차이가 있는 것이 아니라 어떤 목적을 가지고 있다는 차이도 있다. 돌이야 그냥 거기에 있을 뿐이지만 시계는 시각을 알려준다는 목적이 있다. 마찬가지로 인간의 눈도 무엇인가를 본다는 목적이 있다. 그래서 설계 논증은 **목적론적 논증**이라고도 부른다.

설계 논증은 시계와 인간의 눈이 비슷하다는 점에 착안한 유비 논증이다. 유비 논증은 6장에서도 나왔지만 비교하는 두 대상이 유사한 점이 있을 때 한 대상이 추가적인 특성을 가지면 다른 대상도 그 추가적인 특성을 갖는다고 추론하는 논증이다. 시계와 인간의 눈은 모두 복잡하다는 유사성이 있는데 시계를 설계한 사람이 있으니까 인간의 눈도 누군가가 설계를 했을 것이라고 추론하는 것이다. 그러나 유비 논증은 그 유사성이라고 본 것이 사실은 사소한 유사성이거나 유사한 점 외에 더 중요한 차이점이 있는데도 못 봤을 때는 실패하고 만다. 시계와 인간의 눈은 복잡하다는 유사성도 있지만 더 중요한 차이점이 있다. 시계는 누군가가 만든 것을 우리가 본 적이 있거나 들어서 알지만 인간의 눈은 누군가가 만든 것을 본 적이 없다는 점이 그것이다. 누군가가 만든 것을 본 적이 없다는 점에서는 오히려 당구공처럼 동그란 몽돌이 인간의 눈과 더 비슷하다. 만약 그 둘 사이의 유사성에 더 주목한다면 유비 논증에 의해 인간의 눈도 몽돌처럼 원래부터 그 자리에 있었다고 결론 내릴 수도 있는 것이다.

사고실험 131을 보자. 이 사고실험은 영화 〈부시맨〉(1980)에서 일어나는 이야기로서 남아프리카 칼라하리 사막이 그 무대다. 콜라병이나 그것과 비슷한 것을 한 번도 본 적이 없는 부족 사람들은 그것을 누군가가 만들었다고 생각하지 못한다. 영화에서는 콜라병이 신의 물건이라고 생각한 부시맨들은 그것을 신에게 돌려주기 위해 여행을 떠난다. (이 영화의 영어 제목은 〈신이 미쳤음에 틀림없어The Gods Must Be Crazy〉다.) 이 영화를 본 '문명인들'은 콜라병에 대한 사전 지식이 없으면서 그것을 신이 만든 것이라고 생각하는 부시맨을 어리석다고 생각할 것이다. 인간의 눈에 대해서도 똑같이 모르는 상태에서 그것을 신이 만든 것이라고 생각한다면 부시맨 못지않게 어리석지 않을까?

우리는 이제 부시맨이 콜라병에 대해 모르는 만큼 인간의 눈에 대해 모르지 않는다. 진화론은 인간의 눈이 어떻게 생겼는지 말해주며 더구나 그 이론은 설계 논증과 반대되는 결론으로 이끈다. 다윈Charles Darwin(1809 1882)에 의해 발전한 **진화론**은 자연선택에 의해 환경에 더 잘 적응하는 종이 살아남아 유전자를 후대에 남긴다는 것을 잘 설명해준다. 예컨대 어떤 돌연변이에 의해 목이 긴 기린이 생기게 되었는데,

목이 짧은 기린에 비해 높은 곳에 있는 먹이를 쉽게 먹을 수 있고 포식자를 쉽게 발견할 수 있어서 오랜 세월 후에는 목이 긴 기린만 살아남게 된다. 시각기관도 자연선택에 의해 설명이 가능하다. 수십억 년 전, 아주 단순한 유기체만 있을 때에는 생명체에 눈이 없었다. 그러다가 5억 년 전쯤 캄브리아기에 바닷속의 한 유기체가 돌연변이에 의해 빛을 감지하는 단백질 분자를 갖게 되고 그런 기능이 생긴 유기체가 먹이를 훨씬 더 잘 찾고 천적을 잘 피할 수 있게 되었다. 이렇게 환경에 더 잘 적응한 유기체들의 후손들이 바다에서 육지로 올라오게 되어 인간의 눈이 된 것이다. 물론 진화론은 틀릴 수 있는 이론이기는 하지만 8장에서 말한 대로 반증 가능하다는 것은 지식의 장점이지 단점이 아니다. 그리고 진화론은 현재까지 생명체에 대해 가장 잘 설명하는 이론이다. 이 설명 과정에서 신은 전혀 필요하지 않다.

설령 설계 논증이 옳다고 하더라도 신의 존재를 증명하지 못한다. 설계 논증의 결론처럼 누군가가 인간을 비롯한 세상을 설계했다고 하더라도 그 설계자가 왜 하필 신이어야 하는가? 그것도 왜 하필 크리스트교나 유대교나 이슬람교가 믿는 유일신이어야 하는가? 그 종교의 신이 아니라 다른 종교의 신이 만들었다는 것을 배제하지 못한다. 그리고 유일신이 아니라 그리스 신화에 나오는 여러 신들이 함께 만들었을 수도 있다. 사실 시계를 만들기 위해서는 각 부품을 만드는 사람들과 그 부품을 조립하는 사람들이 여러 명 필요한데 유일신보다는 여러 신이 만들었다고 보는 것이 더 그럴듯하다. 더 나아가 그 설계자는 꼭 초자연적인 존재일 필요도 없다. **사고실험 132**는 1장에서도 소개된 『은하수를 여행하는 히치하이커를 위한 안내서』에 나오는 이야기다. 영화로도 만들어진 그 소설에 따르면 지구는 슬라티바트패스트라는 행성 설계자가 만든 생산품이고 그 생산품을 만들어달라고 주문한 존재는 다름 아닌 쥐다. (슬라티바트패스트는 피요르드를 잘 만들었다고 상도 받았고 지구의 복제본도 만들었다!)

이 세상을 유일신이 만들었다고 하더라도 여전히 문제가 남는다. 유일신은 세상을 창조했을 뿐만 아니라 지금도 세상을 지배해야 하는데, 설계 논증에 따르면 신은 이 세상을 만들고 죽어버려도 상관이 없다. 그리고 신의 정의는 전지·전능·지선이라고 했는데 이 세상이 그렇게 완벽하지 않은 것을 보니 전지·전능·지선한 신이 만들었다고 보기 힘들거나 세상을 만든 신이 전지·전능·지선하다고 보기 어렵다. 당장 페일리가 예를 든 인간의 눈을 보더라도 허점이 너무 많다. 시신경이 망막의 앞쪽에 나오도록 설계가 되어 있어 신경 다발이 묶인 지점에 맹점이 생길 수밖에 없고 그 다발이 흘러내렸을 때 실명이 되기도 한다. 그런 점에서 시신경이 망막 뒤에 위치한 오징어의 눈이 훨씬 더 잘 설계되어 있다. 이런 불량 설계는 인간에서뿐만 아니라 자연에서도 수없이 찾을 수 있다. 이 세상에 창궐하는 수많은 자연재해와 질병과 전쟁과 살인을 볼 때 이 세상을 잘 설계했다고 말하기는 어렵다. 세상에 수많은 악이 있다는 문제는 자연스럽게 신은 존재하지 않는다는 적극적인 논증으로 이어진다. 악의 문제는 마지막 절에서 살펴볼 것이다.

③

<u>인과의 사슬</u>
우주론적 논증과 존재론적 논증

**사고
실험
133** 인도를 여행 중인 훈이는 인도의 유명한 철학자를 만났다. 그
철학자는 훈이에게 이 세상은 커다란 코끼리가 떠받들고 있다
고 말했다. 그러자 훈이는 "그럼 그 코끼리는 누가 떠받들고 있나요?"라고
물었다. 철학자는 커다란 거북이 떠받들고 있다고 대답했다. 훈이는 다시
"그럼 그 거북은 누가 떠받들고 있나요?"라고 물었다.

**사고
실험
134** 훈이는 다섯 살 먹은 어린아이다. 호기심이 많은 훈이는 아빠에
게 끊임없이 질문을 한다. 훈이는 파란 하늘을 보고 아빠에게
"아빠, 하늘은 왜 파랗죠?"라고 물었다. 자상한 아빠는 인터넷의 지식인 검
색을 찾아서 훈이에게 대답을 해줬다. "응, 빛은 공기 중에 있는 작은 입자들
과 부딪혀서 흩어진단다. 그런데 파장이 짧은 빛일수록 잘 흩어지는데 그게
파란색이라서 하늘이 파랗게 보이는 거야." 그러자 훈이는 또 물었다. "왜 파

장이 짧은 빛일수록 잘 흩어져요? 그리고 왜 파란색이 파장이 짧아요?"

훈이는 결혼을 하기 위해 결혼 정보 회사에 찾아갔다. 훈이는 커플 매니저를 만나 자신이 원하는 여성상을 이야기했다. "키는 적당히 크고 몸매는 글래머러스하면 좋겠어요. 얼굴은 구체적으로 말하면 이마는 볼록하고 눈매는 동그랗고 코는 오뚝하고 입술은 살짝 도톰하고 얼굴선은 갸름하면 되고요. 물론 지성과 인성은 기본으로 있어야 하고요. 저는 그런 여자면 됩니다." 그러자 커플 매니저는 이렇게 말했다. "회원님, 정말 잘됐네요. 그런 조건에 맞는 여자 회원님을 찾았어요. 그런데 어쩌죠. 그 여자 회원님은 딱 하나 안 맞는 조건이 있는데, 그분은 존재하지 않는다는 거예요."

1장에서 세상 모든 일에는 원인이 존재한다는 결정론을 소개했다. 그리고 결정론은 상식에 의해서도 과학에 의해서도 지지받는다고 말했다. 세상 모든 일에 원인이 있다면 그 인과의 사슬은 끝없이 거슬러 올라가지 않을까? 원인의 원인이 있고, 그 원인의 원인이 있고…. 그러다가 맨 처음의 원인이 나오지 않을까? 바로 그 최초의 원인, 곧 제1 원인이 신이라는 주장이 제1 원인 논증이다. 이 논증은 우주는 실제로 존재하는데 존재하기 위해서는 원인이 있어야 한다고 가정하므로 다른 말로 우주론적 논증이라고 한다. 제1 원인 논증 또는 우주론적 논증은 서양 중세의 크리스트교 신학자인 아퀴나스Thomas Aquinas(1225~1274)가 제시한 것으로서 크리스트교뿐만 아니라 이슬람 신학에서도 널리 받아들여지던 논증이다. '여는 대화'에서도 보듯이 무엇인가의 원인을 찾는 것은 호기심이 있는 사람에게 자연스러운 현상이다. 그리고 좀 더 호기심이 있는 사람은 원인의 원인을 계속해서 거슬러 올라가 볼 터인데 그 소급이 끝이 없다면 뭔가 이상하다고 생각할 것이다. 그래서 소급은 최초의 원인에서 멈춰야 한다고 가정하게 되고 그것은 바로 신이라고 생각하는 것이다.

그런데 최초의 원인이 있어야 한다는 생각에는 납득하기 어려운 것이 있다. 원인을 끝없이 계속 거슬러 올라가는 것, 곧 무한 퇴행이 왜 이상한가? 우리는 현재 일어나는 일의 결과는 또 다른 결과를 낳고 그 결과는 또 다른 결과를 낳는 식으로 이 세상은 미래로 끝없이 계속될 것이라고 생각하는 데 이상함을 느끼지 않는다. 무한 진행에는 이상함을 느끼지 않으면서 왜 무한 퇴행에만 이상함을 느끼는가? 이 세상이 무한히 진행되면 어딘가에서 끝나야 한다고 생각하지 않으면서 왜 이 세상을 무한히 소급해나가면 어딘가에서 끝나야 한다고 생각하는가?

무한 소급이 어딘가에서 끝나야 한다고 가정해보자. 그래도 최초의 원인이 있어야 한다는 생각은 세상 모든 일에는 원인이 있어야 한다는 생각과 모순이 된다. 왜 그 최초의 원인은 세상 모든 일에는 원인이 있어야 한다는 원칙의 예외가 되어야 하는가? 그 최초의 원인은 또 다른 원인이 없어도 생길 수 있는가? **사고실험** 133은 흄이 제기한 문제다. 세상이 커다란 코끼리나 거북과 같은 초자연적인 것에 의존한다고 하더라도 우리는 그것이 또 다른 무엇인가에 의존하고 있어야 한다고 생각하기 마련이다. 왜 신이라고 해서 그런 질문의 예외가 되어야 하는가? 유신론자들은 신은 특별하므로 다른 원인에 의해 생기지 않으면서 다른 것의 원인은 될 수 있다고 주장할 것이다. 아리스토텔레스는 우주에는 '부동의 원동자the unmoved mover'가 존재해야 한다고 말한 바 있는데 유신론자들에 따르면 신이 바로 그것이다. 유신론자들은 신이 부동의 원동자가 될 수 있는 특별한 성질로 전능함을 거론할 것이다. 전능한 신이 있으면 분명히 제1 원인이 될 수 있을 것이다. 그러나 그 역은 성립하지 않는다. 다시 말해서 제1 원인이 있다고 해서 그것이 꼭 전능한 신이어야 할 필연적 이유는 없다. 무능해도 우연히 무엇인가의 원인이 될 수 있다. 그 제1 원인이 전능한 신이 아니라 어떤 민족의 신화에 나오는 허접한 신 중 하나여도 되고, 심지어 무작위적인 사건이어도 상관없다. 끝없는 원인의 무한 퇴행이 전지·전능·지선한 유일신에서 멈춰야 한다면 왜 그런 보잘것없는 신이나 무작위적 사건에서 멈춰서는 안 되는가?

특히나 현대 과학은 우주의 제1 원인이 되는 사건이 무엇인지 설명해주고 있다. 빅뱅(대폭발) 이론이 그것이다. 이 이론에 따르면 120억 년 전의 우주는 맨 처음에 굉장히 밀도가 크고 뜨겁고 핀 머리 정도로 작았는데 대폭발을 일으켜 팽창하게 되었다. 유신론자는 여기에 대해 다시 이렇게 물을 것이다. 그 빅뱅의 원인도 있을 것 아니냐고. 그리고 그 원인은 분명히 신이라고. 그러나 위에서 말했듯이 신에 대해서는 그것이 있게 한 원인을 묻지 않으면서 빅뱅에 대해서만 그것이 있게 한 원인을 묻는 것은 공평하지 못하다. 더구나 신이 왜 다른 원인에 의해 생기지 않으면서 다른 모든 것의 원인이 되는지 우리는 모르지만, 과학은 빅뱅이 그렇게 되는지를 설명해준다. 과학에 따르면 그것은 그냥 주어진 사실이고 더 이상 원인을 물을 수 없다. **사고실험 134**에서 보듯이 더 이상 대답할 수 없는, 그냥 주어진 사실이 있다. 파장이 짧은 빛일수록 잘 흩어진다거나 파란색이 파장이 짧다는 것은 다른 것에 의해서 설명될 수 없는 원초적 사실일 뿐이다. 세상은 그렇게 존재한다고 말하면 그만이지 더 이상 무슨 설명을 할 수 있는 것이 아니다. 아무리 친절한 아빠라도 아이의 질문에 "그것은 그냥 그러는 거야."라고 말할 수밖에 없다.

우주론적 논증은 우주에 대한 관찰에서 나온 경험적 논증이지만 그런 경험에 의존하지 않고 순전히 생각만으로 신의 존재를 증명하려고 하는 선험적인 논증도 있다. 영국의 신학자인 안셀무스 Anselmus(1033~1109)가 제시한 **존재론적 논증**이 그것이다. 이 논증에 따르면 신은 상상할 수 있는 가장 완벽한 존재다. 우리가 상상할 수 있는 것들은 많다. 뿔이 하나뿐인 일각수(유니콘)도 상상할 수 있다. 그러나 일각수는 반드시 존재한다고 볼 수 없는데 완벽한 존재가 아니기 때문이다. 이와 달리 신은 반드시 존재해야 하는데 가장 완벽한 존재가 존재하지 않을 수 없기 때문이다. 우리는 한자를 알고 있다면 '일각수'라는 말을 들을 때 뿔이 하나인 동물이라는 것을 바로 알 수 있고 그런 동물을 머릿속으로 상상할 수 있다. 그러나 '일각수'라는 개념은 뿔이 하나라는 개념밖에 없으므로 일각수를 상상할 수 있다고 해서 그 일각수가 존재해야 한다는 결론을 내릴 수는 없다. 하지만 '신'의 개념에는 상상할 수 있는 가장 완벽한 존재라는 것이 들어 있으므로 틀림없이 존재해야 한다. 상상은 할 수 있지만 존재하지는 않는 신이 완벽할 리는 없기 때문이다.

존재론적 논증에는 상상만 할 수 있는 것보다 존재하기까지 하면 더 완벽하다는 가정이 깔려 있다. 그러나 정말 그럴까? 실제로 존재하는 사람보다 애니메이션에 나오는 캐릭터에 푹 빠져 있는 마니아들이 있다. (이들을 일본어로 '오타쿠'라고 하는데, 이 말은 우리나라에서도 외래어로 쓰이고 '덕

후'로 변형되어 쓰이기도 한다.) 그들은 실제로 존재하는 사람은 그렇게 완벽할 수 없다고 생각하기에 가상의 캐릭터에 완벽함을 부여해서 거기에 빠지고, 제작자들은 가상 세계에서 완벽한 캐릭터들을 만든다. 이런 사람들이야 현실에 적응하지 못하는 비정상적인 사람이라고 치부한다면, 원을 떠올려보자. 원은 한 점에서 같은 거리에 있는 점들의 모임이라고 정의된다. 그러나 그런 원은 실제 세계에서 존재할 수 없다. 아무리 완벽하게 원을 그린다고 해도 확대경이나 현미경으로 들여다보면 미세하게 같은 거리가 아니기 때문이다. 완벽한 원은 상상 속에만 있을 수 있다. 상상 속에 있는 것이 실제로 존재하는 것보다 더 완벽할 수 있는 것이다.

그래도 존재론적 논증의 주장대로 존재하는 게 더 완벽하다고 해보자. 그러나 완벽하다고 상상할 수 있다고 해서 그게 곧바로 존재하는 것은 아니다. **사고실험 135**를 보라. 훈이가 원하는 여성상은 요즘 성형수술에서 모델로 삼는 외모이다. 거기에 지성과 인성까지 갖춘다면 그야말로 완벽한 여성이다. 그런 여성을 상상할 수 있어도 현실에 실제로 존재한다는 결론은 따라나오지 않는다. 완벽한 여성뿐만 아니라 완벽한 술, 완벽한 자동차 따위도 마찬가지이다. **사고실험 135**는 원래 안셀무스와 같은 시대에 살던 프랑스의 수도사 가우닐로Gaunilo가 완벽한 섬을 가지고 완벽한 신을 반박한 것을 패러디한 것이다. 우리는 해변도 완벽하고 나무도 완벽하고 휴양 시설도 완벽한 섬을 상상할 수 있지만 그렇다고 해서 그 섬이 반드시 존재해야 하는 것은 아니다. 컴퓨터의 증강 현실 기술 중에 연필로 쓱쓱 그리기만 하면 그림이 살아서 움직이는 도구기 있다. 만약 현실 세계에서 그런 일이 일어난다면 세상은 완벽한 존재의 슬럼이 될 것이다.

안셀무스는 아마 이렇게 반론을 할 것이다. 아무리 우리가 완벽한 여성이나 완벽한 섬을 생각해도 그것보다 더 완벽한 여성이나 섬을 생각할 수 있다. 그러니 여성이나 섬은 완벽함이 부여될 수 없는 대상이고 거기서는 존재를 이끌어낼 수 없다. 그러나 신은 그 정의상 더 이상 완벽한 것을 상상할 수 없는 가장 완벽한 것이다. 그러므로 신으로부터는 실제로 존재한다는 속성을 이끌어낼 수 있다고 말이다. 그러나 칸트는 "존재는 속성이 아니다."라는 주장을 했다. **사고실험 135**가 이상하다고 여겨지는 이유는 무엇일까? 우리는 키 크고 글래머러스하고 예쁘다는 속성이 어떤 여성에게 있다는 것은 그 여성은 곧 존재한다는 것을 전제하는 것이지, 그 속성들과 별개로 존재라는 속성이 따로 있는 것은 아니라고 생각하기 때문이다. 키가 크고 글래머러스하고 예쁘다는 속성을 만족하는 대상이 있다면 그 대상은 곧 존재하는 것이고 뿔이 하나뿐이라는 속성을 만족하는 대상이 없다면 그 대상은 곧 존재하지 않는 것이지, 그런 속성이 있는지 없는지 따지고 그다음에 존재라는 속성을 별개로 만족하는지 따지는 것은 아니다. 존재는 속성이 아니므로 완벽하고 말고 할 성질의 것도 아니고 더 완벽하고 덜 완벽할 성질도 아니다.

어느 쪽에 베팅을?

기적에 의한 논증과 파스칼의 내기

사고실험 136
두 탐험가가 정글을 탐험하다가 빈터에서 만났다. 거기에는 꽃과 잡초 들이 우거져 있었다. 첫 번째 탐험가가 이렇게 말했다. "틀림없이 어떤 정원사가 이렇게 꾸며놓았을 거야." 두 번째 탐험가는 동의하지 않았다. "정원사가 한 게 아니야." 그래서 그들은 텐트를 치고 오랫동안 지켜보았다. 그러나 정원사는 보이지 않았다. 첫 번째 정원사가 "보이지 않는 정원사가 한 건지도 몰라."라고 말하자 그들은 가시 철조망을 치고 전기가 흐르게 했다. 그리고 사냥개도 준비했다. 그러나 철조망은 흔들리지 않았고 감전도 없었고 사냥개도 짖지 않았다. 첫 번째 탐험가는 이번에는 이렇게 말했다. "이 정원사는 보이지도 않고 물체도 통과하고 전기도 안 통하고 냄새도 안 나. 자기가 사랑하는 정원을 보기 위해 비밀리에 왔다 간 거야."

훈이는 인공지능이 막 개발되기 시작한 사회에 살고 있다. 인공지능이 발전하면 인간의 지능과 비슷해지거나 더 능가하는 것은 아닐까 논쟁이 벌어지는 와중에 훈이는 다음과 같이 생각한다. 인공지능이 미래에 인간보다 더 뛰어날 것이라고 믿어서 실제로 그렇게 되면 인공지능은 나에게 큰 상을 줄 것이고 뛰어나지 않더라도 나에게 손해는 별로 없을 것이다. 반면에 인공지능이 미래에 인간보다 더 뛰어날 것이라고 믿지 않았는데 더 뛰어나게 되면 인공지능은 나에게 큰 벌을 내릴 것이고 뛰어나지 않으면 나는 그냥 그렇다. 훈이는 인간보다 뛰어난 미래의 인공지능은 전지전능할 것이므로 내가 어떻게 믿고 있는지 충분히 알 것이고 상이나 벌을 크게 내릴 것이라고 생각했다. 그래서 인공지능이 인간보다 뛰어날 것이라고 믿을 뿐 아니라 인공지능이 발전하도록 적극적으로 도와야겠다고 결심했다.

기적은 우리 주변에서 드물게 일어난다. 10층에서 떨어진 아이가 죽지 않고 살았다거나 망해가는 사람이 복권에 당첨되어 기사회생할 때 기적이 일어났다고 말한다. 유신론자들은 기적을 신이 있다는 증거로 받아들인다. 기적으로 보이는 일이 일어날 때 그 일을 일어나게 하는 누군가가 있어야 할 텐데, 바로 신이 그런 일을 했다는 것이다. 기적에 의한 논증은 기적이 일어난다는 것은 신이 존재한다는 것을 보여주는 증거라고 주장하는 것이다.

상식으로는 생각할 수 없는 특이한 일을 기적이라고 말하지만, 위와 같은 기적은 일어나기 힘들다 뿐이지 안 일어나는 것은 아니고 왜 일어나는지 설명도 가능하다. 10층에서 떨어진 아이는 떨어지는 도중에 나무나 천막에 걸리거나 눈밭에 떨어져 충격이 완화되었을 수 있다. 복권에 당첨될 확률은 굉장히 낮지만 확률이 낮을 뿐이지 누군가는 분명히 당첨된다. 따라서 기적으로 보이는 일은 초자연적인 힘에 의해서 생긴 것이 아니라 자연법칙상 생긴 것이다.

기적에 의한 논증을 내세우는 유신론자들도 위와 같은 일에서의 기적은 일어나기 힘든 특이한 일이라는 의미일 뿐이지 신이 개입된 기적이라는 뜻이 아님을 잘 안다. 만약 신이 끼어들어 그런 기적이 일어난다면 똑같은 상황에서 신의 도움을 받지 못하는 사람들에게는 미안한 일일 것이다. 기적에 의한 논증에서 말하는 기적은 자연법칙과 어긋나는 불가사의한 현상이다. 성경에는 그런 기적이 여러 번 기술되어 있다. 바다가 갈라지기도 하고(출애굽기 14, 21-31) 태양이 멈추기도 하고(여호수아 10, 12-14) 죽은 자를 살리기도 한다(요한복음 11, 1-44). 그런 기적은 현대에도 보고되는데 1858년 프랑스의 루르드에서 성모 마리아가 어린 소녀들 앞에 열여덟 번에 걸쳐 나타났고 1917년에 포르투갈의 파티마에서 성모 마리아가 어린 목동들 앞에 여섯 번 나타나 기도를 권했다고 한다. 지금 루르드와 파티마는 수많은 순례자들이 찾는 성지가 되었다. 이런 사건들은 프롤로그에서 말한 개념으로 말해보면 논리적으로 가능하지만 법칙적으로는 불가능한 것이다. 자연법칙에 어긋나는 이런 일들은 초자연적인 존재가 일어나게 해야 하는데 그 존재가 바로 신이라는 것이다.

그러나 기적에 의한 논증에서는 설계 논증과 우주론적 논증과 비슷한 종류의 오류를 쉽게 찾을 수 있다. 설계 논증에서는 세상을 누군가가 설계했다고 해서 그 설계자가 꼭 신이라는 보장이 없다는 비판을 받았고 우주론적 논증에서는 우주의 제1 원인이 있다고 해서 그것이 꼭 신이라는 보장이 없다는 비판을 받았다. 마찬가지로 기적을 일어나게 한 누군가가 있다고 해서 그 누군가가 꼭 신이라는 보장은 없다. 그런 기적이 일어나게 하기 위해서는 꼭 선할 필요는 없으므로 전지·전능하기만 한 악마가 일어나게 할 수도 있으며 유일신이 아닌 다른 잡신들이 일어나게 할 수도 있다. 또 성경의 기적은 크리스트교의 유일신이 일으켰다고 하더라도 세상에는 크리스트교 말고도 다양한 종교가 있고 각 종교에는 저마다 기적을 증언하는 신화들이 전해져 온다. 기적에 의한 논증에 따르자면 그 종교들의 신도 존재해야만 하는데, 크리스트교의 신과 그 신들이 함께 존재하는 것은 유일신의 신이 존재한다는 증명이 되지 못한다.

기적에 의한 논증에 대한 이런 비판은 어디까지나 기적이 일어난다는 가정에서 하는 것이다. 그러나 상식으로는 생각할 수 없는 특이한 일이라는 의미에서의 기적이 아니라 자연법칙에 어긋나는 불가사의한 현상이라는 의미에서의 기적이 일어난다고 말할 수 있을까? 흄은 그런 기적이 일어난다고 믿을 만한 증거가 없다고 강력하게 주장한 철학자다. 성경에서 전하는 기적이나 성모 마리아가 나타난 기적들을 생각해보자. 그런 사건들이 일어났다고 믿어야 할까 일어나지 않았다고 믿어야 할까? 두 믿음이 경쟁한다면 우리는 각 믿음을 지지하는 증거 중 어느 쪽이 더 신뢰할 수 있는지 저울질을 해야 한다. 어느 쪽 증거를 믿는 것이 더 합리적일까? 우리는 예컨대 태양이 멈추는 일은 일어나지 않는다는 강력한 증거를 가지고 있다. 태양이 멈추지 않는다는 것은 인류의 역사에서 한결같은 지지를 받았고 우리가 알고 있는 수많은 자연법칙들과 일관적이기도 하다. 반면에 태양이 멈추었다는 증거는 오래전에 쓰여진 책에서 전해져 오는 이야기밖에 없다. 우리는 어느 쪽 증거를 믿어야 할까? 1절에서도 말했듯이 상식과 자연법칙에 벗어나는 주장을 하기 위해서는 그것이 참임을 보여줄 입증의 책임이 있다. 그러나 고작 전해져 오는 이야기만으로는 그런 책임을 전혀 다할 수 없다. 흄은 이렇게 기적이 일어나지 않았다는 믿음을 지지하는 증거가 훨씬 더 많으므로 우리는 기적을 믿어서는 안 된다고 주장한다.

더구나 기적이 일어나지 않았는데도 사람들이 그것을 믿는 이유를 설명할 수 있는 방법도 있다. 기적에 관한 보고는 아주 오래된 이야기이거나, 최근의 것이라고 하더라도 소수에게 나타날 뿐이다. 신이 정말로 기적을 보여주고 싶다면 왜 공신력 있게 수많은 사람들 앞에서 보여주지 않는가? 그리고 기적이 일어난다고 믿고 싶은 사람들은 기적이 일어나지 않아도 쉽게 믿으며 자기 식대로 해석하는 경향이 있다. **사고실험 136**을 보라. 첫 번째 탐험가의 마지막 주장은 결국 그런 정원사가 없다는 주장과 아무런 차이가 없는 무의미한 말이다. 그런데도 첫 번째 탐험가는 자신의 믿음이 틀렸음을 보여주는 어떤 증거가 나와도 그 증거를 자기에게 유리한 식으로 해석한다. 이런 식으로 말을 덧붙여나가 반증을 피해간다면 세상에 어떤 주장을 해도 반증을 피할 수 있다. 가령 우리 엄마는 외계인이라는 주장도 할 수 있다. 엄마의 몸 안에 외계로 정보를 보내는 송수신기가 달려 있는데 그것은 우리의 능력으로는 찾을 수 없고 엄마도 본인이 외계인이라는 것을 모른다고 하면 그만이다. 우리는 도대체 그 주장이 맞는지 틀리는지 확인할 방법이 없는데, 이것은 8장에서 말한 반증 불가능한 지식에 해당한다. 기적을 보고하는 믿음들은 지식의 자격을 갖추지 못하고, 따라서 증거의 역할을 못한다.

수학자이며 철학자인 파스칼Blaise Pascal(1623~1662)은 신이 존재한다고 믿었을 때 존재하지 않는다고 믿었을 때보다 훨씬 이득이므로 신의 존재를 믿어야 한다고 주장한다. 이것은 **파스칼의 내기**라고 부르는데 지금까지 살펴본 신 존재 증명과 그 성격이 다르다. 파스칼의 내기는 신이 존재한다는 믿음을 합리적으로 정당화한 것이 아니라 실용적으로 정당화하는데, 그런 점에서 **실용주의 논증**이라고도 부른다.

파스칼은 도박사들이 도박장에서 돈을 거는 것처럼 신의 존재 문제에 내기를 건다. 신은 존재하든가 존재하지 않든가 둘 중 하나이다. 어느 쪽에 베팅을 해야 할까? 합리적인 도박사라면 당연히 확률이 높은 쪽에 돈을 걸어야 하겠지만, 우리는 신이 존재하는지 존재하지 않는지 알지 못하므로 두 가지 선택의 확률은 같다고 보아야 한다. 합리적인 도박사라면 확률이 같을 때는 딸 돈은 크고 잃을 돈은 적은 쪽을 선택할 것이다. 신이 존재한다고 선택할 때와 존재하지 않는다고 선택할 때 어떤 이득과 손해가 있는지 계산해보자. 가능한 결과가 네 가지 있다.

죽은 후 알게 된 것 / 살아 있을 때의 믿음	신은 존재한다	신은 존재하지 않는다
신이 존재한다고 믿는다	(1)	(2)
신이 존재하지 않는다고 믿는다	(3)	(4)

⑴ 신이 존재한다고 믿었는데 정말로 신이 있다. 그러면 영원한 행복을 누릴 테니 그보다 좋을 수는 없다.

⑵ 신이 존재한다고 믿었는데 알고 보니 신은 없다. 실망스럽기는 하지만 잃

은 것은 별로 없다. 기껏해야 교회 다니느라 시간 쏟은 것과 계명을 지키느라 남들 즐기는 것을 즐기지 못한 정도다.

(3) 신이 존재하지 않는다고 믿었는데 알고 보니 신은 있다. 그러면 영원한 행복을 누리지 못하는 정도가 아니라 지옥 불에 빠지는 고통을 받아야 한다.

(4) 신이 존재하지 않는다고 믿었는데 정말로 신은 없다. 기쁘긴 하지만 얻는 것은 그리 많지 않다. 기껏해야 교회 다니는 시간 낭비하지 않고 계명을 지키느라 노심초사하지 않은 정도다.

파스칼은 신이 존재한다고 믿었을 때인 (1), (2)와 믿지 않았을 때인 (3), (4)를 비교해보라고 한다. (2)와 (4)는 잃거나 얻는 것이 그리 많지 않으니 무시해도 된다. 그러나 (1)과 (3)은 잃는 것과 얻는 것이 엄청나게 차이가 난다. 따라서 합리적인 도박사라면 (1), (2)에 해당하는 믿음, 곧 신이 존재한다는 믿음을 가져야 한다는 것이 파스칼의 결론이다.

도박에서 어느 쪽에 베팅을 해야 할지 정확히 계산하기 위해서는 각 선택지의 확률과 그 선택지에 걸린 배당금을 알아야 한다. 파스칼의 내기는 이 두 가지 점에서 모두 문제가 있다. 먼저 파스칼은 신이 존재하는 확률과 존재하지 않는 확률이 똑같다고 생각하고 내기를 출발했지만 정말 그런가? 1절의 입증의 책임에서 말했듯이 신이 존재한다는 증거가 없는 이상 신이 존재하지 않는다는 믿음이 참일 확률이 훨씬 높지 않은가?

각 선택지의 배당금, 다시 말해서 긔 선택지를 골랐을 때 돌아올 이득과 손해도 역시 문제다. 먼저 공정한 내기가 되기 위해서는 그 내기로 얻을 것과 잃을 것이 무엇인지 내기를 하기 전에 분명히 알아야 한다.

노름판의 용어로 말해보면 판돈이 있는지 확신해야 노름에 참여한다. 그러나 파스칼의 내기에서 말하는 이득과 손해는 아무도 경험해본 것이 아니기 때문에 정말로 그런 이득과 손해가 있을지 알 수 없다. (1)의 경우에 정말로 영원한 행복을 누릴까? 신은 거꾸로 진심으로 자신을 믿지 않고 그런 요행수로 믿었다고 해서 오히려 큰 벌을 내릴 수도 있지 않을까? 또는 신은 자신을 믿은 정도에 따라 상과 벌을 내리는 것이 아니라 그야말로 무작위로 상과 벌을 내릴 수도 있지 않을까? 사후에 신이 어떻게 상과 벌을 내릴지 우리는 아무도 모른다.

신이 상과 벌을 (1)과 (3)처럼 준다고 해도 또 다른 문제가 있다. 인기 만화가 이말년의 웹툰 중 이런 장면이 있다. 주인공이 또 다른 인기 웹툰인 〈신과 함께〉(주호민 그림)를 보고서 이렇게 말한다. "한빙지옥, 발설지옥, 검수지옥, 도산지옥…. 좋아, 모조리 숙지했으니 죽어도 안심이겠네." 이제 주인공이 죽어 저승에 간 장면이 나온다. 그런데 주인공은 절망하고 만다. "한국 저승만 잔뜩 공부했는데 유럽 출장 중에 죽을 줄이야." 파스칼의 내기가 옳다고 하더라도 그것은 하나의 신에만 거는 내기이다. 이왕 신이 있는지 없는지 알 수 없어서 내기를 걸었다면 그 신에 대해서만 걸면 안 되고 우리에게 상과 벌을 내릴 수 있는 모든 신에 걸어야 한다. 이말년의 웹툰에서처럼 죽은 후에 내가 걸지 않은 다른 신 앞에 갈 수도 있기 때문이다. 한 곳에 모든 것을 거는 도박꾼은 파산하기 쉽다. 그러나 수많은 신을 동시에 믿을 수도 없지만 특히 유일신을 다른 신과 함께 믿는 것은 모순이다. 더구나 유일신을 믿는 사람들은 다른 신을 믿으면 지옥에 간다고 말하는 경우가 많은데 어느 쪽에 베팅을 해야 한단 말인가?

한편 파스칼이 (2)와 (4)에서 예측한 상과 벌도 정확하지 않다. 파스칼은 신이 존재한다고 믿었는데 신은 없다고 해도 잃은 것은 별로 없다고 했다. 그러나 신이 내린 계명을 엄격하게 지키고 살기 위해서는 삶의 세속적인 즐거움을 상당 부분 포기해야 하는데 이것은 사소한 손해가 아니다. 인생의 즐거움도 즐거움이지만 잘못된 신념을 평생 지니고 산다는 것은 인간의 자존심에 큰 상처다. 계명을 적당히 지키면 포기할 것이 적지 않겠느냐고 말할 사람도 있겠지만 그렇게 어중간하게 믿었다가는 신으로부터 영원한 행복을 얻을 수 없을지도 모른다. 실제 인류의 역사에서는 종교적인 신념 때문에 전쟁이 일어나고 과학이 발전하지 못한 사례가 상당히 많다. 그런 사례를 볼 때 (2)에서 잃게 되는 손해나 (4)에서 얻게 되는 이득은 (1)과 (3)의 그것 못지않다.

사고실험 137은 외국의 한 인터넷 블로그에 올라온 글이다. 네티즌들은 이것을 인공지능의 미래에 대한 협박성 발언으로 받아들이지 합리적인 논의로 생각하지 않는다. 미래의 인공지능이 무서워서 인공지능이 인간보다 뛰어날 것이라고 믿는 사람은 인공지능이 인간보다 뛰어날 것이라는 믿음을 어떤 증거를 가지고 확신하는 것은 아니다. 마찬가지로 파스칼의 내기에서 신의 존재를 믿는 사람도 그 믿음을 확신하는 어떤 증거도 제시하지 못한다. 더구나 **사고실험 137**을 협박으로 받아들이는 네티즌들은 파스칼의 내기도 똑같이 합리적이지 못한 협박으로 받아들일 것 같다. 미래의 인공지능은 나의 삶을 지배할 것 같으므로 비록 협박이어도 **사고실험 137**과 같은 내기에 참여해야 할 것 같은 위협을 느낀다. 그러나 파스칼의 내기에는 그런 위협을 못 느낄 것 같다. 신이 있는지 없는지 관심이 없는 사람이 왜 그 내기에 참여하겠는가?

무책임한 개 주인

악의 문제

사고
실험
138

훈이는 몸이 아파 의사를 찾아갔다. 의사는 두 가지 치료법이 있는데 어느 쪽을 원하느냐고 물었다. 하나는 아프지 않게 치료하는 것이고 다른 하나는 아프게 치료하는 것이다.

사고
실험
139

훈이는 집을 새로 짓고 싶어 주택 건설업자를 찾아갔다. 그 업자는 세 가지 집이 가능한데 어떤 집을 원하느냐고 물었다. 첫 번째 집은 완벽한 집이라서 고칠 필요가 전혀 없다. 두 번째 집은 고칠 게 많은데 누구도 고칠 수 없다. 세 번째 집은 살면서 고칠 게 조금씩 생기기는 하지만 누구나 고칠 수 있다.

사고
실험
140

훈이는 아주 포악한 도사견 한 마리를 기르고 있다. 이 도사견을 데리고 공원으로 산책을 간 훈이는 개 줄과 재갈을 풀어주었다. 도사견은 마음대로 뛰어다니면서 공원에 산책 온 사람들을 물었다. 한 시민이 훈이에게 왜 저런 포악한 개를 풀어놓느냐고 항의했다. 그러자 훈이는 이렇게 말했다. "나는 저 개한테 사람들을 물라고 말하지 않았어요. 저 개는 자기 자유의지로 사람들을 무는 거예요. 나도 그만 물라고 소리 질렀지만 개가 말을 안 듣네요. 내 잘못이 아니에요."

지금까지는 신이 존재한다고 주장하는 유신론자의 논증들을 살펴보았다. 무신론자들은 그 논증들에 대해 비판을 하기만 했다. 이제는 신은 존재하지 않는다고 주장하는 무신론자의 적극적인 주장을 살펴볼 차례이다. 앞에서 설계 논증을 끝맺으면서 신이 이 세상을 설계했다면 수많은 자연 재해와 질병이 창궐하고 전쟁과 살인이 난무하는 세상을 설계했을 리가 없다고 말했다. 이 세상에는 끊이지 않고 일어나는 지진이나 가뭄이나 홍수로 현대사회에도 한 번에 수백 명, 심지어는 수천 명씩 죽기도 한다. 서양 중세에서 흑사병이 돌 때는 당시 유럽 인구의 3분의 1이 죽었다고 한다. 또한 전쟁, 약탈, 학살로 수만 명에서 심지어 수백만 명까지 사람들이 죽어갔다. 우리는 20세기의 두 차례 세계대전과 나치의 홀로코스트를 가장 잔인하고 폭력적인 사건으로 기억하지만, 인지과학자 핑커Steven Pinker는 『우리 본성의 선한 천사』에서 오히려 현대에는 폭력성이 줄어들었고 과거 사회가 지금보다 더 폭력적이다는 것을 1,400쪽이 넘는 책에서 증언하고 있다. 이런 세상에 신이 존재한다고 말하기는 힘들다.

　신은 전지·전능·지선하다고 했다. 그런데 신이 세상에 이렇게 악이 많이 있다는 것을 모른다면 전지하지 못하다. 또 그런 악을 막을 수 없다면 전능하지 못하다. 그리고 이런 악을 막으려고 하지 않는다면 신은 지선하지 못하다. 신이 있다고 하더라도 전지하지도 전능하지도 지선하지도 못하다면 그 신은 없는 것이나 마찬가지다. 이 세상에 악이 있다는 사실은 이렇게 신의 존재를 부인하게 하는데, 이것이 **악의 문제**다.

무신론자들이 신 존재 증명을 비판했다면 이번에는 유신론자들이 악의 문제를 해명한다. 유신론자는 전지·전능·지선한 신이 존재하는데도 이 세상에 악이 있는 이유를 어떻게든 설명해야 한다. 이런 설명은 악의 문제로부터 신을 변호한다고 해서 **변신론**이라고 부른다. 악의 문제에 대한 첫 번째 해명은 악 때문에 우리가 받는 고통은 신이 우리를 처벌한 결과라는 것이다. 신이 우리를 처벌하여 고통을 줌으로써 우리는 선하게 살아야 한다는 다짐을 하게 만든다는 것이다. 실제로 성경에는 신이 벌을 내리는 장면이 자주 나온다. 신은 동생 아벨을 죽인 카인에게 떠돌아다니는 벌을 내리고(창세기 4, 12) 타락한 도시인 소돔과 고모라는 불과 유황으로 파괴하는 벌을 내린다(창세기 19, 24~25).

벌을 내린다고 해서 꼭 자비롭지 않다고 말할 수는 없다. "매를 아끼면 아이를 망친다."라는 서양 속담처럼 사랑하니까 벌을 내린다고 볼 수도 있으니까. 그러나 자기가 한 잘못에 대해서는 벌을 받는 것이 이해가 되지만 하지도 않은 잘못에 대해 벌을 받을 때는 억울할 것이다. 전쟁에 따르는 고통은 인간의 다툼과 욕심에 대해 신이 벌을 내린 것이라고 말할 수 있지만, 전쟁을 일으킨 사람만 그 고통을 받는 것이 아니라 무고한 어린이들도 받는다는 데 문제가 있다. 더구나 대지진이나 쓰나미와 같은 자연재해는 인간의 잘못에 대한 벌이라고 받아들이기 힘들

다. 간혹 자기들이 믿는 신을 믿지 않는 지역에서 대지진이 일어날 때 그것을 신의 벌이라고 말했다가 빈축을 사는 유신론자들이 있는데, 사람들은 자연재해가 신의 벌이라는 설명에 동의하지 못하는 것이다. 더 문제는 이 세상에 크나큰 악을 저지르면서도 벌을 받지 않고 떵떵거리며 사는 사람들이 많다는 것이다. 일제강점기에 우리 민족에게 커다란 고통을 준 친일파 중 부와 영예를 누리고 천수를 다한 사람도 많다. 그런 악행을 저지르면 자기가 벌을 받지 않더라도 후손이 받는다고 말하는 사람도 있지만 친일파의 후손들이 잘산다는 것을 우리는 안다. 우리는 이미 3장에서 기게스의 반지를 다루면서 이 점을 말했는데, 이런 현실은 이 세상의 악이 신의 벌이라는 주장을 의심스럽게 만든다.

악의 문제에 대한 유신론자의 두 번째 해명은 악이 있어야 선이 돋보인다는 것이다. 위조화폐가 있어야 진짜 화폐라는 것이 의미가 있다. 위조화폐가 전혀 없는 세상에서는 진짜 화폐라는 말 자체가 성립하지 않는다. 가난해본 경험이 없는 사람은 가난을 벗어난 지금이 얼마나 행복한지 모른다. 마찬가지로 세상에는 악이 있어야 선이라는 것도 의미가 있고 소중함을 알게 된다는 것이다. 그러나 대학살로 죽는 수많은 무고한 사람들이나 기근으로 굶어 죽는 어린이들의 고통이 이 세상의 선을 보여주기 위해 존재한다고 말하는 것은 너무 가혹하다. 위조화폐가 아주 가끔 발견돼도 진짜 화폐가 중요하고 소중하다는 것을 알고 가난의 체험은 조금만 해봐도 가난하지 않은 지금이 얼마나 행복한지 아는 것처럼, 이 세상에도 악이 아주 가끔만 있어도 선이 중요하고 소중하다는 것을 안다. 선을 돋보이게 한다는 목적을 인정한다고 하더라도 이 세상의 악은 지나치게 많고 크다.

유신론자는 악은 더 큰 선을 낳으므로 필요하다고 주장하기도 한다. 공부를 하는 학생들은 책상 앞에 "인내는 쓰다. 그러나 그 열매는 달다."라고 써 붙여놓고 공부의 지겨움을 참는다. 지금 고통이 있지만 그 고통은 나중에 큰 행복으로 보상이 이루어질 것이라고 기대하는 것이다. 우리는 주사를 맞을 때 고통스럽지만 참는다. 고통은 잠깐이지만 그 고통으로 인해 질병을 물리칠 수 있다고 생각하기 때문이다. 유신론자들은 이 세상에 악이 있는 이유도 그 악을 극복해야만 이 세상이 더 선하게 되기 때문이라고 주장한다. 그러나 **사고실험 138**을 보자. 주사를 맞는 경우처럼 애초부터 고통을 피할 방법이 없다면 고통은 더 큰 행복을 위해 감내해야 한다는 말이 이해가 된다. 그게 아니라 **사고실험 138**의 의사처럼 아프지 않게 치료하는 방법이 있는데 아프게 치료하는 방법을 환자에게 권하고 더 나아가 강요까지 한다면 그 의사는 가학적인 성향이 있다고 말할 수밖에 없다. 신은 전능하므로 이 세상에 악이 없도록 만들 수도 있고 악을 경험하지 않아도 선이 충만하도록 만들 수도 있다. 처음부터 선한 세상으로 만들 능력이 있는데도 그렇게 하지 않는 것은 가학 성향이 있는 의사와 다를 바가 없는 것이다.

더 나아가 우리는 이 세상의 악은 악으로 끝나지 선을 낳는 데 쓰이지 않는다는 것을 잘 알고 있다. 주사 맞는 고통은 그 고통을 참는 사람에게 건강의 회복이라는 결과가 돌아가지만 굶어 죽어가거나 불치의 병에 걸린 어린이의 고통은 고통으로 끝나고 만다. 뉴스로 그런 고통스러운 모습을 본 사람은 감사하는 마음으로 살아야겠다고 다짐하기도 하고 그런 고통을 덜기 위한 선행을 하기도 하지만 이 세상에는 보상 받지 못하는 고통이 여전히 있다. 어떤 유신론자는 악이 계속되는 것 같지만 사실은 신이 우리가 알지 못하는 신비로운 방식으로 세상을 선하게 만들고 있다고 말하기도 한다. 우리의 지적 능력으로는 신의 선함을 알 수 없다는 것이다. 그러나 이러한 대답은 **사고실험 136**에서 첫 번째 탐험가가 한 말처럼 자기한테 유리하게 억지로 끌어 붙이는 말이다. 그것은 반증 불가능한 지식임을 이미 말했다.

악의 문제에 대한 가장 널리 알려진 해명은 신이 우리에게 자유의지를 주었기 때문에 악이 존재한다는 주장이다. 이 책의 1장에서 인간에게 자유의지가 없다면 인간은 동물이나 꼭두각시와 다름없다고 말했다. 인간은 자유롭게 선택할 능력이 있다는 점에서 동물이나 꼭두각시와 다른 존엄함을 느끼는데, 만약 신이 악을 없애기 위해 자유의지를 주지 않았다면 인간을 동물이나 꼭두각시 수준으로 낮추는 것이다. 비록 인간에게 자유의지가 있기 때문에 인간은 나쁜 짓을 하고 그래서 이 세상에 악이 있기도 하지만, 그런 세상이 동물이나 꼭두각시처럼 사는 세상보다 훨씬 낫다는 것이다.

1장에서는 자유의지는 사실은 없다는 주장이 진지하게 제기되었다. 만약 그 주장이 맞는다면 위와 같은 해명은 힘을 잃는다. 설령 자유의지가 있다고 하더라도 그것은 인간의 행위에서 비롯된 악에만 적용되지 자연재해로 생기는 악에는 적용되지 않는다. 이러한 문제점이 있다는 것을 알고, 인간의 행위 때문에 생긴 악에 한정하더라도 자유의지가 악을 제대로 설명해주는지 살펴보자.

사고실험 139를 보자. 자유의지 때문에 악이 있다고 주장하는 유신론자는 아마 이 사고실험에서 훈이가 세 번째 집을 선택하리라고 믿을 것이다. 너무 완벽해서 고칠 데가 없는 집에 사는 사람은 집을 고칠 능력이 없는 동물이나 꼭두각시와 다름이 없지만, 뭔가 수리할 곳이 있는 집에 사는 사람은 자신의 능력을 발휘하는 기쁨을 누리리라고 생각하기 때문이다. 그러나 집 수리를 좋아하는 사람이 있기는 하지만 소수이다. 대부분의 사람들은 집은 비바람을 막아주고 편안한 잠자리를 제공하는 본연의 기능을 다하면 되고, 집 수리에 신경 쓰지 않고 다른 일에 전념할 수 있기를 바란다. 집을 고치는 능력은 우리를 동물이나 꼭두각시와 구분해주는 여러 능력 중 하나에 불과하기 때문이다. 우리 인간도 꼭 악한 행동을 선택할 자유가 있을 때에만 자유의지가 있다고 말할 필요는 없다. 요리사가 될지 미용사가 될지 선택하는 자유처럼 선과 악의 영역이 아닌 곳에서도 우리의 자유를 발휘할 여지가 얼마든지 있다. 그리고 선의 영역에서도 더 선한 행동을 할지 덜 선한 행동을 할지 선택할 자유도 있다.

우리 인간에게 자유가 있다는 것을 부인할 사람은 없지만 모든 자유가 허용되는 것은 아니다. 우리는 다른 사람을 죽일 자유가 있지만 그 자유는 법률이나 사회규범에 의해 제한된다. 인간 사회에서도 그런 자유를 마음대로 쓰지 못하도록 압박을 가하는데, 전능한 신이라면 적어도 사람을 죽이는 만행에서는 자유의지를 제한할 수도 있지 않았을까? 그런 능력이 없다면 우리는 신의 전능을 의심하게 되고, 그런 능력이 있는데도 하지 않았다면 우리는 신의 지선을 의심하게 된다. **사고실험 140**의 훈이는 아주 무책임한 개 주인이다. 포악한 개가 사람들을 문다는 것을 알면서도 개 줄과 재갈을 풀어놓고서 개의 자유의지로 물었다고 변명하는 것은 용납되지 않는다. 비록 그 개가 사람들을 무는 자유의지가 있다고 하더라도 그 자유의지는 제한이 되어야 마땅하다. 신도 마찬가지다. 신은 전지하므로 사람들이 대학살과 전쟁과 같은 온갖 악행을 저지를 것을 알고 있을 것이다. 그런데도 그것을 막지 않고 자유의지라는 핑계로 방관하는 것은 **사고실험 140**의 훈이처럼 무책임한 주인(영어의 lord는 주인이라는 뜻인데 대문자로 쓰면 신이라는 뜻이다.)이라는 비난을 받아도 싸다.

5장에서 성인의 윤리에 대해 설명했다. 어려운 처지에 있는 사람을 구하는 행위는 성인이나 할 수 있다고 해서 성인의 윤리라고 했다. 세상의 악을 막는 것은 평범한 사람은 할 수 없지만 성인이나 영웅은 할 수 있는 일이다. 하물며 전능한 신이 할 수 없겠는가? 아무리 자유의지에 의한 행동이라도 신은 그것을 못하게 막아야 하는 의무가 있는데, 그것을 다하지 않으면 무능하거나 무책임하다. 성인이나 영웅이 악한 일을 막았다고 해서 악한 짓을 저지른 사람의 자유의지를 존중하지 않는다고 아무도 말하지 않는다. 마찬가지로 신이 이 세상의 악을 막았다고 해서 인간의 자유의지를 존중하거나 허용하지 않았다고 아무도 말하지 않을 것이다.

▶ 정리하기

현대 문명은 신이 없어도 가능하므로 신의 존재 문제와 관련해서는 유신론과 무신론 중 유신론에 입증의 책임이 있다. 그래서 여러 가지 신 존재 증명이 제시된다.

먼저 설계 논증(목적론적 논증)은 인간의 눈과 같은 복잡한 대상은 누군가가 설계했을 것이라고 추론하는 것이 자연스러운데 그 설계자가 바로 신이라고 주장한다. 그러나 진화론은 인간의 눈이 설계자에 의해 생기지 않았다는 것을 설명해준다. 제1 원인 논증(우주론적 논증)은 모든 일에는 원인이 있어야 하는데 원인을 거슬러 올라가면 최초의 원인이 있어야 하고 그것이 바로 신이라고 주장한다. 그러나 그 최초의 원인은 왜 또 다른 원인을 필요로 하지 않는지 해명을 해야하며, 과학은 빅뱅이 우주의 최초 원인임을 설명해준다. 한편 설계 논증이나 제1 원인 논증에서 설계자나 최초의 원인이 있어야 한다고 해도 그것이 꼭 신이어야 할 필요는 없다. 존재론적 논증은 신은 상상할 수 있는 가장 완벽한 존재이고 가장 완벽한 존재가 존재하지 않을 수 없으므로 신은 존재한다고 주장한다. 그러나 존재한다고 해서 꼭 완벽하다고 말할 수 없으며, 완벽하다고 상상할 수 있다고 해서 그게 꼭 존재하는 것은 아니다.

기적에 의한 논증은 기적이 일어난다는 것은 신이 존재한다는 것을 보여주는 증거라고 주장한다. 그러나 상식으로 생각하기 힘든 특이한 일은 드물긴 하지만 일어나긴 일어나므로 신이 개입할 이유가 없다. 만약 자연법칙에 어긋나는 불가사의한 일이 일어난다고 한다면, 그런 일이 정말로 일어나는지 설명할 방법은 없지만 사람들이 그렇게 믿는 이유는 설명할 수 있다. 피스칼의 내기(실용주의 논증)는 신이 존재한다고 믿었을 때 존재하지 않는다고 믿었을 때보다 훨씬 이득이므로 신의 존재를 믿어야 한다고 주장한다. 그러나 정말로 이득이라고 하더라도 꼭 한 신만 믿어야 한다는 결론은 나오지 않으며, 정말로 이득인지도 알 수 없다.

무신론은 이 세상에 수많은 악이 있다는 사실은 신이 존재하지 않는 증거라고 주장한다. 유신론은 이에 대해 악은 신이 우리에게 주는 벌이라거나, 악이 있어야 선이 돋보인다거나, 신이 우리에게 자유의지를 준 것이라고 해명한다. 그러나 무고한 사람이 벌을 받고 죄 진 사람은 벌을 안 받는다거나, 선을 돋보이게 하는 용도에 비해 악이 너무 많다거나, 악이 없어도 자유의지는 얼마든지 필요하다는 사실은 그런 해명이 근거가 없음을 보여준다.

▶▶ 생각 다지기

1. 유신론과 무신론 중 어느 쪽에 입증의 책임이 있는가?

2. 설계 논증은 어떤 주장이고 무신론자는 이에 대해 어떤 비판을 하는가?

3. 우주론적 논증은 어떤 주장이고 무신론자는 이에 대해 어떤 비판을 하는가?

4. 존재론적 논증은 어떤 주장이고 무신론자는 이에 대해 어떤 비판을 하는가?

5. 기적에 의한 논증은 어떤 주장이고 무신론자는 이에 대해 어떤 비판을 하는가?

6. 파스칼의 내기는 어떤 주장이고 무신론자는 이에 대해 어떤 비판을 하는가?

7. 악의 문제는 무엇이고 유신론자는 이에 대해 어떤 해명을 하는가?

▶▶▶ 생각 키우기

1. 국가의 운영이나 과학기술은 신이 없어도 가능하므로 유신론과 무신론 중 유신론에 입증의 책임이 있다는 주장에 동의하는가? 신을 끌어들인 설명과 과학에 의한 설명 중 과학에 의한 설명을 우선하는 데에 동의하는가?

2. 신은 전능하다고 했는데 프롤로그에서 논리적으로 불가능한 것은 신조차도 상상할 수 없는 것이라고 했다. 예컨대 신이라고 해도 동그란 세모는 상상하

지 못한다. 또 신이라고 해도 자신이 들 수 없는 바위는 만들 수 없다는 것도 신이 할 수 없는 일이 있다는 예로 자주 거론된다. 이것은 신이 전능하지 않다는 것을 보여주는 증거가 될까?

3. 신은 전지하다고 했는데 그러면 인간이 무슨 일을 할지 알고 있다는 뜻이다. 이것은 인간이 자유의지가 없다는 증거가 될까? 또 이것은 세상에 악이 있는 이유는 신이 인간에게 자유의지를 주기 위해서라는 해명과 모순이 되지 않을까?

4. 주변에서 기적이라고 부르는 사건을 찾아, 그것이 일어나기 힘들지만 드물게 일어날 수 있는 사건인지, 자연법칙으로 설명이 안 되는 사건인지 검토해보자. 그리고 그런 기적이 일어나는 것은 신의 존재를 증명해주는지 생각해보자.

5. 신을 믿는 사람들은 개인적인 종교적 체험을 그 근거로 제시하는 경우가 많다. 그 체험도 일종의 기적일까? 이것은 신의 존재를 증명하는 증거가 될 수 있을까?

6. 여러분은 파스칼의 내기에서 어느 쪽에 베팅을 하겠는가? 그리고 그 이유는 무엇인가?

프롤로그 사고실험이란 무엇인가?

우리말로 번역된 사고실험 책으로는 줄리언 바지니의 『유쾌한 딜레마 여행』(정지인 옮김, 한겨레출판, 2007)이 있다. 이 책에는 100개의 사고실험이 소개되어 있으나, 머리말에서 말한 것처럼 사고실험이 체계적이지 않게 쭉 나열되어 있어서 그 사고실험이 철학 논쟁에서 차지하는 위치를 파악하기 힘들다는 단점이 있다. 피터 케이브의 『로봇이 인간이 될 수 있을까?』(남경태 옮김, 사계절, 2009)와 『사람을 먹으면 왜 안 되는가?』(김한영 옮김, 마젤란, 2009)도 비슷한 콘셉트의 책이다. 두 책 모두 각각 33개씩의 사고실험을 담고 있다. 케이브의 책은 바지니의 책보다 각각의 사고실험들을 좀 더 자세하게 설명하고, 원래의 사고실험을 읽기 쉽게 많이 가공했다. 그러나 역시 주제별로 분류하지는 않았다. (『사람을 먹으면 왜 안 되는가?』의 원서에는 부록에 두 권의 책에 나온 사고실험들을 주제별로 분류한 표가 들어 있는데, 번역본에는 빠져 있다.)

마르틴 코헨의 『비트겐슈타인의 딱정벌레: 철학과 과학의 26가지 사고실험』(김성호 옮김, 서광사, 2007)도 마찬가지 단점을 보인다. 이 책에는 과학의 사고실험도 많이 섞여 있다. 그런 점에서 미카엘 하우스켈러의 『나는 생각한다 그렇다고 내가 존재하는 건가?: 철학을 관통하는 환상여행』(박승억 옮김, 미토, 2004)은 사고실험도 소개하고 철학적인 쟁점도 이해할 수 있다는 장점이 있다. 그러나 중요한 몇 개의 사고실험만을 다룬다는 점이 아쉽다. 윌리엄 파운드스톤의 『패러독스의 세계』(민찬홍 옮김, 뿌리와이파리, 2005)도 몇 가지 사고실험을 논의하고 있지만 사고실험을 소개하는 것이 주목적은 아니다. 대니얼 데닛의 『직관펌프, 생각을 열다』(노승영 옮김, 동아시아, 2015)는 직관을 작동시키는 생각 도구로서의 사고실험의 면면들을 보여주고 있다. 일급 철학자의 사유를 따라가보는 재미를 느낄 수 있지만 너무 맵시를 부린 글쓰기 방식 때문에 읽기 쉽지는 않다.

아직 우리말로 번역되지 않은 사고실험 관련 도서로는 다음과 같은 책들이 있다.

- T. Horowitz & G. J. Massey (eds.), *Thought Experiments in Science and Philosophy*(Rowman & Littlefield, 1991)
- Tamar Szabo Gendler, *Thought Experiment*(Routledge, 2000)
- Nicholas Rescher, *What If? Thought Experimentation in Philosophy*(Transaction Publishers, 2005)
- R. A. Sorensen, *Thought Experiments*(Oxford University Press, 1992)

사고실험에 대한 반대는 위 책들에서 찾아볼 수 없다. 사고실험에 반대하는 Wilkes의 책은 *Real People: Personal Identity without Thought Experiments*(Clarendon Press, 1988)다. Paul Thagard, "Thought Experiment Harmful", *Perspectives on Science* 22(2014), 288~305쪽은 특히 직관을 믿을 수 없다는 이유로 사고실험의 해로움에 대해 열변을 토하고 있다. 퍼트넘의 쌍둥이 지구 사고실험에 대한 비판도 여기에 나온다.

투명인간이 과학적으로 불가능하다는 주장은 정재승, 『물리학자는 영화에서 과학을 본다』(어크로스, 2012)를 참조했다. 이 책은 이 사례 외에 공상 과학 영화에 나오는 장면이 과학적으로 말이 안 됨을 여럿 보여주고 있다.

게티어에 관한 일화는 위키피디아(http://en.wikipedia.org/wiki/Edmund_

Gettier)에서 본 것이다. 설이 중국어 방 사고실험이 그렇게 영향력이 클지 몰랐다는 이야기는 John Searle, "Is the Brain's Mind a Computer Program?", *Scientific American* 262(1990), 20~25쪽에서 스스로 한 말이다.

사고실험을 나침반에 비유하는 것은 Sorensen의 책에 나온다.

위 책들은 학자들을 대상으로 하는 전문 학술서다. 일반인을 대상으로 하는 책으로는 다음과 같은 책들이 있다.

- T. Schick & L.Vaughn, *Doing Philosophy: An Introduction through Thought Experiments*, 4th Edition(McGraw Hill, 2005)
- Peg Tittle, *What If... Collected Thought Experiments in Philosophy*(Longman, 2004)

Schick & Vaughn과 Tittle의 책은 사고실험을 원래 제시된 원문을 그대로 싣고 주제별로 분류했다는 장점이 있다. 그러나 Schick & Vaughn의 책은 대학 교과서라서 그 양이 많고 서술이 건조하다. Tittle의 책은 설명이 짤막짤막하다.

1장 미래는 결정되어 있을까?

1-1. 라플라스의 악마: 결정론과 운명론

라플라스의 악마 이야기는 라플라스의 *Essai Philosophique sur les Probabilities*(1814)의 머리말에 나와 있다. '모든 관점 보텍스' 기계 이야기는 『은하수를 여행하는 히치하이커를 위한 안내서』(김선형·권진아 옮김, 책세상, 세트 2009)에서 볼 수 있다. **사고실험 002**는 Alvin, I, Goldman, "Actions,

Predictions, and Books of Life", *American Philosophical Quarterly* 5(1968), 143~144쪽에 나온 것을 바꾼 것이다.

1-2. "형님, 죄송합니다.": 결정론과 자유의지의 충돌
뷔리당의 당나귀 이야기는 아리스토텔레스의 『천체론』에 처음으로 나온다.

1-3. 행복한 인질: 결정론과 자유의지의 화해
흄의 자유의지 개념은 그의 『인간의 이해력에 관한 탐구』(김혜숙 옮김, 지만지, 2012), 8장에 나온다. **사고실험 006**은 로크의 『인간 지성론』(정병훈 외 옮김, 한길사, 2014), 제2권 제21장 11절에서 제시된 것을 변형한 것이다. 미국의 철학자 Harry G. Frankfurt는 "Alternative Possibilites and Moral Responsibility", *Journal of Philosophy* 66(1969)에서 **사고실험 007**과 비슷한 내용의 사고실험을 제시하였다. 1차 욕구와 2차 욕구의 구별에 의해 결정론과 자유의지를 화해시키려는 시도도 이 논문과 그의 "Freedom of the Will and the Concept of a Person", *Journal of Philosophy* 68(1971)에 제시되어 있다. **사고실험 008**은 Richard Taylor, *Metaphysics*, 2nd Edition(Prentice-Hall, 1992), 50쪽의 '재주 많은 생리학자' 예를, **사고실험 009**는 데닛, 『직관펌프, 생각을 열다』, 433쪽의 '무지무지 악독한 신경외과 의사' 예를 약간 바꾼 것이다.

2장 나는 왜 나일까?
2-1. 테세우스의 배: 동일성의 토대
플루타르코스의 『영웅전』에서는 테세우스의 배를 수리한다는 이야기만 나오는데, 그 이야기를 교체된 널빤지를 창고에 보관했다가 다시 조립한다는 식으로 바꾼 이는 영국 철학자 홉스다. 그의 『물체론De Corpore』(1655), II, 7, 2에 나온다.

2-2. 왕자와 갖바치: 신체 이론과 영혼 이론

사고실험 013은 로크의 『인간 지성론』, 제2권 제21장 15절에 나온다. **사고실험 014**는 라이프니츠의 『형이상학 논고』(윤선구 옮김, 아카넷, 2010), 34절에 보면 중국의 왕이 되는 가정이 나오는데 그것을 바꾼 것이다. 당시 유럽 사람들에게는 중국의 왕이 어마어마한 부자로 알려져 있었다.

2-3. 뇌 바꾸기: 심리 이론

Bernard Williams는 "The Self and the Future", *Philosophical Review* 79(1970), 161~180쪽에서 두 사람의 몸과 기억을 바꾸는 사고실험을 제시하는데, **사고실험 017**은 그것을 뇌 이식 수술로 바꾸었다. Williams에서 기억은 **사고실험 017**의 뇌에 해당한다. **사고실험 018**은 18세기 스코틀랜드 철학자 리드Thomas Reid가 *Essays on the Intellectual Powers of Man*(1785)의 Essay 3, Chapter 4, "Of Identity"에서 말한 이야기를 바꾼 것이다.

2-4. 공간이동과 뇌의 분리: 동일성의 난제들

사고실험 021과 비슷한 실험은 Bernard Williams, *Problems of Self*(Cambridge University Press, 1973), 6~8쪽, Derek Parfit, *Reason and Persons*(Oxford University Press, 1984), 200~201쪽에 나온다. 이 둘은 모두 현대 영국 철학자다. **사고실험 023**은 Parfit의 책 254~255쪽에 실려 있다.

3장 어떻게 행동해야 도덕적일까?

3-1. 기게스의 반지: 도덕의 토대

플라톤의 「국가」와 「에우티프론」은 모두 우리말로 읽어볼 수 있다. 각각 『국가·정체』(박종현 옮김, 서광사, 2005), 『에우티프론, 소크라테스의 변론, 크리톤, 파이돈』(박종현 옮김, 서광사, 2003)이라는 제목으로 나왔다. 기게스의 반지 이야기는 「국가」의 제2권에 나온다.

3-2. 약속은 약속이다: 칸트의 의무론

칸트의 도덕 이론은 그의 『도덕 형이상학을 위한 기초 놓기』(이원봉 옮김, 책세상, 2002)를 보라. **사고실험 028**과 **사고실험 031**은 내가 쓴 『벤담과 싱어: 매사에 공평하라』(김영사, 2007)에서도 볼 수 있다. **사고실험 030**은 영국 윤리학자 R. M. Hare가 *Freedom and Reason*(Oxford University Press, 1967), 17~18쪽에서 제시한 것이다. 아이히만의 이야기는 피터 싱어의 『이렇게 살아가도 괜찮은가』(노승영 옮김, 시대의창, 2014), 274~5쪽에 나온다. 싱어는 아이히만이 칸트를 오해했다기보다 의무론에 '경직된 도덕적 광신에 빠지기' 쉬운 특성이 있다고 본다. **사고실험 031**의 원조는 플라톤의 「국가」 제1권이다. 물론 플라톤은 엔진톱이 아니라 도끼를 보기로 들었다. 엔진톱 버전은 Dale Jamieson and Tom Regan, "On the Ethics of the Use of Animals in Science", in Tom Regan and Donald Van De Veer, eds., *And Justice for All: New Introductory Essays in Ethics and Public Policy*(Rowman & Allanheld, 1982), 179쪽에 나온다. **사고실험 031**에서 일어날 수 있는 가능성 중 (3)은 칸트의 『도덕 형이상학을 위한 기초 놓기』에 나온 것을 약간 고친 것이다.

3-3. 행복의 계산: 공리주의

벤담과 밀의 공리주의는 각각 『도덕 및 입법의 제원리 서설』(이성근 옮김, 휘문출판사, 1971)과 『공리주의』(서병훈 옮김, 책세상, 2007)에서 펼쳐진다. 노직의 경험 기계는 그의 『아나키에서 유토피아로』(남경희 옮김, 문학과지성사, 2000), 3장에 나온다. 공리주의는 나의 『벤담과 싱어: 매사에 공평하라』에 더 자세하게 소개되어 있다.

3-4. 의로운 도둑: 공리주의 톺아보기

사고실험 038은 제임스 레이첼스, 『도덕 철학의 기초』(노혜련 외 옮김, 나눔의 집, 2006), 204쪽에 등장한다. 그러나 공리주의가 무고한 사람을 처벌하는 것을 허용한다는 비판은 여러 군데에서 볼 수 있는데, Bernard Williams, "A Critique of Utilitarianism", in J. J. C. Smart and Bernard Williams eds., *Utilitarianism: For and Againt*(Cambridge University Press, 1973)에 나오는 남아프리카 마을 이야기도 유명하다.

3-5. 고장난 전차: 행복과 권리의 충돌

전차(사고실험 040), 뚱보(사고실험 041), 복숭아(사고실험 043) 사고실험은 모두 Judith Jarvis Thomson, "The Trolley Problem", *Yale Law Journal* 94 (1985), 1395~1415쪽에 나온 것을 약간 수정했다. Thomson은 원래 **사고실험 043**에서 복숭아가 아니라 만지면 낫는 조약돌을 이야기했다. 강에서 떠내려온 복숭아를 먹는다는 설정은 일본의 모모타로 전설을 모티브로 해서 수정한 것이다. 비슷한 사고실험이 처음 제기된 곳은 Philippa Foot, "The Problem of Abortion and the Doctrine of the Double Effect", *Oxford Review* 5(1967), 5~15쪽이었는데, 이 논문은 제임스 레이첼스가 엮은 『사회

윤리의 제문제』(황경식 외 옮김, 서광사, 1990)에 번역되어 있다. 이식 문제(사고
실험 042)는 Gilbert Harman, *The Nature of Morality*(Oxford University Press,
1977), 156쪽에 실려 있다. John Harris, "The Survival Lottery", *Philosophy*
50(1975), 81~87쪽은 아예 로또를 뽑아서 이식할 사람을 결정하면 더 많
은 사람이 살 수 있으리라고 제안한다. Judith Jarvis Thomson과 Gilbert
Harman은 미국, Philippa Foot은 영국 철학자다.

4장 생명은 정말 소중할까?

4-1. 태어날 권리와 낳지 않을 권리: 낙태

바이올리니스트 사고실험은 낙태 논쟁을 대표하는 유명한 사고실험이
다. **사고실험 044**와 **사고실험 045**는 Judith Jarvis Thomson, "A Defense of
Abortion", *Philsophy and Public Affairs* 1(1971), 47~66쪽에 실려 있다.
Thomson의 논문은 『사회윤리의 제문제』에 번역되어 있다. 오스트레일리
아 출신의 철학자인 피터 싱어의 『실천윤리학』(제3판, 황경식·김성동 옮김, 연암
서가, 2013), 239~243쪽에도 **사고실험 044**가 소개되어 있다. 그리고 **사고실험
046**은 『실천윤리학』, 252쪽에, **사고실험 047**은 같은 책 199~201쪽에 나오
는데, **사고실험 047**은 원래 미국 철학자인 Derek Parfit의 "Rights, Interests
and Possible People", in S. Gorovitz et al. eds., *Moral Problems in Medi-
cine*(Englewood Cliffs, 1976)에 실린 내용이다.

4-2. 죽임과 죽게 내버려둠: 안락사

사고실험 048은 Tony Hope, *Medical Ethics: A Very Short Introduction*
(Oxford, 2004), 2장에 나온다. 그는 영국의 의료 윤리학자다. **사고실험 049**는

2003년에 작고한 미국 철학자 James Rachels의 "Active and Passive Euthanasia", *New England Journal of Medicine* 292(1975), 78~80쪽에 실려 있다. **사고실험 050**은 Philippa Foot, "The Problem of Abortion and the Doctrine of Double Effect", *Oxford Review* 5(1967), 5~15쪽에 실려 있다.

4-3. 외계인과 인간과 동물: 동물의 윤리적 대우
나의 『벤담과 싱어: 매사에 공평하라』를 보면 **사고실험 051**의 긴 버전을 읽을 수 있다. **사고실험 053**과 **사고실험 054**는 Tom Regan, *The Case for Animal Rights*(University of California Press, 1983), 324~325쪽을 보라.

5장 국가는 꼭 필요할까?

5-1. 폭주족의 고민: 인간의 합리성
죄수의 딜레마는 1950년에 미국 수학자 Albert W. Tucker가 처음 고안한 것으로 알려져 있다. 윌리엄 파운드스톤의 『죄수의 딜레마』(박우석 옮김, 양문, 2004)와 최정규의 『이타적 인간의 출현』(개정증보판, 뿌리와이파리, 2009)을 보라. 공유지의 비극은 Garrett Hardin, "Tragedy of the Commons", *Science* 162(1968), 1243~1248쪽에서 처음 제시되었다. Hardin은 미국 생태학자로서 2003년에 작고했다.

5-2. 만인의 만인에 대한 투쟁: 사회계약론
홉스의 사회계약론은 그의 『리바이어던』(김용환 펴냄, 살림, 2005)을, 로크의 사회계약론은 그의 『통치론』(강정인 외 옮김, 까치, 2007)을 보라. **사고실험 060**과 **사고실험 061**은 영국 정치학자 David Miller의 *Political Philosophy: A Very*

Short Introduction(Oxford, 2004), 2장에 제시된 것을 약간 바꾸었다.

5-3. 악법도 법이라고?: 시민 불복종

악법도 법이라는 소크라테스의 주장은 플라톤의 대화편『크리톤』(이기백 옮김, 이제이북스, 2014)을 보라. 소크라테스가 "악법도 법이다."라는 말을 정말로 했느냐는 논란이 있지만, 적어도『크리톤』에서 그렇게 주장한 것은 분명하다.

5-4. 케이크 나누기: 분배적 정의

사고실험 065는 N. 보위와 R. 사이먼의『사회·정치철학』(이인탁 옮김, 서광사, 1986), 1장에 나온 보기를 약간 수정했다. 롤스의 원초적 상황은 그의『정의론』(황경식 옮김, 이학사, 2003)에서 서술된다. 노직의 **사고실험 068**은 그의『아나키에서 유토피아로』에 제시된 것을 약간 수정했다. 그 책에서는 **사고실험 068**의 훈이 대신에 1960년대의 유명한 미국 농구 선수인 체임벌린Wilt Chamberlain이 예로 등장한다.

5-5. 구명보트 지구: 자선의 의무

사고실험 071은 하딘이 제시한 유명한 실험이다. Garrett Hardin, "Living in a Lifeboat", *Bioscience* 24(1974), 561~568쪽을 보라. **사고실험 072**는 영국 철학자 Onora O'Neill의 "Lifeboat Earth", *Philosophy and Public Affairs* 4(1975), 273~292쪽에 나온 사고실험의 일부다. **사고실험 073**은 피터 싱어의 "Famine, Affluence, and Morality", *Philsophy and Public Affairs* 1(1973), 229~243쪽에 실린 것을 약간 바꾼 것이다. 싱어는『실천윤리학』8장과『물에 빠진 아이 구하기』(함규진 옮김, 산책자, 2009)에서 이 사고실험과 함께 가난한 나라에 대한 원조를 자세하게 논의한다.

6장 몸과 마음은 하나일까?

6-1. 몸 따로 마음 따로: 이원론

데카르트의 이원론은 그의 『방법서설』(이현복 옮김, 문예출판사, 1997) 4부에서 펼쳐진다. **사고실험 076**은 라이프니츠의 『단자론』 17절을 보라. **사고실험 078**은 David Cole, "Thought and Thought Experiments", *Philosophical Studies* 45(1984), 431~444쪽에 나온다.

6-2. 비트겐슈타인의 딱정벌레: 동일론

〈유미의 세포들〉은 네이버에서 연재되는 웹툰이다. **사고실험 079**는 Thomas Nagel, "What Is It Like to Be a Bat?", *Philosophical Review* 83(1974), 435~438쪽에, **사고실험 080**은 Frank Jackson, "Epiphenomenal Qualia", *Philosphical Quarterly* 32(1982), 127~136쪽에 나온다. Nagel 의 논문은 『이런, 이게 바로 나야』 2권(김동광 옮김, 사이언스북스, 2001)에 번역되어 있다. '메리에겐 뭔가 특별한 것이 있다There's Something About Mary' 는 캐머런 디아스가 출연한 영화 제목이기도 하지만 **사고실험 080**을 주제로 한 논문들을 모은 책 제목이기도 하다(2004년에 MIT Press에서 출간). **사고실험 081**은 비트겐슈타인의 『철학적 탐구』(이영철 옮김, 책세상, 2006) 293절에 나온다. **사고실험 082**는 처치랜드, 『물질과 의식』(석봉래 옮김, 서광사, 1992), 2.3.4절의 아이디어를 살린 것이다. Nagel과 처치랜드는 미국, Jackson은 오스트레일리아 철학자다.

6-3. 철학적 좀비: 기능론

사고실험 085는 Ned Block, "Troubles with Functionalism", *Minnesota Studies in the Philosophy of Science* 9(1978), 261~325쪽에 나온다. 좀비

에 의한 논변은 Robert Kirk and J. E. R. Squires, "Zombies vs. Materialist", *Aristotelian Society Supplementary* 48(1974), 135~163쪽에서 처음 제시되었다. 뒤집힌 감각질 논변(사고실험 086)은 로크의 『인간 지성론』, 제2권 제32장 15절에 처음 나오는데, 방금 말한 Ned Block의 논문에서도 논의된다.

6-4. 생각하는 기계: 튜링 테스트와 중국어 방 논변

모방 게임(사고실험 087)과 튜링 테스트(사고실험 088)는 Alan Turing, "Computing Machinery and Intelligence", *Mind* 59(1950), 433~460쪽에 실려 있다. 중국어 방 논변(사고실험 089)과 그에 대한 답변들(사고실험 090과 사고실험 092)은 John Searle, "Minds, Brains, and Programs", *Behavioral and Brain Sciences* 3(1980), 417~424쪽에 실려 있다. 이 두 논문은 『이런, 이게 바로 나야』, 2권(김동광 옮김, 사이언스북스, 2001)에 번역되어 있다. 중국어 방 논변에 대한 더 자세한 논의는 내가 쓴 "중국어 방 속의 대화: 설, 계산주의자, 연결주의자", 『철학연구』 36(1995), 229~254쪽을 참조하라.

6-5. 마음 없는 세계: 제거론

중국어 체육관 논변(사고실험 093)은 John Searle, "Is the Brain's Mind a Computer Program?", *Scientific American* 262(1990), 20~25쪽에 나온다. **사고실험 094**는 W. J. Rapaport, "Syntactic Semantics: Foundations of Computational Natural-Language Understanding", in J. H. Fetzer, ed., *Aspects of Artificial Intelligence*(Kluwer Academic Publishers, 1988), 81~131쪽에서 볼 수 있다. 빛나는 방 논변(사고실험 095)은 P. M. Churchland, and P. S. Churchland, "Could a Machine Think?", *Scientific American* 262(1990), 26~31쪽에 나온다. **사고실험 096**은 미국 철학자 리처드 로티의 『철학 그리

고 자연의 거울』(박지수 옮김, 까치글방, 1998), 2장에 서술되어 있다.

7장 확실한 지식이 있을까?

7-1. 전지전능한 악마: 방법적 회의

데카르트의 사고실험들은 그의 『성찰』(이현복 옮김, 문예출판사, 1997)에 등장한
다. 데카르트의 방법적 회의는 나의 『세상에 믿을 놈 하나 없다: 데카르트와
버클리』(김영사, 2006)에서 자세히 논의된다. **사고실험 100**은 Bertrand Russell
의 *The Analysis of Mind*(George Allen & Unwin, 1921), 159쪽에 나온다.

7-2. 통 속의 뇌: 현대의 회의론

사고실험 101과 비슷한 사고실험은 Peter Unger, *Ignorance*(Oxford University
Press, 1975), 7~8쪽에서 볼 수 있다. 통 속의 뇌 사고실험은 퍼트넘의 『이성·
진리·역사』(김효명 옮김, 민음사, 2002), 1장에 나온다. 쌍둥이 지구 논변은 퍼
트넘의 "The Meaning of Meaning", *Philosophical Papers, Vol. 2: Mind,
Language and Reality*(Cambridge University Press, 1975)에서 전개된다.

7-3. 동굴에 비친 그림자: 이성론과 경험론

동굴의 비유는 플라톤의 『국가·정체』, 제7권에 서술되어 있다. 밀랍의 비
유는 데카르트, 『성찰』의 두 번째 성찰에 나온다. **사고실험 107**은 흄의 『인
간의 이해력에 관한 탐구』(김혜숙 옮김, 지만지, 2012), 4장 23절에 나온 것을 수
정한 것이다. **사고실험 108**은 로크와 같은 시대의 아일랜드 철학자 몰리노
William Molyneux가 로크에게 보낸 편지에 나온 내용인데, 로크의 『인간 지성
론』, 제2권 제9장 8절에 실려 있다.

7-4. 아무도 없는 숲: 실재론과 관념론

사고실험 109는 19세기 말에 활동한 통계학자 Karl Pearson이 제시한 것인데, 존 호스퍼스, 『철학적 분석 입문』(이재훈·곽강제 옮김, 담론사, 1997), 144~145쪽에 소개되어 있다. **사고실험 110**은 버클리의 『인간 지식의 원리론』(문성화 옮김, 계명대학교출판부, 2010), 23절에 제시된 것을 수정한 것이다. 표상적 실재론과 관념론에 대해서는 나의 『세상에 믿을 놈 하나 없다: 데카르트와 버클리』를 참조하라.

7-5. 찍어서 알기: 지식의 정의

플라톤의 지식의 정의는 그의 『테아이테토스』(정준영 옮김, 이제이북스, 2013)에 서술되어 있다. **사고실험 112**는 Bertrand Russell, *Human Knowledge: Its Scope and Limits*(London: Allen & Unwin, 1948), 154쪽에 실린 것이다. Edmund L. Gettier는 "Is Justified True Belief Knowledge?", *Analysis* 23(1963), 121~123쪽에서 이 사고실험을 좀 더 복잡한 형태로 본격적으로 제기한다. **사고실험 113**은 Keith Lehrer, "Knowledge, Truth and Evidence", *Analysis* 25(1965), 168~175쪽에 실린 것을 약간 바꾸었다. **사고실험 114**는 Alvin I. Goldman, "Discrimination and Perceptual Knowledge", *Journal of Philosophy* 73(1976), 771~791쪽에, **사고실험 115**는 Keith Lehrer, *Theory of Knowledge*(Westview Press, 1990), 163~164쪽에 나온다. 게티어의 문제와 그 해결책들은 김기현, 『현대 인식론』(민음사, 2003)에서 자세하게 소개된다.

8장 과학적 지식은 왜 특별할까?

8-1. 흰 까마귀: 과학과 미신

'여는 대화'의 혈액형에 관한 이야기는 영화 〈달콤, 살벌한 연인〉(2006) 대사에서 일부 따왔다. **사고실험 119**는 앨런 차머스, 『현대의 과학철학』(신일철·신중섭 옮김, 서광사, 1985), 81쪽에 나온 것을 변형한 것이다. 이 예는 원래 약간 다른 형태로 포퍼의 『추측과 논박』(이한구 옮김, 민음사, 2001), 1장에 실려 있는데, 포퍼는 이 예로 아들러A. Adler의 심리학 이론이 사이비 과학이라고 비판했다.

8-2. 헛똑똑이 닭: 귀납의 정당화

러셀의 닭 이야기(사고실험 121)는 그의 『철학의 문제들』(박영태 옮김, 이학사, 2000), 6장에 나온다. 거기에서는 닭이 아니라 칠면조가 등장하고 칠면조는 사위가 와서 죽는 것이 아니라 크리스마스 전날 죽는다. 흄의 귀납의 원리 비판은 그의 『인간의 이해력에 관한 탐구』, 4장 28~29절에서 볼 수 있다. 라이프니츠의 가장 좋은 세계 이론은 그의 『형이상학 논고』, 5절을 보라.

8-3. 초록과 초랑: 귀납의 새로운 수수께끼와 관찰의 이론 의존성

귀납의 새로운 수수께끼는 Nelson Goodman, *Fact, Fiction, and Forecast* 4th ed.(Harvard University Press, 1983), 73쪽에 나온다. **사고실험 125**는 파운드스톤의 『패러독스의 세계』 3장의 것을 빌려 썼다. '초랑'과 '파록'에 해당하는 영어 낱말은 'grue'와 'bleen'이다. 핸슨의 주장은 그의 『과학적 발견의 패턴』(송진웅·조숙경 옮김, 사이언스북스, 2007)을 보라.

9장 신은 정말 존재할까?

9-1. 누가 먼저 입증해야 할까?: 유신론과 무신론

입증의 책임은 내가 쓴 『변호사 논증법』(웅진지식하우스, 2010), 2장에 자세히 설명되어 있다.

9-2. 콜라병의 주인: 설계 논증

인간의 눈처럼 복잡한 기관도 오랜 기간의 진화를 거쳐 나왔다는 설명은 칼 세이건이 출연한 13부작 다큐멘터리 〈코스모스〉(1980)의 2부에서 볼 수 있다. 인간의 눈과 오징어의 눈을 비교하여 인간의 눈이 잘못 설계되었다는 설명은 장대익, 『다윈의 식탁』(바다출판사, 2014), 57~58쪽을 참조하였다.

9-3. 인과의 사슬: 우주론적 논증과 존재론적 논증

아퀴나스의 우주론적 논증은 그의 다섯 가지 신 존재 논증 중 두 번째 것으로서 그의 『신학대전』(손은실·박형국 옮김, 두란노아카데미, 2011), 제1부 제2문제에 제시되어 있다. 흄의 인도 철학자와 코끼리 이야기는 그의 『자연 종교에 관한 대화』(이태하 옮김, 나남, 2008), 4장에 나온다. 아리스토텔레스의 부동의 원동자 개념은 그의 『자연학Physica』, 8권에 나온다. 가우닐로의 완벽한 섬 사고실험은 그의 『어리석은 자를 위해Pro Insipiente』(11세기 무렵)에 실려 있다. 성경의 시편(53, 1)에는 신을 믿지 않는 자를 '어리석은 자'라고 말하는데, 안셀무스가 이 표현을 인용하자 가우닐로는 안셀무스의 논증을 비판하기 위해 이 표현을 사용했다. 칸트의 존재론적 논증 비판은 그의 『순수이성비판』(백종현 옮김, 아카넷, 2006), V장 4절 1항에 제시되어 있다.

9-4. 어느 쪽에 베팅을?: 기적에 의한 논증과 파스칼의 내기

기적에 대한 흄의 비판은 그의 『기적에 관하여』(이태하 옮김, 책세상, 2003)를 보라. "기적에 관하여"는 흄의 『인간의 이해력에 관한 탐구』의 제10장에 실려 있는데 위 번역은 그 부분만 따로 출간한 것이다. **사고실험 136**은 본디 John Wisdom, "Gods", *Proceedings of the Aristotelian Society* 45(1944~1945), 185~206쪽에 실린 것을 Antony Flew가 "Theology and Falsification"에서 좀 더 극적으로 바꾼 것이다. Flew의 논문은 그의 논문들을 모은 *Philosophical Essays*(John Shosky ed. Rowman and Littlefield, 1998)에 들어 있다. 이말년의 만화는 〈이말년씨리즈〉의 145화로, 네이버 웹툰에서 볼 수 있다. 인류의 역사에서는 종교적인 신념 때문에 전쟁이 일어나고 과학이 발전하지 못했다는 주장은 버트런드 러셀이 『나는 왜 기독교인이 아닌가』(송은경 옮김, 사회평론, 2005)에서 한다. **사고실험 137**은 LessWrong이라는 블로그에 실린 Roko's basilisk라는 글에 근거했다. 원본이 되는 글은 삭제되었다.

9-5. 무책임한 개 주인: 악의 문제

스티븐 핑커의 저서는 『우리 본성의 선한 천사』(김명남 옮김, 사이언스북스, 2014)이다. **사고실험 139**는 Richard Swinburne, "The Problem of Evil," in Stuart C. Brown ed., *Reason and Religion*(Cornell University Press, 1977), 81~102쪽에 나온 것을 변형한 것이다. **사고실험 140**은 Steven D. Hales, *This Is Philosophy: An Introduction*(Wiley-Blackwell, 2013), 105쪽에 나온 것을 가져다 썼다. Hales는 거기서 광견병에 걸려 사람들을 마구 물어대는 개를 소재로 한 영화 〈쿠조〉(1983)를 예로 들었다.

| 용어 풀이

1차 욕구: 어떤 대상이나 사태에 대한 욕구. (☞66)

2차 욕구: 1차 욕구에 대한 욕구. (☞66)

가언명령: 조건이 붙은 명령. (☞119)

감각질: 꼬집힐 때의 아픈 느낌, 시디신 자두를 먹었을 때의 신 느낌, 잘 익은 토마토를 봤을 때의 빨간색의 느낌과 같은 주관적 경험. (☞243)

개인 동일성 문제: 내가 변하는데도 불구하고 과거의 나와 지금의 나는 같은 사람이라고 말할 수 있는 근거를 찾는 문제. (☞77)

검증: 실험이나 예측을 통해 어떤 지식이 옳은지 그른지 확인하는 것. (☞313)

겁쟁이 게임: 차나 오토바이에 탄 채 서로 마주 보고 달려서 먼저 피하는 쪽이 지는 게임. (☞181)

게티어의 문제: 정당화된 참인 믿음이라는 플라톤의 지식의 정의를 만족하는데도 지식으로 간주할 수 없는 사례가 있다고 제기하는 문제. (☞299)

결과론: 어떤 상황에서 의무 또는 규칙을 지키는 것보다는 그 상황에서 어떤 행동을 했을 때 어떤 결과가 나오는지를 살펴봐서 더 좋은 결과를 낳는 행동을 하는 것이 도덕적으로 옳다는 이론. (☞119)

결정론: 세상 모든 일에는 원인이 존재한다는 주장. (☞44)

경험론: 지식의 근원이 감각 경험에 있다는 이론. (☞286)

공리주의: 대표적인 결과론. 인간 행동의 목적은 나를 포함한 우리 모두의 행복의 증진에 있다고 주장. (☞129)

공유지의 비극: 공동으로 사용하는 땅은 결국 황폐화됨을 알려주는 사고실험. (☞184)

관념론: 표상이 있는 것은 분명하지만 우리의 마음과 독립적인 외부 세계가 있는지는 알 수 없다는 이론. (☞292)

관찰의 이론 의존성: 똑같은 것을 보더라도 어떤 이론이나 배경 지식을 가지고 있느냐에 따라 다르게 관찰된다는 주장. (☞332)

귀납의 새로운 수수께끼(굿맨의 수수께끼): 관찰에만 의존할 때 서로 다른 두 법칙이 똑같이 지지되어 어느 쪽이 더 합당한지 선택할 근거가 없다는 문제. (☞331)

귀납의 원리: 어떤 일정한 형식의 연속이나 공존이 이제까지 자주 반복되었다면 같은 조건에서는 언제나 그런 연속이나 공존이 일어날 것이라고 생각하는 것. (☞320)

기능론: 정신을 어떤 입력이 들어올 때 어떤 출력을 내보낸다는 인과적 역할로써 정의하는 이론. (☞240)

기적에 의한 논증: 이 세상에 기적이 일어난다는 것은 신이 존재한다는 것을 보여 준다는 주장. (☞360)

꿈의 논증: 꿈에서나 현실에서나 감각 경험이 똑같다면 꿈과 현실을 구분할 수 있는 방법이 없다는 논증. (☞269)

논리적 가능성: 법칙적으로 가능하든 불가능하든 상상력을 발휘하면 생각할 수 있는 가능성. (☞27)

다른 사람의 마음 문제: 다른 사람의 마음을 직접 경험해본 적이 없기 때문에 그 사람의 마음이 나와 같은지, 도대체 그 마음이 있기나 한지 알 수가 없다는 문제. (☞233)

동일성 문제: 어떤 대상이 조금씩 변화할 때 원래의 대상과 동일한 것이라고

볼 수 있느냐는 문제. (☞76)

동일론(일원론): 정신과 물질은 별개의 것이 아니라 하나라는 주장. (☞231)

라플라스의 악마: 수학자 라플라스가 제기한 개념. 세상의 모든 것을 알고 있는 악마인데 앞으로 일어날 일을 완벽하게 예측할 수 있다. (☞45)

명석판명한 지식: 의심의 여지가 없는 가장 확실한 지식. (☞272)

모방 게임: 상대방이 누구인지 모르는 상태에서 남자인지 여자인지 맞히는 게임. 상대방은 자신의 성별을 속여 맞히지 못하도록 한다. (☞249)

무신론: 신의 존재를 부인하는 주장. (☞342)

무지의 장막: 원초적 상황에서 분배의 원칙을 정할 사람들이 어떤 모습으로 태어날지 모른다는 것을 비유적으로 표현하는 용어. (☞205)

방법적 회의: 아무리 의심해봐도 도저히 의심할 수 없는 확실한 것을 찾기 위해 의도적으로 의심해보는 것. (☞270)

법칙적 가능성: 어떤 일이 실제로 일어나든 안 일어나든 자연법칙에 위배되지 않을 가능성. (☞26)

변신론: 악의 문제로부터 신을 변호하는 이론. (☞370)

보편화의 원리: 도덕 이론은 모든 사람에게 적용 가능해야 한다는 원리. (☞119)

본유관념: 우리가 태어날 때부터 가지고 있다고 생각되는 관념. (☞288)

분배적 정의: 한정된 자원을 어떻게 분배해야 공평하느냐는 문제. (☞202)

불가지론: 신이 존재하는지 안 하는지 모른다는 입장. (☞345)

비결정론: 세상일에는 원인이 없다는 주장. (☞56)

사고실험: 가상의 상황을 이용해서 생각만으로 실험을 하여 어떤 주장을 하는 것. (☞20)

사회계약: 서로 죽고 죽이는 자연상태를 벗어나기 위해 사람들끼리 맺은 계

약. (☞188)

상식 실재론: 외부 세계의 사물들이 정말로 존재한다는 주장. (☞291)

설계 논증: 인간과 같은 복잡한 존재는 자연스럽게 생길 수 없고 누군가에 의해 만들어졌으므로 신이 존재한다는 주장. (☞348)

성인의 윤리: 성인聖人이나 지킬 수가 있기에 하면 칭찬받지만 하지 않았다고 해서 비난받지 않는 윤리. (☞213)

소극적 안락사: 환자의 목숨을 연장시킬 수 있는 조치를 취하지 않고 방치하여 죽음에 이르게 하는 경우. (☞164)

속성 이원론: 정신과 뇌는 실체는 하나지만, 정신적 속성과 물질적 속성은 동일하지 않다는 이론. (☞232)

수적 동일성: 두 개체가 수적으로 하나라고 말할 때의 동일성. (☞78)

시민 불복종: 어떤 법이 정의롭지 못해서 시민들이 그것에 항의하고 어기는 운동을 하는 것. (☞194)

신명론: 우리가 도덕적으로 옳은 행동을 하는 이유는 신이 그렇게 하라고 명령했기 때문이라는 이론. (☞112)

신체 이론: 신체가 개인 동일성 판단의 근거가 된다는 이론. (☞84)

실체: 세상에 존재하는 것들 중 가장 핵심적인 것. (☞224)

실체 이원론(데카르트적 이원론): 마음과 몸은 별개의 실체라는 주장. (☞232)

심리 이론: 한 개인의 동일성을 보장해주는 근거는 신체가 아니라 기억, 버릇, 느낌 따위의 심리적인 특성이라는 이론. (☞90)

심신 문제: 정신과 물질의 관계에 대한 철학적인 물음. (☞226)

악마의 가설: 수학의 지식처럼 확실한 것도 사실은 거짓인데 악마가 참인 것처럼 속이는 것이라고 상상해 볼 수 있다는 사고실험. (☞270)

악의 문제: 이 세상에 악이 있다는 것은 신이 존재하지 않는다는 것을 보여

준다는 주장. (☞370)

양적 공리주의: 똑같은 양의 쾌락이라면 그리고 똑같은 양의 고통이라면 그것이 내 가족의 것이든 모르는 사람의 것이든 다른 민족의 것이든 똑같이 취급해야 한다는 주장. (☞129)

영혼 이론: 영혼이 개인 동일성 판단의 근거가 된다는 이론. (☞83)

우주론적 논증(제1 원인 논증): 세상 모든 일의 원인을 거슬러 올라가면 최초의 원인에 이르게 되고 그것은 바로 신이므로 신이 존재한다는 주장. (☞353)

운명론: 우리가 어떻게 하든 세상 일은 어떻게 될지 미리 다 결정되어 있다는 주장. (☞48)

원초적 상황: 분배의 원칙을 가상으로 정할 때 사회가 어떤 모습이 될지 전혀 모르는 상황. (☞205)

유신론: 신이 이 세상을 창조했고 지금도 세상사에 관여하고 있다는 주장. (☞342)

의무론: 의무는 그 자체가 옳기 때문에 그것을 다하려는 동기를 가지고 행해야 한다는 이론. (☞119)

의미론적 외재주의: 어떤 낱말의 의미는 우리가 머릿속에서 생각하는 것에 의해서만 결정되는 것이 아니라 머리 밖에 있는 세계의 대상에 의해 결정된다는 이론. (☞280)

이성론(합리론): 무엇을 안다고 할 때 감각보다 이성을 우위에 두는 전통. (☞285)

이중 결과의 원리: 의도한 결과와 의도하지 않은 결과를 구별하여 설령 나쁜 결과더라도 의도하지 않은 결과라면 용인할 수 있다는 주장. (☞144)

자연 상태: 국가가 등장하기 전의 상태. (☞187)

자연신학: 신이 존재한다는 근거를 단순히 신앙의 차원에서가 아니라 합리

적으로 제시하여 신에 대한 믿음이 정당화된다는 주장. (☞342)

자유의지: 다른 사람이 시켜서가 아니라 스스로 선택해서 행동을 하게 하는 의지. (☞52)

적극적 안락사: 환자를 안락사시킬 때 치명적인 약물을 주입하는 등의 방법으로 능동적으로 개입하여 환자를 죽음에 이르게 하는 경우. (☞164)

정언명령: 무조건적인 명령. (☞119)

제거론: 마음에 대한 상식적인 이해는 모두 틀렸고 신경과학적인 설명만이 옳다고 주장하는 이론. (☞259)

존재론적 논증: 신은 상상할 수 있는 가장 완벽한 존재이고 가장 완벽한 존재는 존재하지 않을 수 없으므로 신은 존재한다는 주장. (☞356)

죄수의 딜레마: 합리적이라고 생각한 인간이 사실은 비합리적인 선택을 한다는 것을 보여주는 사고실험. (☞182)

중국어 방 사고실험: 컴퓨터가 생각할 수 없다는 것을 보여주는 사고실험. (☞250)

직접 실재론: 표상의 매개 없이 대상을 직접 경험한다는 주장. (☞292)

질적 공리주의: 쾌락의 양보다는 질을 계산해야 한다는 주장. (☞130)

질적 동일성: 두 개체가 비슷하다고 말할 때의 동일성. (☞78)

통 속의 뇌 사고실험: 사실은 세상에 아무것도 없는데 누군가가 조작해서 나에게 그런 감각이 있는 것처럼 착각하게 만든다는 사고실험. (☞277)

튜링 테스트: 상대방이 누구인지 모르는 상태에서 사람인지 기계인지 맞히는 게임. 상대방은 자신이 사람인지 기계인지를 속여 맞히지 못하도록 한다. (☞249)

파스칼의 내기(실용주의 논증): 신이 존재한다고 믿었을 때 존재하지 않는다고 믿었을 때보다 훨씬 이득이므로 신의 존재를 믿어야 한다는 주장. (☞364)

표상적 실재론: 외부 세계가 정말로 있는데 우리가 그것을 직접 경험할 수 없으므로 표상을 통해서 간접적으로 경험한다고 주장하는 이론. (☞292)

회의론: 내가 아는 것이 맞는지 틀리는지 알 수 없다는 주장. (☞270)

인명 찾아보기

라플라스의 악마, 철학을 묻다
- 140가지 사고실험으로 읽는 이색사색 철학 입문

2010년 2월 26일 초판 1쇄 펴냄
2015년 8월 19일 초판 10쇄 펴냄
2016년 8월 10일 개정증보판 1쇄 펴냄
2025년 1월 24일 개정증보판 15쇄 펴냄

지은이 최훈

펴낸이 정종주
편집   박윤선
마케팅 김창덕

펴낸곳 도서출판 뿌리와이파리
등록번호 제10-2201호(2001년 8월 21일)
주소 서울시 마포구 월드컵로 128-4 2층
전화 02)324-2142~3
전송 02)324-2150
전자우편 puripari@hanmail.net

디자인 정은경
일러스트 정훈이
종이 화인페이퍼
인쇄 및 제본 영신사
라미네이팅 금성산업

값 15,000원
ISBN 978-89-6462-075-5 (03100)

이 도서의 국립중앙도서관 출판시도서목록(CIP)은 서지정보유통지원시스템 홈페이지(http://seoji.nl.go.kr)와 국가자료공동목록시스템(http://www.nl.go.kr/kouilisnet)에서 이용하실 수 있습니다.(CIP제어번호: CIP2016017981)